Jahrbuch Dritte Welt 1990

Daten · Übersichten · Analysen

VERLAG C. H. BECK MÜNCHEN

Herausgegeben vom
Deutschen Übersee-Institut Hamburg

Redaktion
Dr. Joachim Betz
Dr. Volker Matthies

Mit 2 Karten und 8 Tabellen

CIP-Titelaufnahme der Deutschen Bibliothek

Jahrbuch Dritte Welt ... : Daten, Übersichten, Analysen /
hrsg. vom Dt. Übersee-Inst. Hamburg. – Orig.-Ausg. –
München : Beck
  Erhielt früher e. ff-Aufnahme
  ISSN 0724-4762
  Orig.-Ausg. 1990 (1989) (Beck'sche Reihe; 396)
  ISBN 3-406-33151-3

NE: GT

Originalausgabe
ISBN 3 406 33151 3

ISSN 0724-4762

Einbandentwurf von Uwe Göbel, München
© C. H. Beck'sche Verlagsbuchhandlung (Oscar Beck), München 1989
Gesamtherstellung: Appl, Wemding
Printed in Germany

Inhalt

I. Die Dritte Welt im Berichtszeitraum

Joachim Betz/Volker Matthies
Die Dritte Welt im Berichtszeitraum 10
Weltwirtschaft im Überblick/Krisenhafte wirtschaftliche Anpassung/Politische Ereignisse und Entwicklungen in einzelnen Ländern/Fortschritte bei der Regelung regionaler Konflikte

II. Überregionale Beiträge

Wolfgang Hein
Tropenwälder – „Ökologisches Reservat der
Menschheit"? 30
Zum Problem/Zur „Inwertsetzung" des nationalen Territoriums im Entwicklungsprozeß der heutigen Industrieländer/Die indonesische „Transmigration" und die Tropenwälder auf den „Äußeren Inseln"/Die Erschließung von Amazonien/Ressourcennutzung vs. Tropenwalderhaltung – Ein Dilemma ohne Ausweg?/Literaturhinweise

Brigitte Jessen/Manfred Störmer
Entwicklung ohne Staat 51
Das Krisenszenarium: Verarmung statt Entwicklung/Die Fehlorientierung der Entstaatlichungsdiskussion: Apparatedebatte statt Entwicklungsorientierung/Zunehmende Bedeutung der Süd-NRO/Komplexität und Heterogenität: Über die Probleme der Kategorisierung/Elemente selbstdefinierter Entwicklungsstrategien/Die NRO als wichtigste Chance der Unterschichten/Literaturhinweise

Franz Nuscheler
Japan und die Dritte Welt 65
„Look East not West": Wohin schaut Japan?/Die Dritte Welt ist „soto"/Japan als „ODA-Großmacht"/Entwicklungspolitik als Sicherheitspolitik?/Quantität vs. Qualität/Unterentwickeltes ODA-Management/Das „Land ohne Freunde" kann mit Geld keine Freunde kaufen/Literaturhinweise

III. Bundesrepublik Deutschland und Dritte Welt

Hartwig Hummel
Deutsche Rüstungsexporte in alle Welt 83
Verschärfte Legitimationskrise um bundesdeutsche Rüstungsexporte/Rüstungsökonomie: Vom Boom zur Krise/Der Weltrüstungsmarkt/Die Rüstungsökonomie der Bundesrepublik/Europäisierung der Rüstung?/Außenpolitik: Militarisierung und Friedensinitiativen/Innenpolitik: Von der „Wende" zum Widerstand gegen Rüstungsexporte/Literaturhinweise

IV. Aktuelle Entwicklungsprobleme

Wolfgang S. Heinz
Der Kampf um die Menschenrechte in der Dritten Welt . 106
Regionaler Überblick: Afrika, Asien, Nahost, Lateinamerika/Politische Herausforderungen/Organisation/Finanzierung/Lokale und internationale Menschenrechtsorganisationen/Ausblick/Literaturhinweise

Joachim Betz
Soziale Folgen von IWF- und Weltbank-Programmen . . 119
Fallender Lebensstandard in den Schuldnerländern/Zur IWF- und Weltbank-Kritik/Auswirkungen von IWF- und Weltbank-Programmen im einzelnen/Fazit

Michael Brzoska
ABC-Waffen und Raketen in der Dritten Welt 130
Einleitung/Nuklearwaffen/Biologische Waffen/Chemische Waffen/Trägermittel (Raketen)/Zusammenfassende Wertung/Literaturhinweise

V. Regionale Beiträge

Thomas Koszinowski
Nahostkonflikt: Die PLO in der Offensive 153
Der Aufstand in den besetzten Gebieten (Intifada)/Kurswechsel in der PLO/Die Haltung Israels/Die amerikanische Nahostpolitik/Die Nahostinitiative der Sowjetunion/Neues Interesse der arabischen Staaten am Nahostkonflikt/Literaturhinweise

Citha D. Maaß
Pakistan zwischen Militärherrschaft und Zivilregierung . 169
Militärherrschaft als Regelfall/General Zia und die Bhutto-Familie/
Zias Islamisierungspolitik und die Legitimationskontroverse/Benazir
Bhuttos Erbe/Literaturhinweise/Chronik

Günter Siemers
Birma: Das Ende des Sozialismus 188
Ideologie und Machtstruktur 1962–1988/Ursachen für den Niedergang des sozialistischen Regimes/Unruhen 1988 und Militärputsch/
Die Politik der Militärregierung/Ausblick/Literaturhinweise/Chronik

Henning Melber
Die Dekolonisation Namibias 203
Namibia seit Mitte der 70er Jahre/Zur Geschichte des UNO-Lösungsplans/Hindernisse bei der Verwirklichung/Faktoren einer regionalen Neuordnung/Ergebnisse der Verhandlungen seit 1988/
Perspektiven für Namibia/Literaturhinweise

Hartmut Elsenhans
Algerien: Auf dem Wege zur bürgerlichen Gesellschaft? . 224
Konflikt zwischen zwei Entwicklungsmodellen/Fortdauernde
Schwäche des privaten Sektors/Erstarrung bürokratischer Strukturen/Blockierungen der Opposition im Oktober/Literaturhinweise

Nikolaus Werz
Die „Lateinamerikanisierung" Venezuelas 240
Die Grundlagen demokratischer Stabilität/Ölrente und staatskapitalistische Entwicklung/Von der Öl-Bonanza in die Krise/Die Wahlen vom 4. Dezember 1988/Der Aufstand der Armen/Ausblick/Literaturhinweise

Robert K. Furtak
Kuba: Dreißig Jahre Revolution 257
Kubas Entwicklungsweg/Der Kubanische Sozialismus/Die Beziehungen zur Sowjetunion/Das Verhältnis zu den USA/Kubas Dritte-Welt-Politik/Die aktuelle Situation/Literaturhinweise/Chronik

Rüdiger Machetzki
Volksrepublik China: Niederschlagung der
Protestbewegung 276
Ursachen und Hintergründe der Protestbewegung/Ablauf der politischen Entscheidungen/Schlußbemerkung

VI. Aktuelle Süd-Süd-Ereignisse

Angelika Pathak
Asien: Frieden in Südasien – nur zu Indiens Bedingungen 287
Tauwetter in den indo-pakistanischen Beziehungen?/Das indische
Eingreifen auf den Malediven/Beziehungen zwischen Indien und
Bangladesch/Kräftemessen zwischen Indien und Nepal

Thomas Koszinowski
Orient: Alte und neue zwischenstaatliche Organisationen
und Gruppierungen 298
Organisation Islamische Konferenz/Arabische Liga/Golf-Kooperationsrat/Arabischer Kooperationsrat/Arabische Maghreb-Union

VII. Anhang

Chronik der wichtigsten Dritte-Welt-Ereignisse 1988/89 307

Gesamtregister 1983–1990 312

Verzeichnis der Karten

Birma 189
Namibia 205

Verzeichnis der Tabellen

Rüstungsexporte der Bundesrepublik nach amtlichen Statistiken . . . 89
Rüstungsexporte aus der Bundesrepublik nach Angaben von ACDA
und SIPRI 90
Rüstungsexporte aus der Bundesrepublik und aus Koproduktionen
im Vergleich 90
Führende Rüstungsexportländer 91
Wichtige Rüstungsexportskandale in der Bundesrepublik in den 80er
Jahren 98
Rüstungsexportskandale als Normverletzung 102
Ausgewählte Informationen zu Atomprogrammen 135
Übersicht über weiterreichende Boden-Boden-Raketen in der Dritten Welt und Status im Bezug auf chemische und biologische Waffen 148

I. DIE DRITTE WELT
IM BERICHTSZEITRAUM

1. Weltwirtschaft im Überblick

Das weltwirtschaftliche Wachstum war 1988 erheblich, es übertraf mit 4,1% alle Erwartungen und erreichte die höchste Rate seit 1984. Dies war umso bemerkenswerter, als der wirtschaftliche Aufschwung nun schon recht lange anhält, das Wachstum sich auf eine hohe Investitionsrate gründete und nur von einer mäßigen Beschleunigung der Inflationsraten begleitet war. Entsprechend stark stieg das Welthandelsvolumen (9,25%, nach 6,1% 1987 und 4,4% 1986), getragen hauptsächlich von einem starken Importanstieg in den Industrie- und Schwellenländern, aber erstmals auch wieder der stark verschuldeten Entwicklungsländer. Auch das Wachstum der Entwicklungsländer war 1988 beachtlich (4,5%) und erreichte die höchste Rate seit 1980. Es wurde getragen von einem starken Exportwachstum (der Fertigwarenexporteure) und von in manchen Ländern stark steigender interner Nachfrage. Das Wachstum konzentrierte sich aber erneut auf die asiatischen Staaten (die 9% erreichten), während die hochverschuldeten Staaten Lateinamerikas und Afrikas nur knapp 2% erreichten, also pro Kopf erneut einen Rückgang verzeichneten.

In den ostasiatischen Schwellenländern, die gleichwohl noch sehr hohe Wachstumsraten aufwiesen, machten sich 1988 Überhitzungsanzeichen und ein starker Anstieg der Lohnkosten bemerkbar, die diese Länder zu deutlich steigenden Direktinvestitionen in den ärmeren asiatischen Staaten, aber auch zur Stimulierung des Inlandsmarktes veranlaßten. Importliberalisierung, Schuldenrückzahlung bei Aufbau erheblicher Devisenreserven und die Öffnung des Kapitalmarktes für Ausländer zeigen, daß diese Länder den Abstand zu den Industriestaaten mehr und mehr überwinden. Wachstumsbeschleunigung und eine Verbreiterung der Exportpalette fand auch in den südost- und südasiatischen Ländern statt, gefördert durch effektive Stabilisierungspolitik und ernsthafte Liberalisierungsbemühungen, teilweise (im Falle Indiens) auch durch günstige Wetterbedingungen. In der VR China stieg das Wachstum nochmals auf beachtliche 11%, die Preisreformen, ein hohes Wachstum der Geldmenge, steigende interne Nachfrage bei schwachem landwirtschaftlichen Produktionsanstieg führten jedoch zu starker inflationärer Überhitzung.

Afrika profitierte angesichts seiner schmalen Exportbasis nicht sonderlich vom weltwirtschaftlichen Wachstum; das Pro-Kopf-Einkommen fiel dort abermals. Auch die besseren Aussichten für 1989 werden den Fall des Lebensstandards der letzten Dekade nur geringfügig ausgleichen. Allerdings stellte sich die Lage in einigen Ländern mit starken Anpassungsbemühungen (Ghana, Kenia, Senegal) deutlich positiver dar. Eine leichte Verringerung des Lebensstandards und eine Stagnation der Investitionen trotz deutlicher Erhöhung der Exporte ist auch in Lateinamerika festzustellen, das nach wie vor unter seinem hohen Schuldenüberhang litt. Besonders entmutigend war die Entwicklung in den großen Ländern (Brasilien, Argentinien, Mexiko) angesichts erfolgloser Bemühungen, die Inflation in den Griff zu bekommen, während sich die Situation in Chile, Kolumbien, Ecuador und auch Bolivien, wo die Inflation ab 1986 unter Kontrolle gebracht wurde, deutlich verbesserte. Die weitere Entwicklung in Lateinamerika stand 1989 unter dem ungünstigen Stern wieder ansteigender internationaler Zinsraten.

Deutlich wird aus dem bisher Gesagten das starke Auseinanderdriften der wirtschaftlichen Entwicklung nach Regionen/Ländergruppen der Dritten Welt. Während die ostasiatischen Staaten Schulden weiterhin vorzeitig zurückzahlten, Devisenreserven aufbauten und zum Abbau ihrer Überschüsse bereits die Kapitalausfuhr und den Warenimport liberalisierten, war bei den hochverschuldeten Ländern immer noch kaum Licht am Ende des Tunnels zu sehen.

Die weltweite Nahrungsmittelversorgung spannte sich 1988/89 wieder merklich an, da die Ernten in den Hauptgetreideproduzentenländern (USA, UdSSR, VR China) und den südostasiatischen Ländern deutlich gegenüber dem Vorjahr abfielen, und damit ein schnelles Schrumpfen der weltweiten Vorräte und einen deutlichen Preisanstieg mit sich brachten. Außerordentlich gute Ernten in den meisten Entwicklungsgebieten (vor allem auch in Südasien und im Sahelraum) verhinderten jedoch eine kritische Zuspitzung der Ernährungslage in der Dritten Welt, wenn einmal von den Katastrophengebieten und insbesondere dem Sudan abgesehen wird, wo der Bürgerkrieg eine erschreckende Zahl von Hungertoten forderte.

Parallel zum deutlichen Anstieg des Welthandels im Berichtszeitraum erholten sich die Rohstoffpreise gegenüber ihrem langanhaltenden Tief in den Vorjahren kräftig. Ende 1988 lag der Rohstoffpreisindex zwischen 15 und 21% über dem Vorjahresniveau. Deutlich fester notierten angesichts der besseren Konjunktur in den Industrieländern vor allem Metalle, aber auch agrarische Rohstoffe wie Getreide, Soja, Zucker, Kautschuk und Baumwolle. Nicht von diesem Aufschwung profitierten Kakao, Kaffee, Tee und (zunächst) Öl. Bei Öl war diese Entwicklung Folge mangelnder Quotendisziplin der OPEC-Mitglieder und der Mehrproduktion von Nicht-Mitgliedern. Sieben von diesen hatten der OPEC im Frühjahr 1988 eine Beteiligung an der Begrenzung der Förderung vorgeschlagen. Von westlicher Seite schon als Vorstufe zur Bildung einer „Welt-OPEC" befürchtet, scheiterten die Verhandlungen zwischen den Nicht-Mitgliedern und der OPEC am Beharren der Golfstaaten auf gleicher absoluter Kürzung. Fortgesetzte Überschreitung der Produktionsquoten trotz mehrfacher Aufrufe zur Disziplin führten im Jahresverlauf zu einem drastischen Preisverfall (auf 11 $/Faß im Oktober, also deutlich unter den OPEC-Richtpreis von 18 $), bis sich die OPEC unter Drohungen Saudi-Arabiens (noch mehr zu produzieren) und Indonesiens (mit Austritt) auf eine Neuverteilung der Quoten, die Einbindung des Irak, der nach Beendigung des Golfkrieges seine Förderung erheblich gesteigert hatte, und die Einbeziehung der Ölkondensate in die Quotenberechnungen bei ihrer Jahrestagung im November einigten. Die anschließende relative Förderdisziplin, steigende Nachfrage (bei nachlassenden Sparbemühungen) in den Industrieländern und sinkende Produktion bei den Nichtmitgliedern brachte eine rasche Preiserholung, so daß sich die OPEC im Juni 1989 in der Lage sah, die Gesamtquote deutlich um eine Mio. Faß/Tag, also auf 19,5 Mio. Faß zu steigern. Bei Kaffee und Kakao zeigten sich erneut beispielhaft die Funktionsschwierigkeiten von Rohstoffabkommen. Bei Kaffee verhinderten mehrfache Quotenkürzungen im Jahresverlauf nicht, daß die Preise auf den tiefsten Stand seit 1981 fielen, beeinflußt auch von den Schwierigkeiten der Neuverhandlung des zum September 1989 auslaufenden Kaffeeabkommens. Die Konsumenten wollten hier eine gründliche Korrektur, insbesondere den Einbezug von Verkäufen an Nichtmitglieder des Abkommens, die zu deutlichen Abschlägen gehandelt werden, und eine stärkere Berücksichtigung der milderen Kaffeesorten, für die die Nachfrage stärker gestiegen ist. Dagegen setzte sich vor allem der größte Produzent stärkerer Sorten, Brasilien, zur Wehr. Das mehrmalige Scheitern der Verhandlungen führte Mitte 1989 erneut zu einem deutlichen Preiseinbruch. Das Kakaoabkommen hatte angesichts des fortgesetzten Widerstands des größten Produzenten (der Elfenbeinküste) gegen eine Anpassung (nach unten) der Abkommenspreise, voller Lager und erheblicher Zahlungsrückstände seiner Mitglieder keine Möglichkeit, in den Markt einzugreifen. Erfreulicher stellte sich die Lage bei Zinn dar, wo die Preise nach dem Zusammenbruch des Zinnabkommens Ende 1985 zunächst auf Tiefststände gefallen waren. Erfolgreiche Mengenbegrenzung der Mitglieder des Zinnkartells, an der sich auch die Nichtmitglieder Brasilien und VR China beteiligten, brachten eine erhebliche Preiserholung und die Wiederaufnahme des normalen Zinnhandels an der Londoner Metallbörse zum Juni 1989. Im Juni 1988 waren auch endlich die Voraussetzungen zur Inkraftsetzung des Gemeinsamen Rohstoffonds erfüllt, der Rohstoffabkommen und andere rohstoffbezogene Maßnahmen finanzieren soll. Der Fonds, seinerzeit als einer der Kernbestandteile einer Neuen Weltwirtschaftsordnung gefeiert, mutet nun schon fast als Relikt ferner Zeiten an. Entsprechend gering war das Interesse der Zeichnerstaaten, zur Gründungssitzung zu schreiten, die erst im Juni 1989 stattfand, aber auch noch kein Tätigwerden des Fonds bedeutet.

Einem besonderen Wandel war 1988/89 die Schuldenstrategie unterworfen. Das hatte nichts mit dem weiteren, äußerst maßvollen Anstieg der Gesamtverschuldung der Dritten Welt (um 1% in 1988) auf 1240 Mrd. $ zu tun, wohl aber mit den nach wie vor geringen Neukrediten der Banken, die nur etwa ¼ der Zinszahlungen ausmachten, eine Tatsache, die weitere, starke Kapitalabflüsse aus den Schuldnerländern erzwang. Sechs Jahre nach Ausbruch der Schuldenkrise, nach Umsetzung weitreichender Anpassungs- und Sparprogramme, sahen sich die Schuldner in keiner besseren Lage als 1982: ihr Lebensstandard und ihre Investitionen waren auf den Stand der 70er Jahre zurückgefallen; der sogar noch um ⅓ erhöhte Schuldendienst begann bei ausbleibenden Neukrediten als Risikofaktor der Demokratisierung in Lateinamerika und als Bremse sinnvoller Wirtschaftsreformen zu wirken, da deren Früchte nur die Banken zu ernten schienen. Diese Erkenntnis begann erst bei den Kirchen und Gewerkschaften in den Industrieländern, später auch bei den Banken und im März 1989 bei der amerikanischen Administration angesichts der Krise in Venezuela und des Reformabbruchs in Brasilien zu reifen. Der neue amerikanische Finanzminister Brady legte nunmehr einen Plan vor, der den Schwerpunkt nicht auf die Zufuhr neuer Kredite (wie der Baker-Plan 1985), sondern auf den Abbau der bestehenden Schulden legte, der durch Mittel des IWF und der Weltbank (durch Schuldenrückkauf bzw. Garantie von Zinszahlungen) erfolgen und, von diesen durch Anpassungsprogramme begleitet, zu einem Abbau des Schuldendienstes von ca. 20% führen sollte. Finanziert würde dies durch eine Quotenaufstockung des IWF, zu der die USA erstmals ihre Bereitschaft signalisierten, und durch zusätzliche Mittel der Industrieländer mit Leistungsbilanzüberschüssen.

Die Reaktion der anderen westlichen Regierungen war überwiegend positiv; Bedenken wurden jedoch gegen eine Verlagerung der Risiken der privaten Kreditgeber auf den Steuerzahler (über IWF/Weltbank) geäußert und in der Frage, ob Schuldenabbau bei ausbleibenden Neukrediten genügend Entlastung bringe. Der Brady-Plan wurde jedenfalls zum Hauptverhandlungsgegenstand der Frühjahrstagung 1989 von Weltbank und IWF; dort wurde die über die beiden Organisationen geleitete Schuldenreduktion grundsätzlich gebilligt, die Frage einer möglichen Zinssubventionierung durch diese wegen britischen und deutschen Widerstandes aber noch auf die lange Bank geschoben. Die Quotenaufstockung des IWF mußte ebenfalls wegen der Weigerung der britischen Seite, sich von Platz zwei durch die Japaner verdrängen zu lassen, auf den Dezember vertagt werden. Nichtsdestoweniger beinhaltet die Zustimmung zum Brady-Plan durch die Industrieländer auch das Eingeständnis, daß die bisherige Schuldenstrategie versagt hat.

Hinsichtlich der laufenden Kapitalzuflüsse an die Dritte Welt brachte das letzte Jahr erneut eine deutliche Steigerung um 6%, die sich allerdings ausschließlich aus öffentlichen Quellen (hauptsächlich Entwicklungshilfe) speist, während die privaten Zuflüsse ebenso deutlich fielen. Wie schon erwähnt, stagnierte das Volumen der Bankkredite, aber auch die privaten Direktinvestitionen fielen nach ihrem deutlichen Anstieg 1987 wieder etwas ab. Bei der Entwicklungshilfe kann man deutliche Steigerungen der Leistungen der westlichen Industrieländer, insbesondere Japans, das seit kurzem eine wahre Entwicklungsoffensive gestartet hat (vgl. Beitrag Japan und die Dritte Welt), und der internationalen Organisationen feststellen, erhebliche Rückgänge aber bei den Leistungen der arabischen Staaten. Deren einnahmebedingte Zurückhaltung spiegelte sich auch in den Verhandlungen zur Kapitalaufstockung des Internationalen Fonds für landwirtschaftliche Entwicklung, einer interessanten Finanzkonstruktion, an deren Finanzierung sich zu Beginn (1975) die arabischen Länder mit nahezu 50% beteiligt hatten; bei der schwierigen Einigung im

Juni 1989 fiel dieser Anteil auf nur noch 25%, womit auch die Fähigkeit des Fonds zur Kreditvergabe deutlich beschnitten wurde. Bei den anderen internationalen Entwicklungshilfeorganisationen setzten die Industrieländer ihren Druck auf Konditionierung der Mittelvergabe, Förderung des Privatsektors durch diese und personelle Straffung fort. Bei der Interamerikanischen Entwicklungsbank (IDB), bei der die USA lange versucht hatten, sich eine Vetoposition zu erstreiten, kam es im März 1989 zu der schon lange überfälligen Kapitalaufstockung (die Kreditzusagen der IDB waren in den letzten Jahren kontinuierlich gefallen), verbunden mit einer Anbindung der Strukturanpassungskredite der IDB an die der Weltbank und der Einräumung eines (eingeschränkten) aufschiebenden Vetos an die Exekutivdirektoren, damit also auch die USA. Bei der Asiatischen Entwicklungsbank (ADB) drehten sich die internen Konflikte vor allem um die einigen Mitgliedern zu rasche Expansion der Kredite und die zunehmende Japanisierung der Bank. Gefordert wurde auch eine stärkere Förderung des Privatsektors und Konditionierung der Zusagen. Auf der Jahrestagung Anfang Mai 1989 standen die Empfehlungen einer zur Klärung dieser Fragen eingesetzten Expertengruppe im Vordergrund. Hier wurden von den westlichen Industrieländern Vorstellungen zu einer stärkeren Armutsorientierung der ADB-Projekte und zur Gründung einer privaten Finanzgesellschaft der Bank, die wiederum den japanischen Einfluß gestärkt hätte, von den westlichen Delegationen abgelehnt. Abschlägig beschieden diese auch das Bestreben der Afrikanischen Entwicklungsbank, in eigener Regie Strukturanpassungsdarlehen zu vergeben. Dahinter wurde von den westlichen Regierungen der afrikanische Wunsch vermutet, die härteren Auflagen der Weltbank zu vermeiden. Stärker auf die Förderung des privaten Sektors verpflichtete sich auch das Entwicklungsprogramm der Vereinten Nationen, dessen Finanzvolumen erstmals wieder deutlich anstieg.

Wenig konkrete Fortschritte gab es bei der auch für das Nord-Süd-Verhältnis entscheidenden neuen Runde der internationalen Handelsvereinbarungen (Uruguay-Runde), bei der vor allem die von den Vereinigten Staaten geforderte Liberalisierung des Agrarhandels kontrovers blieb. Die Entwicklungsländer, die diese Liberalisierung grundsätzlich unterstützen, wollen sich das Recht eigener staatlicher Interventionen im Agrarbereich nicht nehmen lassen, die Europäische Gemeinschaft taktiert nach wie vor hinhaltend. Bei der GATT-Tagung in Montreal (Dezember 1988), bei der eine Halbzeit-Bilanz der laufenden Verhandlungen gezogen werden sollte, wurde zwar Einvernehmen über die Verringerung der Handelsbarrieren bei tropischen Exportprodukten erzielt, nicht jedoch beim sonstigen Agrarhandel, auch nicht beim Textilhandel, sowie beim sogenannten Schutz geistigen Eigentums (einem Anliegen der Industrieländer). Bei der auf den April 1989 verlegten abschließenden Behandlung der Halbzeit-Bilanz kam es dann doch noch zu einem Kompromiß in der Frage der Agrarsubventionen, der im wesentlichen ein Einfrieren der Schutzmaßnahmen auf dem Niveau von 1987/88 vorsieht.

Was die laufende Handelspolitik der Industrieländer gegenüber der Dritten Welt anbetrifft, so haben sie ihre mit Beginn der Uruguay-Runde übernommene Verpflichtung zum Abbau des Protektionismus im Berichtszeitraum nicht erfüllt, sondern im Gegenteil neue, (nicht-tarifäre) handelsbeschränkende Maßnahmen ergriffen, die mittlerweile ein Viertel der Ausfuhren von Entwicklungsländern treffen.

2. Krisenhafte wirtschaftliche Anpassung

Eine ganze Reihe von Entwicklungsländern geriet angesichts der mit dem und ohne den IWF betriebenen Anpassungspolitik, deren soziale Auswirkungen immer stärker ins öffentliche Bewußtsein drangen (vgl. entsprechenden Beitrag), in eine krisenhafte innenpolitische Lage. In Argentinien ereigneten sich nach dem Erlaß eines scharfen Sparprogramms im Mai 1989 die schwersten Unruhen seit langem: Eine tagelange (teils gesteuerte) Plünderungswelle meist ausgehungerter Argentinier hielt das Land in Atem, bis die Regierung mit der Verhängung des Ausnahmezustandes und einer Verhaftungswelle reagierte. Wirtschaftspolitisch blieb das Land durch den verzögerten Machtübergang an den peronistischen Wahlsieger Menem gelähmt, eine schwere Rezession bahnte sich zur Jahresmitte 1989 an.

Zu blutigen Unruhen kam es auch in Venezuela nach Verkündigung eines neuen, marktorientierten Sparprogramms durch den neugewählten Präsidenten Perez Ende Februar 1989. Das Programm war angesichts der massiv fallenden Erdöleinnahmen, auf die das venezolanische Wirtschaftsmodell baute, aber auch der korruptionsträchtigen Subventionierung der Industrie des Landes unabweisbar geworden (vgl. Beitrag Venezuela). Angesichts der Unruhen wurde das neue Programm durch Lohnerhöhungen im öffentlichen Dienst und die Stabilisierung der Preise von Grundnahrungsmitteln etwas abgefedert.

Peru, dessen Präsident Garcia vor drei Jahren in einem spektakulären Schritt die Zahlungen an die Gläubiger beschränkt und die Wirtschaft anzukurbeln versucht hatte, steht mittlerweile vor dem wirtschaftlichen und politischen Bankrott. Das Land erlebt zur Zeit die schwerste Wirtschaftskrise seiner Geschichte. Die Arbeitslosigkeit steigt, Unterernährung breitet sich aus, und zunehmender Terrorismus legt das Land lahm. Von einer ähnlich schweren Krise wurde Nicaragua erfaßt, dessen Regierung sich Ende Januar 1989 zum Erlaß eines scharfen Austeritätsprogramms gezwungen sah (Kürzung der Staatsausgaben, Entlassungen, Abschaffung des gespaltenen Wechselkurses), das keine Unterschiede zu einem typischen IWF-Programm aufweist.

Mit Demonstrationen und Plünderungen wie in Argentinien reagierte auch die Bevölkerung Jordaniens auf Preiserhöhungen für Benzin und Grundnahrungsmittel im April 1989, die Bestandteil eines Abkommens mit dem IWF waren.

Kennzeichnend für den Berichtszeitraum war auch die schon in den Vorjahren beobachtbare wirtschaftspolitische Erosion sogenannter sozialistischer Entwicklungsländer. Vietnam, das schon Ende 1987 angesichts seiner katastrophalen

Wirtschaftslage ein unternehmerfreundliches Gesetz über Auslandsinvestitionen erlassen hatte, gab seinen Wunsch kund, seine Wirtschaftsbeziehungen in Richtung Westen zu diversifizieren, und bot seine natürlichen Ressourcen zur Ausbeutung an.

In Birma kam es auf dem Hintergrund des wirtschaftlichen und moralischen Niedergangs des von der Außenwelt abgeschotteten sozialistischen Regimes unter Ne Win zu langanhaltenden Unruhen ab März 1988, die in rascher Folge zum Rücktritt Ne Wins (im Juli), seines Nachfolgers und zum Nachgeben des Regimes gegenüber allen wesentlichen Forderungen der Opposition (Abhaltung von Wahlen, Einführung eines Mehrparteiensystems etc.) im September führten. Angesichts des Zerfalls staatlicher Autorität putschte wenig später das Militär, das aber am begonnenen Demokratisierungskurs festhielt und den Sozialismus als Staatsideologie schlicht abschaffte (vgl. Beitrag Birma).

Auch in Algerien führten die seit Oktober 1988 andauernden Streiks, Demonstrationen und Unruhen zum Zusammenbruch der auf die Öleinnahmen gegründeten Herrschaft der Staatsklasse. Präsident Chadli versuchte die Krise mit grundsätzlichen wirtschafts- und verfassungspolitischen Reformen beizulegen, die das sozialistische Einparteiensystem beseitigen (vgl. Beitrag Algerien).

3. Politische Ereignisse und Entwicklungen in einzelnen Ländern

In *Lateinamerika* ging der Demokratisierungsprozeß weiter. Anfang Februar 1989 wurde in Paraguay der seit 35 Jahren herrschende und damit dienstälteste Diktator des Subkontinents, Alfredo Stroessner, aus dem Amt geputscht. Der Anführer des Putsches, General Rodriguez, kündigte binnen 90 Tagen freie Wahlen an. Erstmals wurden Presse- und Versammlungsfreiheit respektiert und die Parteien (mit Ausnahme der Kommunisten) legalisiert. Bei den Wahlen Anfang Mai kämpfte die Opposition mit Startnachteilen und unterlag dem als Kandidaten der Regierung aufgestellten General Rodriguez deutlich. Dieser versprach die Wahl einer verfassunggebenden Versammlung bis 1992 und damit die Beseitigung der Reste des Stroessner-Regimes. In *Chile* verlor Präsident Pinochet im Dezember 1988 spektakulär ein Referendum, das seine Amtszeit um weitere acht Jahre verlängert hätte. Die Opposition verlangte daraufhin ein schnelleres Ausscheiden Pinochets aus dem Amt als vorgesehen (März 1990) und eine Revision der auf ihn zugeschnittenen Verfassung. Nach anfänglichem Widerstand wurde Innenminister Caceres mit dem Entwurf einer Verfassungsreform beauftragt, die er Ende April 1989 vorlegte, die aber Pinochet zum Unwillen der Opposition weiterhin die Funktion des Heereschefs belassen würde.

Bolivien, das Land mit den bisher meisten Militärputschen, ist auf dem besten Weg, eine stabile Demokratie zu werden. Beim Präsidentschaftswahlkampf Anfang Mai 1989, der ohne größere Zwischenfälle verlief, erhielt der vormalige Präsident Hugo Banzer die meisten Stimmen. In *Argentinien* ging die Ära Alfonsin zu Ende: Sein in der Wirtschaftskrise anhaltender Popularitätsverfall führte zum Wahlsieg des peronistischen Kandidaten Menem im Mai 1989. Alfonsin schien nach anfänglichem Zögern bereit, die Macht vorzeitig abzugeben. Einen Machtwechsel gab es auch in *Jamaika,* wo die Partei des Premier Seaga, der Jamaika aus dem wirtschaftlichen Chaos geführt hatte, dennoch ungewöhnlich deutlich gegen die Nationale Volkspartei des früheren Premiers Manley verlor. Seaga hatte vor allem bei den ärmeren Bevölkerungsschichten und im unteren Mittelstand jede Unterstützung für seine marktorientierte Politik verloren. Auch in *Mexiko* büßte die regierende PRI bei den Wahlen im Juli 1988 Stimmen ein und verfehlte erstmals in ihrer Geschichte die absolute Mehrheit.

Keine Demokratisierung, sondern eine rasche Folge von Putschen gab es in *Haiti,* wo im Juni 1988 die von den Militärs tolerierte Regierung Manigat durch die Armee unter General Namphy gestürzt wurde, den seinerseits General Avril im September der Macht beraubte. Ein skandalöser Rückschlag war dagegen in *Panama* zu verzeichnen, wo in die Wahlen im Mai 1989 Strohmänner General Noriegas geschickt wurden. Trotz Knebelung der Oppositionspresse, Manipulation der Wählerregister etc. verfehlten die offiziellen Kandidaten offensichtlich ihr Ziel, so daß die Wahlen unter internationalen Protesten und zeitweiligen Interventionsdrohungen der USA annulliert wurden.

In *Pakistan* eröffnete der Tod Zia-ul-Haqs bei einem Flugzeugunglück Mitte August 1988 unerwartete Demokratisierungschancen. Am 16. November fanden erstmals seit 18 Jahren freie Wahlen statt, bei denen nach einem vorherigen Gerichtsentscheid auch Parteien zugelassen wurden. Die von Benazir Bhutto geführte PPP siegte deutlich, muß sich aber im Parlament auch auf unabhängige Parlamentarier stützen. Darüber hinaus muß die neue Premierministerin vielfache Rücksichten auf die Institutionen des Zia-Regimes nehmen, die ihren Spielraum erheblich beschneiden (vgl. Beitrag Pakistan).

Im *Iran* vollzog sich nach dem Tode Khomeinis am 4. Juni 1989 und nach umfangreichen, von einer Mobilisierung der Volksmassen begleiteten Trauerfeierlichkeiten, ein reibungsloser Führungswechsel hin zum Übergangsnachfolger Ali Chamenei.

Im Königreich *Thailand* fanden im Juli 1988 Parlamentswahlen statt, aus denen die regierende Viererkoalition von Ministerpräsident Prem Tinsulanonda trotz Stimmenverlusten als Sieger hervorging. Nachdem jedoch Prem auf eine neuerliche Amtsperiode verzichtete, wurde Chatichai Choonovan neuer Ministerpräsident.

Nach dem erfolgreichen Verlauf der Olympischen Spiele in Seoul im Sommer 1988 und dem damit verbundenen Stillhalten der Opposition setzten sich in *Südkorea* die innenpolitischen Auseinandersetzungen wieder fort. Die Demokratisierungsbemühungen waren von Versuchen der Vergangenheitsbewältigung (Fehlleistungen des autoritären Regimes von Chun Doo Hwan, besonders das Massaker von Kwangju im Jahre 1980), von neuerlichen Studentendemonstrationen und einer heftigen Streikwelle im Frühjahr 1989 begleitet.

Auf dem von Bürgerkrieg und Terror geplagten *Sri Lanka* kam es im Dezember 1988 zu Präsidentschaftswahlen, aus denen Ranasinghe Premadasa mit seiner UNP (United National Party) als Sieger hervorging und damit Junius Jayewardene ablöste. Während des Wahlkampfes für die Parlamentswahlen im Februar 1989 kamen etwa 300 Menschen ums Leben, meist Opfer terroristischer Anschläge der rechtsextremistischen singhalesischen Volksbefreiungsfront JVP und der tamilischen Befreiungsorganisation LTTE.

Im seit Oktober 1950 von der VR China besetzten *Tibet* wurden im März 1989 nationalistische Unruhen in der Hauptstadt Lhasa durch chinesische Sicherheitskräfte blutig niedergeschlagen. Anläßlich des 30. Jahrestages des tibetischen Volksaufstandes gegen die chinesische Fremdherrschaft im März 1959 hatte sich tibetischer Unmut Luft gemacht. Über die tibetische Hauptstadt verhängte Peking das Kriegsrecht. Ebenso verhängte die chinesische Führung am 20. Mai 1989 das Kriegsrecht über die eigene Hauptstadt Peking, um populäre, seit Mitte April anhaltende, gegen die Korruption und auf demokratische Reformen zielende Massendemonstrationen von Studenten und anderen Bevölkerungsgruppen unter machtpolitischer Kontrolle halten zu können. Der endlich befohlene Gewalteinsatz von Armee-Einheiten gegen die Demonstranten Anfang Juni 1989 hatte ein Blutbad sowie eine Welle der Repression und Einschüchterung zur Folge (vgl. Beitrag VR China).

In *Burundi* und *Mauretanien/Senegal* kam es im Berichtszeitraum zu blutigen ethnischen Konflikten und Pogromen. Innerhalb der überkommenen Konfliktbeziehung zwischen der regierenden Tutsi-Bevölkerungsgruppe und der die Mehrheit der Bevölkerung bildenden Hutu-Ethnie gab es im August 1988 in Burundi schwere Auseinandersetzungen, die zu Tausenden von Toten und zu Fluchtbewegungen von Hutu in den Nachbarstaat Rwanda führten. Ende April/Anfang Mai 1989 kam es in Senegal und Mauretanien zu Ausschreitungen gegen Angehörige des jeweils anderen Staates, die wohl durch Zusammenstöße zwischen senegalesischen Bauern und mauretanischen Nomaden ausgelöst wurden. Über eine Luftbrücke wurden gefährdete Menschen in ihre Heimatländer ausgeflogen.

Im *Sudan* führte nach monatelangen Putschgerüchten und anhaltender Druckausübung der Armee (u. a. Ultimatum an die Regierung Ende Februar 1989) Anfang Juli 1989 ein Militärputsch zum Sturz der Regierung Sadik-al-Mahdis. Ein wesentlicher Grund für den Machtwechsel war wohl die zögerliche Politik der Regierung zur Beendigung des langjährigen und blutigen Bürgerkrieges im Süden des Landes sowie zur Überwindung der mit diesem Krieg verbundenen ökonomischen Misere des Landes. In *Äthiopien* hingegen überstand Staatschef Mengistu im Mai 1989 einen Putschversuch unzufriedener Armee-Einheiten. Anschließend kam es zu Säuberungen in der durch die Erfolge der Aufstandsbewegungen in Tigray und Eritrea stark demoralisierten Armee. Dennoch sah sich das Mengistu-Regime angesichts der anhaltenden Erfolge der Aufständischen, der erwiesenen Illoyalität von Teilen der Armee und verstärkten sowjetischen Drucks gezwungen, den Bürgerkriegsgegnern Anfang Juni 1989 ein neues Angebot zu Gesprächen über eine Beendigung der langjährigen Bürgerkriege zu unterbreiten.

4. Fortschritte bei der Regelung regionaler Konflikte

Seit dem Jahre 1988 gab es zum Teil spektakuläre Fortschritte bei der Regelung wichtiger regionaler Konflikte. Etliche langjährige und blutige Kriege transformierten sich in prinzipiell politisch verhandel- und lösbare Konflikte; unerwartete diplomatisch-politische Durchbrüche wurden erzielt. Unter maßgeblicher Beteiligung der Supermächte kam es am 15. Mai 1988 zum Afghanistan-Abkommen, am 20. August 1988 zum Waffenstillstand am Golf und am 22. Dezember 1988 zum Angola/Namibia-Abkommen. Im Jahre 1988 kündigte auch Vietnam seine Bereitschaft zum Truppenabzug aus Kambodscha an, und in der Westsahara nahmen im gleichen Jahr die Streitparteien einen Lösungsvorschlag der Vereinten Nationen an. Über diese spektakulären Fälle hinaus gab es weitere Konflikte, deren starre Fronten sich ebenfalls aufzulockern schienen. Im Nahen Osten eröffneten die Tatsache, daß die PLO Israel akzeptierte, sowie die Kontakte zwischen Israel und der UdSSR einerseits und den USA und der PLO andererseits neue politische Perspektiven (vgl. Beitrag Nahost: PLO in der Offensive). In Mittelamerika geriet der durch den Arias-Plan dynamisierte Friedensprozeß zwar ins Stocken, doch liegt hier zumindest ein umfassendes politisches Rahmenkonzept für eine Konfliktregelung vor. Zudem ist der Bürgerkrieg in Nicaragua („Contra-Krieg") mit dem Waffenstillstand von Sapoá vom Frühjahr 1988 vorerst beendet worden. In Afrika wäre auf die Beruhigung im tschadischen Bürgerkrieg und die Beendigung des Konflikts zwischen dem Tschad und Libyen hinzuweisen, ferner auf die relative Stabilisierung Ugandas nach lang anhaltendem Bürgerkrieg, und schließlich auch auf die Verständigung zwischen Somalia und Äthiopien vom Frühjahr 1988.

Als wesentliche internationale Rahmenbedingungen und Voraussetzungen für die genannten Fortschritte bei der Regelung regionaler Konflikte können die Entspannung zwischen den Supermächten sowie die „Wiederentdeckung" der Vereinten Nationen gelten. Sowohl die UdSSR als auch die USA haben wohl erkannt, daß sich hegemoniale Bestrebungen infolge der Widerstände der anderen Supermacht und des wachsenden Nationalismus in der Dritten Welt nicht in dauerhafte Einflußgewinne und verläßliche Kontrolle umsetzen lassen. Namentlich der UdSSR in der Gorbatschow-Ära der Reformen liegt heute mehr an Mitteleinsparung und geopolitischem Disengagement als an einer militärisch gestützten Einfluß- und Interventionspolitik. Mit der west-östlichen Entspannung und der neuen Dynamik kooperativer Konfliktregelung erlebte auch die UNO eine politische Renaissance, Rehabilitierung und erhöhte Wertschätzung seitens der beiden Supermächte. Nicht zuletzt die Verleihung des Friedensnobelpreises an die UN-Friedenstruppen im Jahre 1988 hat deutlich gemacht, daß die UNO im Bereich der ihr immer schon zugedachten Friedenssicherung heute offenbar wichtige Aufgaben und Funktionen wahrnimmt. Dazu gehören u. a. die Verabschiedung von Resolutionen, Vermittlungsangebote und Friedenssicherungsoperationen wie die Entsendung von Beobachtern und/oder von Friedenstruppen, die Feuereinstellungen, Waffenstillstände, Truppenrückzüge, Referenden und Wahlen ermöglichen und überwachen (z. B. UNIIMOG/United Nation Iran-Iraq Military Observer Group am Golf; UNTAG/United Nation Transition Assistance Group in Namibia; UNAVEM/United Nation Angola Verification Mission in Angola).

Interesse an der Beendigung von Kriegen und der Regelung von Konflikten hatten aber auch die unmittelbaren Kontrahenten vor Ort. Dieses Interesse entstand u. a. infolge zunehmender Skepsis bezüglich der Gewinnbarkeit von Kriegen, wachsender Erschöpfung, Abnutzung und wirtschaftlicher Probleme in langen Kriegszeiten und nicht zuletzt auch infolge von verstärktem internationalen Druck, verbunden mit der Gefahr unkontrollierter Konflikteskalation oder zunehmender diplomatisch-politischer Isolierung.

Das Hauptinteresse an einer Beilegung des Afghanistan-Konflikts hatte offensichtlich die Sowjetunion. Der Krieg war militärisch nicht zu gewinnen. Er brachte hohe ökonomische Kosten und vor allem auch politische Belastungen (Konfrontation mit dem Westen, Imageverschlechterung der UdSSR in der Dritten Welt) mit sich. Im Interesse einer Verbesserung der Beziehungen zu den USA, aber auch zur VR China, der Dynamisierung der Rüstungskontroll- bzw. Abrüstungspolitik sowie im Interesse der Glaubwürdigkeit des „Neuen Denkens" wollte die UdSSR einen Rückzug ihrer Truppen und ein Ende des Krieges. So kam es im Frühjahr 1988 zur Entscheidung der sowjetischen Führung zum Abzug ihrer Truppen bis zum 15. Februar 1989 sowie am 15. Mai 1988 zu einem Abkommen zwischen Afghanistan und Pakistan über gegenseitige Nichteinmischung, Nichtintervention und die Rückführung der Flüchtlinge. Doch trotz des termingerecht abgeschlossenen sowjetischen Truppenabzuges hielt der innerafghanische Bürgerkrieg unter externer Beteiligung weiter an, ohne konkrete Aussicht auf eine baldige, einvernehmliche Klärung der noch ausstehenden internen Macht- und Systemfrage.

Im Golfkrieg lenkte schließlich auch der Iran ein, der gegen Ende des Krieges militärische Niederlagen hinnehmen mußte sowie einem Mangel an Waffennachschub und vor allem auch einer wachsenden internationalen Isolierung ausgesetzt war. Beide Kriegsparteien erklärten sich seit dem 20. August 1988 mit der Annahme der UN-Resolution 598 des Sicherheitsrates vom 22. Juli 1987 zu einem Waffenstillstand und zur Aufnahme von direkten Verhandlungen unter der Schirmherrschaft der Vereinten Nationen bereit. In diesen Verhandlungen, die bisher ergebnislos verliefen und stagnieren, sollen u. a. die schwierigen Probleme des Truppenrückzugs, der Grenzverläufe sowie der Kriegsschuldfrage und der Reparationen geklärt werden.

Im südlichen Afrika (Angola/Namibia) wirkten sowjetische und amerikanische Interessen gleichläufig zusammen. Die UdSSR hatte Interesse an einer ökonomischen, militärischen und politischen Entlastung in einer Bürgerkriegssituation, die durch südafrikanische und amerikanische Destabilisierung kompliziert wurde. Entsprechenden Druck übte die UdSSR auf die MPLA-Regierung Angolas sowie auf Kuba aus. Die USA drängten auf den Abzug der Kubaner, den Rückzug südafrikanischer Truppen und die Freigabe Namibias. Die Republik Südafrika erlitt von seiten der angolanisch-kubanischen Streitkräfte erstmals schwere militärische Rückschläge (Niederlage der südafrikanischen Streitkräfte bei Cuito Cuanavale im März 1988), spürte zunehmend auch die wirtschaftlichen Belastungen der Kriege in Angola und Namibia und sah sich einem verstärkten politischen und ökonomischen Druck von seiten der USA und anderer Staaten ausgesetzt. Unter Vermittlung der USA und Beteiligung der UdSSR wurde nach etlichen Vorrunden schließlich am 22. Dezember 1988 ein Vertragsabschluß erzielt (vgl. Beitrag Namibia). Er sah das Inkrafttreten des Unabhängigkeitsplanes für Namibia zum 1. April 1989, die Abhaltung freier Wahlen zum 1. November 1989 (Verwirklichung der UN-Resolution 435 von 1978) sowie den schrittweisen Abzug der kubanischen Truppen aus Angola bis zum 1. Juli 1991 vor. Diese zwischen Angola, Kuba und der Republik Südafrika einerseits und Angola und Kuba andererseits geschlossenen Abkommen regelten jedoch nicht zugleich den innerangolanischen Bürgerkrieg bzw. die Rolle der Widerstandsbewegung UNITA. Dies versucht die im Juni 1989 zwischen der MPLA und der UNITA getroffene Übereinkunft von Gbadolite (Zaire), die nach einem Waffenstillstand u. a. die Bildung einer Regierung der Nationalen Einheit vorsieht. Der Beginn des Unabhängigkeitsprozesses in Namibia ab 1. April 1989 war unglückseligerweise durch blutige Kämpfe zwischen südwestafrikanischen Sicherheitskräften und aus Angola kommenden Einheiten der SWAPO gekennzeichnet.

In Kambodscha war es vor allem der Druck der UdSSR auf ihren international isolierten Verbündeten Vietnam, der die Dinge in Bewegung brachte. Da der Krieg in Kambodscha, nicht zuletzt infolge der externen Unterstützung des Widerstandes, für das wirtschaftlich zerrüttete Vietnam nicht zu gewinnen ist, die sowjetische Hilfestellung für ihren Klienten zudem viel Geld kostete, und die UdSSR ihr Verhältnis zur VR China und zu den ökonomisch attraktiven ASEAN-Staaten verbessern möchte, war und ist der Sowjetunion an einem Rückzug der vietnamesischen Truppen und an einer Regelung des Konflikts nach dem Afghanistan-Modell gelegen. Seit Herbst 1988 hat die Regierung in Hanoi wiederholt ihre Bereitschaft zum Truppenabzug erklärt. Ferner gab es diverse Treffen und Gespräche unter und mit interessierten Drittstaaten (u. a. UdSSR, VR China, USA, ASEAN-Staaten) an verschiedenen Orten und bei den Vereinten Nationen sowie Treffen zwischen den Bürgerkriegsfraktionen. Weitgehender Konsens besteht darüber, daß nach dem Abzug der vietnamesischen Truppen zum 30. September 1989 alle ausländischen Waffenlieferungen nach Kambodscha einzustellen sind, freie Wahlen stattfinden sollen und ein Mehrparteiensystem etabliert wird. Ein internationaler Kontrollmechanismus soll der Überwachung dieser Maßnahmen dienen. Unklar bleibt u. a.

die Zusammensetzung einer künftigen kambodschanischen Regierung, nicht zuletzt auch die Rolle der Roten Khmer, die immer noch die stärkste bewaffnete Kraft im Lande darstellen.

Im Westsahara-Konflikt waren es wesentlich die hohen ökonomischen Kosten, ferner die wachsende Einsicht in die militärische Aussichtslosigkeit des Krieges und nicht zuletzt auch die zunehmende internationale Isolierung Marokkos (Anerkennung der DARS/Demokratischen Arabischen Republik Sahara durch ca. 70 Staaten), die König Hassan II. schließlich einlenken ließen. Hinzu kam auch das politisch und ökonomisch bedingte Interesse Algeriens an einer Beendigung des kostenträchtigen Krieges, in dem die Algerier die Hauptunterstützer der POLISARIO und Versorger der Flüchtlinge sind. Algerien, das eine politische Entspannung und eine verstärkte wirtschaftliche Zusammenarbeit mit Marokko betreibt (Wiederaufnahme diplomatischer Beziehungen im Mai 1988), übte daher entsprechenden Druck auf die POLISARIO aus. Im Herbst 1980 nahmen beide Konfliktparteien einen Lösungsvorschlag der UN im Prinzip an und traten am 4. Januar 1989 in Marrakesch in erste direkte Gespräche ein. Im Kern enthält dieser Vorschlag die Elemente eines Waffenstillstands und eines international überwachten Referendums über den künftigen Status der Westsahara. Unklar bleibt jedoch vor allem die Haltung Marokkos, das die Eingliederung des Gebiets als Südprovinz vermittels eines Autonomie-Statuts bevorzugt.

Nach langen, blutigen Kriegen hat es also durchaus Fortschritte in Richtung Frieden gegeben, wenngleich auch viele Regelungsbestimmungen noch gleichsam „unter Vorbehalt und ohne Gewähr" gelten. Doch nur in wenigen Fällen gelang es bisher, die Waffen wirklich zum Schweigen zu bringen. In anderen Fällen wurde zumindest eine Reduzierung bzw. tendenzielle Entkoppelung der von außen aufgepfropften Ost/West-Dimension der lokalen/regionalen Konflikte vorgenommen. Andererseits gab und gibt es eine Reihe kriegerischer Konflikte in der Dritten Welt, die weiter anhalten und es daher als fragwürdig oder gar zynisch erscheinen lassen, von einer Zeit der allgemeinen Friedensstiftung zu sprechen. Zu diesen unbefriedeten Kriegen gehören u. a. in Asien die Kriege in Burma, in Ost-Timor, auf Sri Lanka, auf den Philippinen; im Nahen Osten der Krieg der Kurden und der kriegsgeschüttelte Libanon; in Afrika die Kriege in Mozambique, im Sudan, in Äthiopien und der 1988 ausgebrochene Bürgerkrieg in Somalia. Für Lateinamerika sind die Kriege in El Salvador, in Kolumbien und in Peru zu nennen. In einigen dieser Konflikte gab und gibt es zwar Ansätze zu Gesprächen zwischen den Kontrahenten und zu einer friedlichen Beilegung, doch war diesen bislang kein durchschlagender Erfolg beschieden.

Auch sind die Konfliktpotentiale in der Dritten Welt nicht beseitigt; neue Kriege – wie z. B. der in Somalia im Jahre 1988 – können ausbrechen. Die Aufrüstung vieler Länder und Regionen schreitet, wenn auch auf unterschiedlichem Niveau, weiter voran. Friedenspolitisch besonders bedenklich ist die Ausbreitung von ABC-Waffen und Raketentechnologie in der Dritten Welt (vgl. Beitrag von M. Brzoska hierzu). Ebenso bedenklich bzw. skandalös ist der Beitrag, den die Bundesrepublik Deutschland bzw. Rüstungsproduzenten und Waffenhändler aus der Bundesrepublik zu dieser Aufrüstung leisten (vgl. Beitrag über Deutsche Rüstungsexporte in alle Welt).

Joachim Betz/Volker Matthies (Deutsches Übersee-Institut, Hamburg)

II. ÜBERREGIONALE BEITRÄGE

Tropenwälder – „Ökologisches Reservat der Menschheit"?

1. Zum Problem

Im Oktober 1980 verkündete der damalige brasilianische Präsident Figueiredo das Regionalentwicklungsvorhaben „Programa Grande Carajás" – vielleicht das ehrgeizigste Vorhaben zur ökonomischen Erschließung einer Regenwaldregion, das jemals vorgelegt wurde: Die Planungsregion von etwa 895 000 qkm umfaßt praktisch den gesamten südwestlichen Teil des Amazonasbeckens, gut dreimal so groß wie die Bundesrepublik Deutschland. Das Gebiet war bis Anfang der 80er Jahre noch zu über zwei Dritteln von tropischem Regenwald bedeckt, wobei der Rest (Feuchtsavannen und Küstenvegetation) ebenfalls noch sehr stark der natürlichen Vegetation entsprach, allerdings hatte es vor allem entlang der bereits bestehenden Straßen bereits großflächige Rodungen gegeben.

Im Mittelpunkt des Entwicklungsprogramms steht die Erschließung der enormen Erzvorkommen in der Serra dos Carajás (eines der weltweit größten Eisenerzlager von hervorragender Qualität, daneben auch Kupfer, Mangan, Bauxit, Nickel und Zinn), verbunden mit umfangreichen Vorhaben zur Infrastrukturentwicklung (Eisenbahnlinie zum Erztransport, Häfen, Flußschiffahrt, Straßen; hydroelektrische Nutzung des Flußsystems durch verschiedene Großkraftwerke), zur Industrialisierung der Rohstoffe in der Region sowie zur landwirtschaftlichen Entwicklung. Insgesamt sind Investitionen im Umfang von 62 Mrd. US$ für einen Zeitraum von zehn Jahren vorgesehen. Die Weltbank beteiligte sich mit einem Kredit an der Finanzierung des Eisenerzbergbaus und – indirekt – durch einen 1986 gewährten Energiesektorkredit an der Finanzierung der Staudammprojekte von Tucuruí.

Die bereits offensichtlich umfangreichen Konsequenzen des Carajás-Programms für die Umwelt und die im Planungsgebiet wohnenden Indianer hat in den letzten Jahren zu wachsenden Protesten gegen das gesamte Programm in Brasilien und im Ausland geführt. Letztlich war dies – neben Konflikten über den weiteren Ausbau der Kernenergie – einer der Hauptgründe dafür, daß die Weltbank im März 1989 beschloß, den beantragten zweiten Energiesektorkredit in der geplanten Form nicht zu bewilligen, sondern ein Darlehen für den Umweltschutz in Höhe von 300 bis 400 Millionen US$ zur Verfügung zu stellen. Im Zusammenhang mit der Diskussion um den Weltbankkredit protestierten brasilianische Politiker nun in scharfer Form gegen die Einmischung ausländischer Umweltschützer; Außenminister Sodre wird mit dem Satz zitiert, der Amazonas sei „kein ökologisches Reservat der Menschheit, der Amazonas gehört uns".

Sicher haben Kritiker weitgehend recht, die diese Töne als überzogene nationalistische Kraftmeierei ansehen, und immerhin zeigt das Programm zur Erhaltung der Tropenwälder, das wenig später von Präsident Sarney vorgelegt wurde, daß ein beträchtlicher Teil der Analysen der Umweltschützer durchaus akzeptiert wird (Probleme der extensiven Viehzucht, der unkontrollierten Brandrodung usw.), daß aber dort eine Grenze gezogen wird, wo Brasilien zur Bekämpfung globaler ökologischer Probleme in die Pflicht genommen werden soll.

2. Zur „Inwertsetzung" des nationalen Territoriums im Entwicklungsprozeß der heutigen Industrieländer

Denkt man an die Rolle nationaler Rohstoffe und die Bedeutung der Integration und Erschließung des nationalen Territoriums für die Entwicklungsprozesse der heutigen Industrieländer, so muß eigentlich die Selbstsicherheit verwundern, mit der heute nicht nur von Umweltschützern die Aufgabe weitreichender Erschließungsprogramme in Ländern der Dritten Welt gefordert wird. Im folgenden kann nur stichpunktartig auf einzelne Aspekte des historischen Prozesses der „Inwertsetzung" nationaler Territorien in Europa und Nordamerika verwiesen werden:

– Im Prozeß der Bildung von Nationalstaaten in Europa standen die Integration nationaler Territorien und der Ausbau der zentralstaatlichen Macht in den Händen der jeweiligen Herrscherhäuser im Mittelpunkt; dazu gehörte einerseits die zunehmende Nutzung der natürlichen Ressourcen (mineralischer wie landwirtschaftlicher Art), sowie andererseits gezielte politische Maßnahmen zur administrativen und kulturellen Integration des gesamten „Staatsvolkes". Im Zusammenhang mit diesem Entwicklungsprozeß in den heutigen Industrieländern wäre niemand auf die Idee gekommen, aus welchen Gründen auch immer, wichtige Rohstoffquellen nicht auszubeuten.

– Die erste Phase schwerindustrieller Entwicklung beruhte vor allem auf den Vorkommen von Eisen und Kohle; die ersten großen Industriegebiete sind daher praktisch überall um diese Bergbaureviere herum entstanden.

– Die Abschaffung interner Handelsschranken bis Mitte des 19. Jhs. und der zur gleichen Zeit beginnende Ausbau von Eisenbahnen und Kanälen integrierte praktisch alle Teile der nationalen Territorien in den nationalen Markt, d. h. öffnete sie für die Inwertsetzung ihrer natürlichen und menschlichen Ressourcen, und machte sie gleichzeitig zugänglich für den Absatz von Produkten aus anderen Teilen des Nationalstaats.

– Der Kolonialismus kann vor allem in seinen frühen Formen als eine meist gewaltsame, nach außen gerichtete Fortsetzung des Prozesses der Inwertsetzung von Territorien zur Förderung nationaler Wachstumsprozesse angesehen werden, u. a. durch den Abbau von Edelmetallen, die Nutzung der Anbauflächen und klimatischen Bedingungen zur Produktion industrieller Rohstoffe, teilweise auch als Siedlungskolonien im Sinne eines bevölkerungspolitischen „Überlaufventils".

– Der Kapitaltransfer aus Randgebieten spielte eine nicht zu unterschätzende Rolle bei der Finanzierung der Industrialisierung in den Wachstumszentren. Darüber hinaus trugen diese häufig zur Regulierung des Arbeitsmarktes bei. So wurden einerseits im Prozeß der industriellen Revolution Arbeitskräfte für die industrielle Entwicklung der Zentren „freigesetzt", während andererseits die Regionalpolitik der 1960er und 70er Jahre in der Industrialisierung und der damit wachsenden Nachfrage nach Arbeitskraft bisher ländlicher Regionen ein Ventil für die steigenden Kosten weiteren Wachstums in den Metropolen (teurer Infrastrukturausbau, Entwicklung der Grundstückspreise, soziale Konflikte) sah.

Auch die entwicklungstheoretische Diskussion in praktisch allen ihren Schattierungen übertrug die Vorstellungen einer verbesserten Nutzung nationaler Ressourcen und einer Verstärkung nationaler Integration auf die wirtschaftspolitischen Strategien der heutigen Entwicklungsländer; die Strukturanpassungsstrategien der 80er Jahre beruhen – trotz parallel laufender Umweltdiskussion – immer noch weitgehend auf diesen Vorstellungen. Die Verschuldungskrise und die Reaktion der internationalen Finanzinstitutionen sind es auch, die in einer Zeit des wachsenden Bewußtseins von einer Bedrohung der globalen Umwelt den Widerspruch zwischen einer Beschleunigung der nationalen Ressourcenausbeutung in vielen Ländern der Dritten Welt und den Erfordernissen einer nachhaltigen, umwelterhaltenden Entwicklungsstrategie auf die Spitze getrieben haben.

Die verbesserten Kenntnisse ökologischer Zusammenhänge haben nun bei immer mehr Wissenschaftlern und Politikern zu der Überzeugung geführt, daß ein Nachvollzug der ressourcenintensiven, flächendeckenden „Inwertsetzung" des nationalen Territoriums, wie es die heutigen Industrieländer historisch demonstriert haben, in großen Teilen der Dritten Welt zu katastrophalen Umweltfolgen für die betreffenden Länder, aber auch für die Welt als Ganzes führen würde. Keine noch so überzeugend klingende moralische Überlegung, die das Recht der Dritten Welt auf eine rigorose Nutzung zumindest ihrer eigenen Ressourcen – während die Industrieländer ja sogar die Ressourcen ihrer Kolonien mit nutzen konnten – betont, kann über diese Erkenntnis hinweggehen. Die wesentlichen Aspekte dieser Argumentation seien hier noch einmal zusammengefaßt:

– Das Ökosystem der Tropenwaldregionen unterscheidet sich erheblich von dem der Waldregionen der gemäßigten Klimazonen, was bedeutet, daß diese Regionen a) nur sehr bedingt und in bestimmten angepaßten Formen für die landwirtschaftliche Nutzung taugen, b) durch ökologisch nicht angepaßte Nutzungsformen (etwa: extensive Viehzucht, einjährige Kulturen in Hanglagen) sehr rasch irreparable Schäden erleiden und c) aufgrund der Entwaldung ihre Funktionen als Regulatoren für den Wasserhaushalt und das Klima in benachbarten Regionen verlieren (u. a. vermehrte Überschwemmungen und Trockenzeiten).

– Der tropische Regenwald zeichnet sich durch eine ungeheure Artenvielfalt aus, die nicht nur ein enormes genetisches Potential, sondern auch bisher kaum genutzte Gebrauchswerte darstellt; so wird angenommen, daß es in Amazonien schätzungsweise 12 000 Pflanzenarten mit Heilwirkungen gibt, von denen nur ganze 400 genutzt werden. Viele dieser Arten werden auch nicht in kleineren Regenwaldreservaten überleben, sondern benötigen ein großräumiges Regenwald-Ökosystem.

– Praktisch unumstritten ist die Tatsache, daß das großflächige Abbrennen von Regenwäldern bereits erheblich zur weltweiten Emission von Kohlendioxid und damit unmittelbar zum sog. „Treibhauseffekt" beiträgt. Darüber hinaus wird von vielen Autoren angenommen, daß durch die Verringerung der von Tropenwäldern bedeckten Fläche auch die weltweite Absorptionskapazität für Kohlendioxid deutlich abnimmt und dadurch der Treibhauseffekt zusätzlich verstärkt wird.

– Die Erschließung der Regenwaldgebiete bedroht traditionelle Völker und Kulturen, deren Lebensweise dem Ökosystem des Tropenwaldes angepaßt ist.

Auch wenn diese Argumente inzwischen weitgehend bekannt und von vielen anerkannt werden, so gibt es von mindestens zwei Seiten her einen erheblichen Druck, die Inwertsetzung dieser Regionen rasch voranzutreiben:

(1) Die Land-Stadt-Wanderung hat in vielen Entwicklungsländern bekanntermaßen zu einem enormen Anwachsen der Bevölkerung in den wenigen urbanindustriellen Regionen geführt; sie ist ihrerseits meist der Ausdruck dafür, daß die traditionellen landwirtschaftlichen Regionen die Grenzen ihrer „Tragfähigkeit" erreicht haben. Dies ist sicher z. T. die Konsequenz einer wachsenden Konzentration des Grundbesitzes gerade in Regionen, in denen sich neue Exportkulturen ausdehnen; doch angesichts des auch in diesen Regionen noch zu beobachtenden Bevölkerungswachstums kann eine Agrarreform allein nicht als Allheilmittel angesehen werden. Die Erschließung bisher wenig besiedelter Regionen erscheint als notwendige Voraussetzung für die Entschärfung politischer Konflikte und die Förderung des sozio-ökonomischen Entwicklungsprozesses, sie erscheint auch als logischer Ausweg aus der Problematik der Überbevölkerung der großen Städte und einiger traditioneller ländlicher Siedlungsgebiete; andererseits läßt das Anwachsen des auf neue Überlebensmöglichkeiten angewiesenen Teils der Bevölkerung eine sorgfältig geplante, kontrollierte Kolonisation dieser Regionen nicht mehr zu.
(2) Die Verschuldungskrise förderte eine überstürzte Erschließung exportierbarer Ressourcen gerade auch in Tropenwaldregionen; die projektbezogene Kreditvergabe förderte darüberhinaus derartige Erschließungsprojekte, die nun ihrerseits über die eigentlichen Projektziele hinaus große Zahlen „wilder Siedler" anzogen und das großflächige Abbrennen von Regenwaldgebieten häufig erst ermöglichten.

Die im letzten Jahrzehnt von außen an die Entwicklungsländer gestellten – aber durchaus auch von internen politischen Kräften getragenen – Forderungen unterwerfen die Regierungen der betroffenen Länder also einem praktisch unaufhebbaren Dilemma: Einerseits wird von ihnen in zunehmendem Maße erwartet, rationaler mit der Erschließung ihrer natürlichen Ressourcen umzugehen, als es die Industrieländer in ihrem Entwicklungsprozeß getan haben, was, weitgehend zu Recht, als im wohlverstandenen Eigeninteresse der Entwicklungsländer liegend dargestellt wird. Andererseits aber hat der weltweite wirtschaftliche Entwicklungsprozeß der letzten Jahrzehnte gerade das Entstehen von Strukturen in den Entwicklungsländern und in den Nord-Süd-Beziehungen begünstigt, die jetzt in praktisch unaufhaltbarer Form auf die rasche Erschließung und weitgehende Zerstörung der Tropenwaldregionen drängen. An den Beispielen Indonesiens und Brasiliens wird die Rolle der Erschließung großer Tropenwaldregionen im Rahmen der Dynamik nationaler Entwicklungsprozesse genauer charakterisiert werden.

3. Die indonesische „Transmigration" und die Tropenwälder auf den „Äußeren Inseln"

Politische Maßnahmen zur Förderung der Migration vom dichtbevölkerten Java auf die dünn besiedelten sog. „Äußeren Inseln", d. h. den Rest Indonesiens, gehen bis tief in die holländische Kolonialzeit zurück: Bereits 1905 wurde das erste Umsiedlungsprojekt von Bauern aus Java auf den gegenüberliegenden Teil von Sumatra gestartet; bis in die 30er Jahre hinein blieben die staatlichen Umsiedlungsvorhaben jedoch relativ wirkungslos. Die Gründe für die damalige Umsiedlungspolitik waren im Prinzip die gleichen wie heute: Bereits im Jahre 1920 hatte Java eine Bevölkerung von 35,9 Mio. Einwohnern, das entspricht – bei einer noch fast ausschließlich ländlich strukturierten Gesellschaft – einer Bevölkerungsdichte von 272 Einw./qkm, also schon damals mehr als z. Zt. in der Bundesrepublik (246 E/qkm), während auf den äußeren Inseln (mehr als das dreizehnfache der Fläche Javas) nur etwa 13,4 Mio. Menschen lebten, etwa 7,5 E/qkm.

Auch wenn sich prozentual die Verteilung verbessert hat (1920: 73% der Gesamtbevölkerung auf Java, 1985: 61%), deuten die absoluten Zahlen auf eine immer unerträglicher werdende Situation auf Java hin: 1985 hatten Java (und Madura) 99,5 Mio. Einwohner, was einer Bevölkerungsdichte von knapp 753 E/qkm entspricht. Praktisch alles landwirtschaftlich nutzbare Land wird bebaut, eine weitere Intensivierung ist kaum denkbar; die Umweltschäden, vor allem Erosion aufgrund der Entwaldung steiler Hänge, nehmen dramatische Ausmaße an, und es ist zu befürchten, daß weitere Versuche der Intensivierung der Landnutzung zum Verlust an landwirtschaftlich nutzbarer Fläche führen. Eine Förderung der Urbanisierung erscheint angesichts des sowieso raschen Wachstums von Jakarta und auch der drei anderen Millionenstädte auf Java nicht angebracht. Diese kurze Skizzierung der Entwicklung von Bevölkerung und Landknappheit auf Java macht zweierlei deutlich:

– Die bisherigen Migrationsprogramme haben ihr Hauptziel verfehlt, zumindest eine Stabilisierung der Bevölkerung auf Java zu erreichen; tatsächlich erreichte die Gesamtzahl der Transmigranten erst im letzten Jahrzehnt mit etwa 150 000 Familien (nach offiziellen Angaben), also mehr als einer halben Million Menschen jährlich, eine Dimension, die einen gewissen Einfluß auf die Gesamtentwicklung der Bevölkerung auf Java hat.

– Die immer noch relativ geringe Bevölkerungsdichte auf großen Teilen der äußeren Inseln (teilweise noch unter 10 E/qkm) legt es angesichts der ausweglosen Situation auf Java nahe, das Transmigrationsprogramm weiterzuverfolgen. Darüber hinaus gelten natürlich weiterhin auch die sonstigen Ziele der Transmigrationspolitik (Nutzung natürlicher Ressourcen, Erhöhung des Lebensstandards, Unterstützung der Regionalentwicklung, Förderung der Bildung einer einheitlichen Nation), wie sie in den „Richtlinien für die Staatspolitik" von 1972 und 1983 formuliert worden sind, und die durchaus Parallelen zeigen zu den oben genannten Aspekten der Erschließung peripherer Regionen in den heutigen Industrieländern.

Das Argument der „Nutzung natürlicher Ressourcen" ist angesichts des Reichtums der äußeren Inseln an Bodenschätzen und exportierbarem Holz einerseits und der u. a. im Zusammenhang mit den sinkenden Erdöleinnahmen schwierigen Wirtschaftslage andererseits gerade in den vergangenen Jahren verstärkt in den Vordergrund getreten. Zusätzlich zum Bevölkerungsproblem auf Java läßt dieser Aspekt eine Politik der weiteren Erschließung der Außeninseln als fast unausweichlich erscheinen.

Die Kritik an den ökologischen Schäden und an Menschenrechtsverletzungen gegenüber der traditionellen Bevölkerung der Einwanderungsregionen hat sich vor allem in den letzten Jahren verschärft. Das liegt sicherlich auch an der allgemein wachsenden Sensibilität gegenüber diesen Problemen sowie an den neuen Größenordnungen, die „Transmigrasi" in den 80er Jahren effektiv erreicht hat. Offensichtlich spielt aber auch eine regionale Neuorientierung eine Rolle: Richtete sich die Migration der früheren Jahrzehnte vor allem auf Regionen in Sumatra und Sulawesi, deren ökologische Voraussetzungen denjenigen Javas relativ ähnlich sind und die auch schon in alte Handelsnetze einbezogen waren, so konzentrieren sich die Umsiedlungen heute auf die extrem gering besiedelten und – bis vor wenigen Jahren jedenfalls – fast noch vollständig mit Regenwald bedeckten Teile dieser Inseln. Betrug der Anteil der (nach dem Zensus von 1980) fünf am dichtesten besiedelten Provinzen an der Migration bis 1940 95%, so lag er 1984–1986 bei nur noch 27,1%.

Grundsätzlich wäre die selbst für die ehrgeizigen Umsiedlungspläne der indonesischen Regierung benötigte Fläche durchaus mit der Erhaltung großer zusammenhängender Teile des Tropenwaldes zu vereinbaren. So schwanken die Schätzungen des Landbedarfs für staatlich geförderte Umsiedler in der Zeit von 1985 bis 2000 zwischen 368 000 und 2,75 Mio. ha – je nach Annahme über die zukünftige Entwicklung der Transmigration. Selbst der höchste angenommene Wert erreicht jedoch nur 10% der Waldfläche, die bereits stark „durchforstet" worden ist bzw. von Kleinbauern illegal genutzt wird. Die restliche Waldfläche – noch 63% der Gesamtfläche aller Aufnahmeregionen – bräuchte dabei überhaupt nicht berührt zu werden. Wie üblich stellen sich die Probleme in der Realität etwas anders dar, und zwar aufgrund einer Reihe von Gründen, die sämtlich in der einen oder anderen Form mit den besonderen Charakteristika des Tropenwaldes zusammenhängen:

– Eines der Grundprobleme liegt in der bekannten relativ geringen Fruchtbarkeit der Böden der tropischen Regenwälder; in den bereits dichter besiedelten Regionen Sumatras sowie in Sulawesi handelt es sich häufig um vulkanische Böden bzw. um Schwemmlandböden, die wie auch in Java einen hohen Nährstoffgehalt besitzen. In großen Bereichen der in den letzten Jahren erschlossenen Regionen gibt es diese Sonderbedingungen nicht – nach wenigen Ernten beginnen die Erträge drastisch zu sinken. Wenn es nicht gelingt, Systeme nachhaltiger landwirtschaftlicher Nutzung zu entwickeln, besteht die Gefahr, daß die Siedler aus Java und Bali, die traditionell keinen Wanderfeldbau kennen, gezwungen sind, sich nach drei bis fünf Jahren durch Brandrodung neue Gebiete außerhalb des eigentlichen Siedlungsgebietes zu erschließen, was den Bodenbedarf/Familie von den erwarteten 2–3 ha auf 10–20 ha vermehren und damit eine erheblich stärkere Reduzierung des Waldbestandes mit sich bringen würde. Die Probleme werden noch dadurch verstärkt, daß die Siedler aus Gründen der Arbeitserleichterung häufig steilere Hänge abbrennen (Restholz rutscht den Berg hinunter), wo aber nun gerade die Erosionsgefahr besonders groß ist.

– Die Verschlechterung der Situation in vielen ländlichen Gebieten Javas kommt in der wachsenden Bedeutung sog. *„wilder Migration"* zum Ausdruck; so waren bereits zwischen 1979 und 1984 ein Drittel aller Siedler „spontane Umsiedler", die Java auf eigene Faust verließen. Die Erschließung der Regenwaldregionen durch das offizielle Programm eröffnet natürlich auch ihnen die Möglichkeit, sich durch Brandrodung Land zu verschaffen, zumal zum einen eine effektive Kontrolle der dünn besiedelten Regionen schwerfallen würde, zum anderen der indonesischen Regierung diese Entwicklung zunächst gar nicht so unlieb sein dürfte, da sie zumindest die bevölkerungspolitischen Wirkungen des Programms ohne zusätzliche Kosten verstärkt. Die unbeabsichtigte Auslösung großer Waldbrände durch die Brandrodung, von der mehrfach berichtet worden ist, hat verheerende Konsequenzen für den Bestand an Regenwald.

– Auch wenn die Transmigration als Projekt von der forstwirtschaftlichen Nutzung der Regenwälder getrennt ist, hängen beide Dinge unter dem Gesichtspunkt der regionalen Erschließung und Entwicklung sowie vor allem eben der ökologischen Konsequenzen doch eng miteinander zusammen. Da 45% der Waldfläche für den Holzeinschlag vorgesehen sind, bedroht offenbar die Holzindustrie den Regenwaldbestand doch sehr viel unmittelbarer als die Transmigrationspolitik im engeren Sinne. Lediglich 34% der jetzigen Waldfläche stehen unter irgendeiner Form von Schutz (Schutzwald, Parks und Reservate). Da die Forstkonzessionäre sich vielfach nicht an die gesetzlichen Bestimmungen halten – vor allem nicht im Hinblick auf die Wiederaufforstungsforderung – sind tiefgreifende Konsequenzen praktisch auf das gesamte Ökosystem dieser Inseln zu erwarten. Die Tatsache, daß Holz nach dem Erdöl der wichtigste Devisenbringer Indonesiens ist, weist vor allem angesichts der aktuellen außenwirtschaftlichen Situation auf die Widerstände gegen eine erhebliche Einschränkung der forstwirtschaftlichen Ausbeutung der Holzressourcen hin.

– Zweifellos greifen Holzindustrie und „Transmigrasi" in erheblichem Maße in die Lebensbedingungen der ursprünglichen Bewohner der Regenwälder auf den äußeren Inseln ein. Die erheblichen Konflikte in West-Irian, die offenbar zur Flucht Tausender von ursprünglichen Bewohnern nach Papua-Neuguinea auf der Ostseite der Insel geführt haben, machen deutlich, daß eine niedrige Bevölkerungsdichte allein nicht besagt, daß in einer Region „Platz" für Migranten ist. Die traditionelle Lebensweise (Jagd, Brandrodungsfeldbau) vieler Stammesvölker setzt einen großen, nicht durch enge Eigentumsgrenzen beschränkten Raum voraus; jede „Erschließung" ihrer Lebensräume im Sinne einer Unterwerfung unter bürgerliche Rechtsnormen setzt bereits eine Zerstörung zentraler Elemente ihrer Kultur voraus. Hier treten also Widersprüche zwischen den Interessen an einer Erschließung des nationalen Territoriums und dem Recht von Bewohnern von Teilen dieses Territoriums auf Erhaltung ihrer kulturellen Identität auf, die theoretisch nicht zu überbrücken sind, letztlich aber immer im Sinne einer mehr oder weniger gewaltsamen kulturellen Annäherung der Stammesvölker an die herrschenden sozio-kulturellen Strukturen gelöst worden sind.

4. Die Erschließung von Amazonien

Stand bei der indonesischen Erschließung der Außeninseln – trotz aller Bedeutung der Ressourcennutzung – immer das bevölkerungspolitische Argument im Vordergrund, so war es in Brasilien umgekehrt: In erster Linie wurde die Erschließung der „Reichtümer Amazoniens" als eine der Grundlagen für den nationalen Entwicklungsprozeß betont, und daneben das bevölkerungspolitische Potential dieser Politik als positiver Nebeneffekt angesehen.

Rein oberflächlich betrachtet, ist Brasilien im Vergleich mit Indonesien ein „leeres" Land: Eine deutlich geringe Zahl von Einwohnern (1985: 135,6 Mio. gegenüber den 163,9 Mio. Indonesiern) lebt auf einer mehr als viermal so großen Fläche (8,5 Mio. qkm gegenüber 1,9 Mio. qkm); Brasilien ohne Amazonien hat mit etwa 34 Einw./qkm fast genau die gleiche Bevölkerungsdichte wie die Außeninseln Indonesiens. Das bedeutet allerdings nicht unbedingt, daß es in Brasilien keine Probleme von relativer Überbevölkerung in einzelnen Regionen gibt, wobei vor allem auf die rasch wachsenden Metropolen São Paulo (mit 15,2 Mio. Einwohnern im Jahre 1985) und Rio de Janeiro (10,2 Mio.) sowie auf die ungünstigen klimatischen Bedingungen im Inneren des Nordostens hinzuweisen ist, unter denen das landwirtschaftliche Potential nicht einmal Bevölkerungsdichten von 10–20 Einw./qkm trägt. Schließlich ist allerdings die extrem ungleiche Landverteilung in großen Teilen der ländlichen Regionen Brasiliens (z. T. verschärft im Zuge der Ausbreitung der Soya-Exportproduktion sowie der Ausweitung des Zuckerrohranbaus im Rahmen der Nutzung von Alkohol als Treibstoff) eine zusätzliche Ursache für die Landflucht aus den traditionellen Agrarregionen des Landes. In diesem Sinne steht bei der Erschließung Amazoniens im

Vergleich zur Transmigration mehr die agrarstrukturelle als die bevölkerungspolitische Ventilfunktion im Vordergrund.

Nach dem Zwischenspiel des Kautschukbooms in den Jahrzehnten vor dem ersten Weltkrieg, begann eine neue Phase in der Erschließung mit der 1966/67 anlaufenden „Operation Amazonien", in deren Mittelpunkt ein umfangreiches Straßenbauprogramm stand, das den Norden mit dem Nordosten und dem Süden des Landes verbinden sollte sowie der Bau der 5600 km langen Transamazonica. Ein Programm landwirtschaftlicher Kolonisation sowie steuerliche Anreize zur Förderung industrieller und landwirtschaftlicher Großunternehmen sollten die Besiedlung und Inwertsetzung der Region vorantreiben.

Zu Beginn spielten Überlegungen zur Sicherheit der nationalen Grenzen eine starke Rolle: Peru und Venezuela hatten bereits Programme zur Erschließung ihrer Teile des Amazonasbeckens begonnen, und die Militärregierung wollte durch den Aufbau sich ökonomisch selbsttragender Siedlungen im Grenzgebiet die nationale Souveränität über ein Gebiet sichern, dessen Ressourcenreichtum zu diesem Zeitpunkt mehr erahnt als bekannt war.

Die landwirtschaftliche Kolonisation begann bereits in den 60er Jahren entlang der Straße Belém – Brasília; ca. 320 000 Siedler zerstörten einen breiten Regenwaldstreifen zu beiden Seiten der Straße, verließen das Land aber weitgehend wieder, da sie nicht in der Lage waren, die Böden nachhaltig zu bewirtschaften. Die staatliche Behörde für Kolonisation und Agrarreform (INCRA) sah in einer umfangreichen Kolonisationspolitik eine Möglichkeit, die politischen Schwierigkeiten einer Agrarreform im Nordosten zu umgehen: Ursprünglich sollten 1 Million Familien aus dem Nordosten in einer 64 000 qkm großen Region entlang der Transamazonica angesiedelt werden. Das in diesem Zusammenhang entwickelte Programm der Nationalen Integration (PIN) reservierte 200 km breite Korridore entlang der Fernstraßen für derartige Projekte, wobei zunächst in einem 10 km breiten Streifen Kleinbauern angesiedelt werden sollten. Offiziell angesiedelt und mit 100 ha-Betrieben sowie einigen staatlichen Vorleistungen versorgt wurden schließlich bis 1975 lediglich 7500 Familien, von denen auch wiederum viele später abwanderten. Erfolgreicher – und bis jetzt wohl das einzige Beispiel eines in Ansätzen erfolgreichen Kolonisationsprogramms – ist die Erschließung von Rondônia (an der Grenze zu Bolivien). Bis 1977 wurden in sieben Einzelprojekten 28 000 Familien angesiedelt, wobei die im Vergleich zu Zentral-Amazonien relativ fruchtbaren Böden, die allerdings recht verstreut liegen, den anfänglichen Erfolg begünstigten. Dieser Erfolg wurde allerdings bald selbst zum Hauptproblem, indem er eine große Zahl spontaner Siedler anlockte, die dann durch unkontrolliertes Abbrennen des Waldes in wiederum häufig weniger fruchtbaren Gebieten zu einer erheblichen Zerstörung des Regenwaldes beitrugen.

Das weitgehende Scheitern der Ansiedlung von Kleinbauern bedeutete nun aber nicht die Aufgabe landwirtschaftlicher Projekte im Amazonas-Gebiet. Seit Ende der 60er Jahre konnten alle in Brasilien registrierten Firmen einen bis zu 50%igen Steuernachlaß erhalten, falls die entsprechenden Steuerersparnisse in Projekte in Amazonien investiert wurden. Bis 1985 wurden etwa 950 solcher Investitionsprojekte von der zuständigen Behörde SUDAM gebilligt. Davon fielen 631 Projekte (Gesamtfläche: 8,4 Mio. ha) in den Bereich der extensiven Viehzucht; einzelne Viehfarmen sind größer als 100 000 ha. Auch wenn Untersuchungen zeigen, daß die Erträge der Viehfarmen weit hinter den ursprünglichen Erwartungen zurückbleiben und auch im viehwirtschaftlichen Bereich die Unfruchtbarkeit der Böden zum Tragen kommt (nach wenigen Jahren Rückgang der Tragfähigkeit der Böden von einem Rind auf etwa 0,25 Rinder/ha), so hört zumindest in den wichtigsten Erschließungsregionen Rondônia und Carajás die Expansion der Viehfarmen nicht auf. Angesichts der rapide steigenden Bodenpreise dürften weniger erwartete Gewinne aus der Viehzucht als die aus der Landspekulation die Grundlage dieser Entwicklung darstellen; so entsteht eine verhängnisvolle Kette, die, solange staatlicherseits im Rahmen

der großen Erschließungsprogramme unermeßliche Summen ins Amazonasgebiet gesteckt werden, nicht zu stoppen sein wird:
(1) Landsuchende Migranten brennen Teile des Urwalds ab und nutzen sie kurzfristig;
(2) nach wenigen Jahren verkaufen sie das Land an Großgrundbesitzer, die es übergangsweise als Weideland benutzen und es
(3) bei günstiger Gelegenheit mit entsprechendem Gewinn verkaufen.

Auch neuere staatliche Großprogramme, wie etwa der 1983 beschlossene Landwirtschaftsplan im Rahmen des eingangs erwähnten Carajás-Programms deuten an, daß bisher aus der kritischen Diskussion über das landwirtschaftliche Potential der Regenwaldregionen wenig gelernt worden ist. Auch wenn ursprüngliche Pläne der Nutzung von 3 Mio. ha im Programm-Gebiet als Weideland, 2,4 Mio. ha zum Anbau von Zuckerrohr und Maniok als Inputs für das Alkohol-Treibstoff-Programm und 3,6 Mio. als Baumplantagen zur Produktion von Holzkohle für die Eisenverhüttung (zus. 10% des gesamten Planungsgebietes) erheblich reduziert worden sind, steht weiterhin der Versuch im Vordergrund, die großflächige Produktion von Fleisch und „cash crops" (neben Zuckerrohr vor allem Sojabohnen, Kakao und Kautschuk) zu fördern, wobei die fehlende ökologische Anpassung durch den massiven Einsatz von Kunstdünger und Pestiziden wettgemacht werden soll. Typischerweise werden 82,9% der insgesamt etwa 954 000 ha, die im Rahmen der „landwirtschaftlichen Entwicklungspole" erschlossen werden sollen, für mittlere und große „Farmsysteme" vorgesehen. Am meisten umstritten ist die Planung umfangreicher Hüttenwerke auf der Basis von Holzkohle; selbst wenn diese Holzkohle allein aus angelegten Waldplantagen gewonnen werden sollte, wäre der Flächenbedarf enorm. Im sog. Jari-Projekt des US-Milliardärs Ludwig, in dem 110 000 ha als Rohstoffbasis für eine Zellulosefabrik abgeholzt und plantagenmäßig wiederaufgeforstet worden sind, liegen die Erträge u. a. aufgrund von Schädlingsbefall erheblich unter den geplanten Werten, so daß Experten annehmen, daß die geplante bewirtschaftete Forstfläche nicht zur Deckung des Holzkohlebedarfs reichen wird und damit eine immer weitergehende Abholzung des Regenwaldes die letztendliche Konsequenz des Strebens nach einer rentablen Eisenproduktion sein wird. Konflikte dieser umfangreichen Projekte mit der extensiven, aber bei niedrigen Bevölkerungsdichten durchaus ökologisch angepaßten Brandrodungs- und Sammelwirtschaft von Indianern und „Caboclos" (kleinbäuerliche Nachkommen früher weißer Siedler) sind dabei natürlich vorherzusehen.

Daß die wirtschaftliche Erschließung einer rohstoffreichen Region mit erheblichem industriellen Potential zumindest im Bereich der Grundstoffindustrien auch die Nutzung des enormen hydroelektrischen Potentials vorsieht, ist regionalplanerisch „logisch". Neben dem bereits fertiggestellten Kraftwerk und Stausee von Tucuruí sind zwei weitere Großkraftwerke in der Region geplant. Die ökologischen Probleme sind erheblich größer als es die überschwemmte Fläche (2420 qkm/etwa ein Sechstel der für Forstplantagen zu rodenden Fläche) andeutet. So besteht aufgrund der nicht erfolgten Abräumung der Biomasse vor Auffüllung des Sees die akute Gefahr der Vergiftung der am See wohnenden Siedler aufgrund der Fäulnisprozesse, die rasche Ausbreitung der Wasserhyazinthe kann nicht nur zur Beeinträchtigung der geplanten Schiffahrt auf dem Stausee führen, sondern die Arbeit der Turbinen selbst gefährden, und die Ausbreitung von Krankheiten (Malaria, Schistosomiasis) wird gefördert. Selbst wenn es gelingen sollte, durch bessere Planung und Durchführung zukünftiger Vorhaben diese Probleme besser in den Griff zu bekommen, bleibt die Tatsache, daß die überschwemmten Flußgebiete das bevorzugte Siedlungsgebiet der ursprünglichen Bewohner der Region darstellten und meist auch die fruchtbarsten Böden besitzen, so daß der relative Wert der überschwemmten Gebiete den relativen Flächenanteil bei weitem übersteigt.

Trotz eines in vieler Hinsicht unterschiedlichen Verlaufs der Kolonisation lassen sich also im brasilianischen Amazonas-

gebiet durchaus ähnliche Entwicklungen beobachten wie auf den wenig besiedelten Außeninseln Indonesiens:
– Aufgrund der geringen Bodenfruchtbarkeit und fehlender Konzepte einer angepaßten landwirtschaftlichen Nutzung der Tropenwaldregionen ist es bisher noch weniger als in Indonesien gelungen, eine quantitativ bedeutende, ökonomisch und ökologisch stabile Ansiedlung von Kleinbauern zu fördern.
– Während die „spontanen Umsiedler" – trotz der sich abzeichnenden ökologischen Probleme – in Indonesien eher eine willkommene Begleiterscheinung der offiziellen Transmigrationspolitik darstellen (die u. a. eine Verbesserung der Erfolgsbilanzen ermöglicht), werden sie in Brasilien vielmehr als Problem angesehen: Jede ökologisch einigermaßen abgesicherte Planung scheitert am Zustrom von spontanen Siedlern bzw. Arbeitsuchenden, die ihr Heil in der Brandrodung suchen.
– Wie schon oben erwähnt, war die Bevölkerungsdichte im Amazonasgebiet zu Beginn der Kolonisationspolitik in den 60er Jahren erheblich niedriger als auf den Außeninseln Indonesiens. Aber wie auch in West-Irian bedeutet geringe Dichte nicht „Leere", und von den natürlichen Gegebenheiten her ist es nicht erstaunlich, daß die Erschließungsvorhaben gerade auch die Siedlungsgebiete der einheimischen Bevölkerung berührten. Die enormen kulturellen Unterschiede zwischen einheimischer Bevölkerung und Siedlern sowie den Vertretern der meisten brasilianischen Behörden erschweren kulturelle Anpassungsprozesse, und die vielfältigen Interessengegensätze zwischen einheimischer Bevölkerung, Siedlern, mächtigen ökonomischen Interessen und verschiedenen staatlichen Instanzen sind Ausgangspunkt von Konflikten, die häufig gewalttätig „gelöst" werden.
– Eine Bilanz aus dem Verhältnis „relative Belastung der Siedlungsgebiete"/„relative Entlastung der Abwanderungsgebiete"/„Umfang der Tropenwaldzerstörung" zu ziehen, fällt ganz offensichtlich im Falle Brasiliens noch ungünstiger als im Falle Indonesiens aus: Die erhebliche Zuwanderungsrate (Verdoppelung der Bevölkerung in ganz Amazonien zwischen

1970 und 1987) bedeutet eine kaum fühlbare Entlastung des restlichen Brasilien (Abwanderung von vielleicht 3–4 Mio. Einwohner bei einem Bevölkerungswachstum von mehr als 40 Mio. in diesem Zeitraum), aber doch einschneidende Veränderungen für die bisherige Bevölkerung in Amazonien. Während in Indonesien der größere Teil der Tropenwaldzerstörung auf den Holzeinschlag zurückgeführt werden muß, wird im Falle Amazoniens die Expansion der Landwirtschaft, vor allem der großräumigen, extensiven Viehzucht, als wichtigerer Faktor angesehen.

– Der Inselcharakter des indonesischen Territoriums machte eine vom Meer ausgehende Erschließung von vornherein selbstverständlich. In Amazonien dagegen ist die Lage von Anfang an viel komplexer gewesen, da die Brasilianer sich in den 60er Jahren für die Öffnung des Gebietes durch den Ausbau eines umfangreichen Straßennetzes entschieden, anstatt die durchaus gegebene Möglichkeit der Erschließung von den natürlichen Wasserwegen her zu verfolgen. Dies bedeutete, daß die Siedler unmittelbar dem Bau der Straßen folgen konnten und mit dem Ausbau jeder Straße rasch ein breiter Korridor von gerodetem Land entstand; jeder neue Schwerpunkt wirtschaftlicher Aktivität mußte angesichts der allgemeinen wirtschaftlichen und sozialen Situation im Rest des Landes einen Zustrom von arbeit- und landsuchenden Migranten mit sich bringen. Dies wird gerade auch am Eisenerzprojekt in Carajás deutlich, das von umfangreichen Umweltschutzinvestitionen begleitet und von Beobachtern als für sich genommen vorbildlich beschrieben wird; unter den gegebenen weiteren gesellschaftlichen Rahmenbedingungen ist aber genau dieses Projekt auch Ursache für die Zuwanderung einer großen Zahl von Migranten und Spekulanten, die ihrerseits nun verheerende Konsequenzen für die Regenwaldzerstörung in der Region haben.

5. Ressourcennutzung vs. Tropenwalderhaltung – ein Dilemma ohne Ausweg?

In der Diskussion um die Notwendigkeit und Möglichkeit der Erschließung von Tropenwäldern werden immer wieder drei – auf sehr unterschiedlichen Ebenen liegende – Perspektiven genannt, um aus dem Dilemma herauszukommen:

(1) Die Migrationsprogramme und die damit begründete Erschließung der Tropenwaldregionen seien eigentlich nur ein Versuch von Regierungen, sich um die Lösung von extremen Verteilungsproblemen in den bisherigen zentralen Regionen des Landes zu drücken; mehr Verteilungsgerechtigkeit verbunden mit einer effektiveren Nutzung der natürlichen Ressourcen in diesen Regionen würden eine massive Migrationspolitik unnötig machen.

Diese Forderungen leuchten ein – auch wenn sie kurzfristig politisch nicht durchsetzbar sein mögen. Sie stoßen aber, wie die Entwicklung auf Java zeigt, bereits an die Grenze der extrem hohen Bevölkerungsdichte. Im Falle Brasiliens sind die bevölkerungs- und agrarpolitischen Spielräume im Prinzip erheblich größer, doch haben hier die bestehenden Machtstrukturen bisher allerdings alle Versuche einer konsequenten Agrarreform bereits im Ansatz vereitelt. Die Möglichkeit der Besiedlung angeblich „leerer" Tropenwaldregionen als Ventil zur Vermeidung politischer Konflikte wird nicht einfach aus den politischen Überlegungen von Regierungen zu verbannen sein; erst eine Veränderung politischer Kräfteverhältnisse sowie der Bewertung der Regenwälder als „nationaler Ressource" wird hier neue Perspektiven schaffen.

(2) Landwirtschaftliche Kolonisation in Regenwaldgebieten ist durchaus möglich, ohne den Regenwald großflächig zu zerstören, wenn Kulturformen verwendet werden, die den natürlichen Umweltbedingungen angepaßt sind und einen „nachhaltigen" Charakter besitzen, d. h. auf Dauer aufrechterhalten werden können. Ansätze hierzu gibt es; um sie allerdings zur Grundlage umfangreicherer Kolonisationsprojekte machen zu können, sind noch viele Forschungen und Experimente nötig.

Diese Überlegungen zeigen zweifelsohne einen Weg zur landwirtschaftlichen Nutzung von Tropenwaldregionen auf, setzen allerdings Schranken gegen einen zu raschen Zustrom von spontanen Siedlern voraus, die gerade aufgrund der infrastrukturellen Erschließung des Amazonasgebietes und der Anziehungskraft der vorhandenen Bergbau- und Industrieprojekte schwer zu errichten sind. Die Entwicklung nachhaltiger landwirtschaftlicher Nutzungsformen für Tropenwaldregionen stellt sicher eine wichtige begleitende Strategie zur stärkeren Konzentration auf die Lösung der sozio-ökonomischen Probleme in den zentralen Regionen selbst dar – beide Strategien können allerdings nur dann die aktuellen Tendenzen der Regenwaldzerstörung bremsen, wenn sie auf breiter Front die erheblichen politischen Widerstände andersgerichteter Interessen überwinden.

(3) Angesichts der vitalen globalen Interessen an der Erhaltung der Tropenwälder sollten die Industrieländer und internationale Organisationen in beträchtlichem Umfange Gelder zur Verfügung stellen, nicht nur um Strategien umweltverträglicher Nutzung dieser Regionen zu entwickeln, sondern auch um die betreffenden Länder in konkreten Fällen für so etwas wie „Nutzungsausfall" zu entschädigen.

Ansätze zu einer solchen Politik sind in der eingangs erwähnten Umwandlung des Weltbankkredits in einen Umweltschutzkredit sowie in den sog. „Debt-for-nature-swaps" als Teil zur Lösung der Schuldenkrise zu sehen, d. h. in dem Angebot, einen Teil der Schulden umzuwandeln in Eigentumstitel auf Naturreservate für Umweltorganisationen. Auch in der Bundesrepublik wächst die Tendenz, Konzessionen in der Schuldenfrage gegen Umweltauflagen anzubieten. Abgesehen von der Souveränitätsfrage, die sich bei dieser Form der Einflußnahme auf die nationale Entwicklungspolitik von Ländern der Dritten Welt wieder stellt, bliebe natürlich abzuwarten, inwieweit in den Industrieländern die Bereitschaft besteht, wirklich umfangreiche Mittel für eine solche Politik bereitzustellen.

Ein politisches Umdenken entlang der dargestellten Linien

erfordert eine Politik der Industrieländer, die diese Mittel als einen legitimen Ausgleich für eine Nutzungsbeschränkung ansieht, die angesichts der Belastung der Atmosphäre durch sie selbst nötig geworden ist; sie erfordert von Industrie- und Entwicklungsländern eine Umorientierung des entwicklungsstrategischen Denkens, die zur Kenntnis nimmt, daß

a) ökologisch andere Gegebenheiten eine Orientierung an den historischen Entwicklungsprozessen der Industrieländer obsolet machen; sowie

b) eine Anpassung von Entwicklungsmodellen an diese veränderte Situation zwar einen teilweisen Verzicht auf die Nutzung nationaler Ressourcen bedeutet, dies allerdings auch dazu beitragen kann, den Nachvollzug von Fehlentwicklungen der Industrieländer zu verhindern.

Wolfgang Hein (Deutsches Übersee-Institut, Hamburg)

Literaturhinweise

Altvater, Elmar, Sachzwang Weltmarkt. Verschuldungskrise, blockierte Industrialisierung, ökologische Gefährdung – der Fall Brasilien. Hamburg 1987.
Donner, Wolf, Land Use and Environment in Indonesia. London 1987.
HWWA-Institut für Wirtschaftsforschung/Universität Bielefeld, Wirkungen der Transmigration, 4 Bde., Bielefeld/Hamburg 1987–88.
Kohlhepp, Gerd, Amazonien (Problemräume der Welt, Bd. 8). Köln 1986.

Entwicklung ohne Staat

1. Das Krisenszenarium: Verarmung statt Entwicklung

Angesichts der allgemein festgestellten Krise der Entwicklungspolitik und Entwicklungshilfe, die in die grundlegende Fragestellung mündet, ob der Transfer von Ressourcen, Kapital und Know-how überhaupt einen direkten Bezug zu Gesellschaftsentwicklung und Armutsbekämpfung in den Ländern Asiens, Afrikas und Lateinamerikas hat, oder ob nicht gerade hierdurch innergesellschaftliche Entwicklung fördernde ökonomische und politische Dynamiken verhindert werden, ist die Frage nach den Trägern gesellschaftlicher Veränderung wieder in den Vordergrund gerückt. Die Krise der Entwicklungspolitik geht einher mit einer Krise der Träger dieser Politik. Die sich durch ausländische Gelder aufblähenden Staatsapparate, deren Selbstprivilegierungs- und Selbstbereicherungsinteresse, die Korruption und der Opportunismus seiner Mitglieder, Ökonomismus und der Mangel einer die Masse der Menschen inspirierenden Entwicklungsideologie sowie die Erosion sozialer Werte sind die wesentlichen Bestimmungsfaktoren dieser Krise. Die Entwicklung durch bürokratischen Absolutismus ist gescheitert. Eine Dynamisierung der Binnenmarktkräfte ist besonders in den ärmeren Ländern der drei Kontinente nicht erreicht worden. Der fehlende makrogesellschaftliche Bezug unternehmerischen Handelns, das ausgerichtet ist auf kapitalintensive, stadtorientierte Luxusgüterproduktion und Export, bildet keine entwicklungspolitische Alternative. Das Ursachengeflecht überbauorientierter und fremdorientierter Entwicklungspolitik hat zu einem ideologischen und politischen Vakuum geführt, in dem Konzepte und Strategien zur Einbindung der Masse der Menschen in die Gesellschaftsentwicklung fehlen. Die Krise blockierter Gesellschaftsentwicklung ist eine *politische Krise.* Ihre Überwindung kann nur durch die Nutzung und Erweiterung politischer Spielräume, durch Organisation und Artikulation der Unterschichten in den Ländern selbst erfolgen. Um dies zu erreichen, werden in den Organisationen der Entwicklungszusammenarbeit derzeit verstärkt Möglichkeiten der „Entstaatlichung" von Entwicklungspolitik diskutiert.

2. Die Fehlorientierung der Entstaatlichungsdiskussion: Apparatedebatte statt Entwicklungsorientierung

Die Suche nach einem Dritten Weg, der die Fehlentwicklungen bisheriger Hilfepolitik vermeidet und dennoch nicht in Resignation und Aufgabe des hilfepolitischen Gedankens verfällt, mündet in die Diskussion um die Entstaatlichung der Entwicklungshilfe. Die Entstaatlichung der Entwicklungshilfe wird als Weg angesehen, die ländlichen Armen zu erreichen und deren Hilfe zur Selbsthilfe zu fördern, da Nicht-Regierungsorganisationen (NRO) unter Umgehung staatlich-bürokratischer Entwicklungshindernisse direkt mit den Ärmsten der Armen zu arbeiten in der Lage seien, während die staatliche Entwicklungshilfe nur über den Staatsapparat Gelder leiten kann und damit nur so gut die Zielgruppe erreichen könne, wie die internen Rahmenbedingungen, d. h. die internen staatlichen Politiken, dies zulassen. Diese Diskussion wird jedoch fälschlicherweise überwiegend in Bezug auf die Nicht-Regierungsorganisationen der Industrieländer geführt. Deren Absorptionskapazitäten, Probleme beim Aufbau von Partnerstrukturen, deren vielfältige administrative Verflechtungen mit der staatlichen entwicklungspolitischen Bürokratie sowie deren eigener Interessenpluralismus sind Themen der Analyse. Diese Diskussion begrenzt sich selbst auf industrieländerimmanente Verwaltungs-, Ablauf- und Organisationsmechanismen der Entwicklungspolitik und greift damit viel zu kurz. Notwendig wäre die Erweiterung der Diskussion auf die Möglichkeiten der Entstaatlichung von Entwicklungspolitik in den Ländern Asiens, Afrikas und Lateinamerikas selbst (Süd-NRO), auf deren länderspezifischen Handlungskontext und vor allem auf deren Innovationspotential. Die Verwaltungsorganisationen des Entwicklungshilfeapparates müßten sich auf die spezifischen Anforderungen der Lebensrealitäten der Ärmsten der Armen sowie auf die bereits vorhandenen alternativen Entwicklungsstrategien der Süd-NRO ausrichten. Deren Arbeit benötigt nicht eine Entstaatlichung der Entwicklungspolitik in Hinsicht auf Industrieländer-NRO, sondern vor allem die Unterstützung und den Schutz staatlicher ausländischer Hilfe.

3. Die Kultur des Schweigens bricht auf: Die zunehmende Bedeutung der Süd-NRO

Das Phänomen der NRO, der durch sie organisierten Basisgruppen, der kleinen Projekte und dezentralen Arbeit ist in allen Kontinenten zu beobachten und gewinnt an Bedeutung. In den letzten Jahren sind besonders die Süd-NRO in ihren Ländern zu einer enormen Kraft geworden. Der Club of Rome schätzt, daß mehr als 60 Millionen Menschen in Asien, 25 Millionen in Lateinamerika und 12 Millionen in Afrika in die Arbeit der Süd-NRO einbezogen werden.

Die Zahl der Organisationen selbst ist schwer zu ermitteln, da viele nur kurzlebig sind, ein Teil nirgendwo registriert ist und es kaum empirische Länderstudien gibt. Gerade in den letzten Jahren ist jedoch durch die internationale Aufmerksamkeit und die dadurch angeregte ausländische Finanzierung ein extrem hohes Wachstum an Neugründungen von NRO zu beobachten.

In Asien begannen NRO bereits in den 60er Jahren verstärkt zu arbeiten. In den Philippinen werden 1985 mehrere tausend NRO geschätzt, in Indien etwa 7000 und in Thailand mehr als tausend. In Indonesien konnten 270 registrierte NRO festgestellt werden. Neuere Studien aus Bangladesch geben einen Einblick in die Dynamik des Wachstums dieser Organisationsformen. Während die Weltbank 1984 noch von 150 offiziell registrierten NRO in Bangladesch ausgeht, berichtet Nebelung 1988 bereits von 450 offiziell registrierten und 2000 kleinen nicht registrierten NRO.

In Afrika ist die Entstehung der NRO jüngeren Datums, aber auch hier ist ein enormes Wachstum zu beobachten. So wurden z. B. in Kenya 1980 nur 100 NRO registriert, 1985 aber bereits 370. Im selben Jahr wurden in Nigeria 650, in Kamerun 112 und in Togo, um nur einige Beispiele zu nennen, 23 NRO festgestellt.

In Lateinamerika ist das Wachstum, wie in Asien, beeindruckend. Seit Ende der 70er Jahre sind im Raum Bolivien-Ecuador-Peru-Brasilien 2500 neue NRO gegründet worden. In Mexico gab es 1985 etwa 100, in Ecuador 300, in Bolivien 227, in Peru 380 und in Kolumbien 24 NRO.

Für die Existenz einer solch großen Anzahl von NRO sind zwei Gründe von besonderer Bedeutung: Zum einen der massive Aufbau von Partnerorganisationen durch Industrieländer-NRO, die über Jahrzehnte hinweg mit zunehmenden Finanzmitteln basisorientierte Strukturen aufgebaut und Neugründungen von Süd-NRO unterstützt haben. Zum anderen die Gründung von NRO durch Oppositionelle und Intellektuelle dieser Gesellschaften als Reaktion auf zunehmende Verarmung und das Versagen der traditionellen politischen Organisationen.

Sowohl auf nationaler als auch auf internationaler Ebene hat in den letzten Jahren eine Vernetzung von NRO stattgefunden, durch die, über Erfahrungs- und Informationsaustausch gestärkt, diese Organisationen zum ersten Mal Probleme, Bedürfnisse und endogene Lösungsansätze aus der mikrosozialen Arbeit mit der verarmten ländlichen Bevölkerung massiv in die internationale Entwicklungsdiskussion einbringen. Der „Kultur des Schweigens", d. h. der Ausgrenzung der Mehrheit der Bevölkerung von aktiver Partizipation an ihrer eigenen Entwicklung, der Stellvertreterfunktion von fremdbestimmten und eliteorientierten Entwicklungsagenturen, wurde mit der Bewegung der NRO eine wirksame politische Alternative entgegengesetzt.

4. Komplexität und Heterogenität: Über die Probleme der Kategorisierung

Um diese politische Alternative einschätzen und einen Überblick über die wesentlichen Elemente der Arbeit von NRO geben zu können, muß der Versuch gewagt werden, die dezentral arbeitenden, im jeweiligen länderspezifischen Kontext entstandenen und von Organisationsaufbau und Zielsetzung her heterogenen politischen Organisationen zu klassifizieren.

Formal, d.h. vom Organisationsaufbau her, sind NRO nicht klassifizierbar. Als NRO werden Organisationen wie das Bangladesh Rural Advancement Committee und die indische Frauengewerkschaft Self Employed Women's Association bezeichnet, die weit über 1000 Mitarbeiterinnen beschäftigen, eigene Wirtschaftsunternehmen besitzen, computergestützte Sozialforschung betreiben, mit den großen Geberorganisationen zusammenarbeiten, große Ausbildungsinstitute für die Mitarbeiterinnen unterhalten und mit großen Zentralen in der Hauptstadt vertreten sind. Genauso fallen unter diesen diffusen Begriff „NRO" kleine, nur lokal arbeitende Organisationen mit ein oder zwei Mitarbeiterinnen, die ihren Wirkungsbereich auf ein Dorf oder ein Projekt beschränken.

Auch von der Reichweite und der Ebene ihrer Arbeit her sind NRO nicht einheitlich klassifizierbar. Im wesentlichen können drei Tätigkeitsebenen unterschieden werden:
– Kleine, rein lokal, dorfzentriert oder projektzentriert arbeitende NRO, die nicht offiziell registriert sind, also informell Basisarbeit leisten;
– regional arbeitende NRO, die bei der Regierung offiziell registriert und überwiegend ausländisch finanziert sind, und
– national agierende NRO, die zumeist reibungslos mit Regierung und ausländischen Gebern zusammenarbeiten und Modelle nationaler Entwicklung aus früherer lokal und regional zentrierter Tätigkeit entwickelt haben.

Weder von der Diskussion um die Organisationsstruktur her noch von der Reichweite ihrer Arbeit her kann aber das Potential und das Neue ihrer Arbeit im entwicklungspolitischen

Spektrum erfaßt werden. Auch große NRO sind zumeist geprägt durch dezentrale Entscheidungsstrukturen, Partizipation der Mitarbeiterinnen und einen geringen hierarchischen Aufbau. Motivierende und tragende Säulen sind zumeist charismatische Führungspersönlichkeiten.

Eine programminhaltliche Typologisierung ist nötig, aber schwierig, bedenkt man die länderspezifischen Besonderheiten und die Unterschiede der Lebensbedingungen in den drei Kontinenten. Aus eigener Anschauung und Literatur über Asien scheinen uns für eine entwicklungspolitische Einordnung besonders drei Schwerpunkte von Bedeutung:

(1) Ein Teil der Organisationen implementiert traditionelle wohlfahrts- und entwicklungspolitische Programme in so gut wie allen entwicklungsrelevanten Sektoren der Länder. Diese Arbeit ist komplementär und unterstützend zur Arbeit der Regierung und der ausländischen Entwicklungsagenturen und übernimmt die klassische Entwicklungshilfedefinition. Der einzige Vorteil dieser traditionellen Entwicklungsprogramm-Implementation liegt in der Dezentralität der Organisationen und im besseren Zugang zu der Dorfbevölkerung. Von dieser traditionellen Entwicklungsarbeit sind jedoch keine Innovationen oder gesamtgesellschaftliche Erneuerungen im Sinne der Entwicklung von Selbsthilfekräften zu erwarten. In den letzten Jahren hat sich diese Kategorie von NRO besonders im Familienplanungsbereich ausgebreitet, da hierfür von seiten der Geber zunehmend problemlos Gelder ausgegeben werden.

(2) Die zweite Kategorie ist die der reinen Mobilisierungs- und Politisierungsarbeit. Bei dieser Arbeit soll Bewußtwerdung und Organisation als Mittel für die Herstellung politischer Organisationen benutzt werden. Der Schwerpunkt liegt auf der Politisierung und Mobilisierung der kleinbäuerlichen und landlosen Bevölkerung. Der völlige Verzicht auf materielle Programme macht, wie linke Parteien bei ihrer Mobilisierungsarbeit ebenfalls zu spüren bekommen, angesichts der existentiellen Armut den Erfolg dieser Strategie jedoch zweifelhaft.

(3) Entwicklungspolitisch relevant scheinen uns momentan

diejenigen NRO, die einen *innovativen Zugang zur Implementation von Sektorkonzepten der Entwicklungspolitik* suchen. Hierbei ist besonders die *Priorität sozialer Organisationsbildung* und *nachfolgend* die Einführung materieller Entwicklungsprogramme von Bedeutung, sowie die Entwicklung nationaler Modelle. Die unter diesen Block zu subsumierenden NRO implementieren alle eine *Zielgruppeninnovation,* indem sozioökonomisch homogene Gruppen organisiert und mobilisiert werden, um der im ländlichen Asien besonders ausgeprägten Machtstruktur eine Gegenmachtbildung entgegenzusetzen; *Sektorinnovationen,* indem herkömmliche Entwicklungskonzepte wie Gesundheit, Hygiene, Kreditkonzepte usw. multisektoral definiert werden und damit ein neuer Zugang zum Verständnis der Probleme und zur Erreichung der Zielgruppe gesucht wird; *Technologieinnovationen,* in denen angepaßte Technologien entwickelt werden sowie Zugangs- und Besitzstruktur modernerer Technologien verändert werden. Aus diesen NRO entstehen lokal/regional erfolgreiche Programme, die die Grundlage für eine nationenweite Ausdehnung bilden. Potential und Grenzen der entwicklungspolitischen Arbeit von NRO sind nur einschätzbar, wenn diejenigen Ansätze in den Vordergrund gestellt werden, die *innovativ* und *erfolgreich* waren, und die Bedingungen der Erfolge genau herausgearbeitet werden können.

5. Das spezifisch andere der NRO: Elemente selbstdefinierter Entwicklungsstrategien

NRO sind Katalysatoren und Motivatoren für Selbsthilfe, Organisation und kollektive Aktionen, die Grundlagen zum Aufbau von Gegenmacht sind. Sie haben durch ihre Arbeit in den Dörfern einen Lernprozeß durchgemacht, der es ihnen ermöglicht hat zu sehen, daß durch die Entwicklungsprogramme von oben und außen die Menschen abhängig und passiv gemacht werden. Apathie und Ohnmacht bezüglich der Nutzung eigener Handlungsspielräume sind die Folge. Studien vertiefter dörflicher Sozialanalysen haben desweiteren die

Dynamik dörflicher Machtstrukturen aufgezeigt. NRO begannen zu verstehen:
- es gibt eine grundlegende Beziehung zwischen der ländlichen Machtstruktur und der Verteilung von Ressourcen;
- Programme, die für die ganze Dorfgemeinschaft gemacht werden, begünstigen nur die Reichen eines Dorfes und gehen an den Armen vorbei;
- Programme für die Armen müssen die ländliche Machtstruktur angehen, die die Macht und die Ressourcen in den Händen von wenigen hält;
- um diese Machtstrukturen verändern zu können, müssen Kapazitäten und Strukturen für die Machtlosen aufgebaut werden.

Das Ergebnis dieses vertieften Verständnisses war, daß nicht die Dorfgemeinschaft der Ansprechpartner für Entwicklungsprogramme sein kann, sondern daß die sozio-ökonomisch homogene Gruppenbildung der ärmsten Dorfbevölkerung die soziale Infrastruktur für materielle Entwicklungsprogramme darstellen muß. Als Ursache der Verelendung wird nicht der in einem Land vorhandene Mangel an Ressourcen und Produktionsmitteln gesehen, sondern der Mangel an gleichberechtigtem Zugang zu Ressourcen und Produktionsmitteln analysiert. Der Transfer von Ressourcen in die vorhandene ungleiche Zugangs- und Verfügungsstruktur vergrößert dementsprechend die Ungleichheit. Reiche werden reicher und Arme dadurch ärmer.

Dem Ansatz, Entwicklung von außen und oben mit dem Schwerpunkt materieller Ressourcenlieferung wird ein Ansatz der Entwicklung von innen und unten mit dem Schwerpunkt auf soziale Organisation entgegengesetzt. Die Grundlage materieller Veränderungen soll die individuelle wie kollektive Bewußtwerdung und, darauf aufbauend, die Nutzung eigendefinierter Handelsspielräume bilden. Hierzu jedoch ist eine Ausschaltung der ungleichen Machtstruktur in den Dörfern und darin eine sozioökonomisch-homogene Zusammensetzung sowie eine geschlechtsspezifische Differenzierung der Gruppen unerläßlich. Zentral bei diesem Unterentwicklungs-

und Entwicklungsverständnis ist die Rückbesinnung auf die eigenen Kräfte der Betroffenen und die Selbstdefinition möglicher Handlungsalternativen, die die Eigenverantwortlichkeit der Menschen stärken soll.

Eine weitere Differenzierung der Machtstrukturanalyse führte zur Erkenntnis, daß der ungleiche Zugang zu Programmen und Ressourcen nicht nur für Arm und Reich eines Dorfes, sondern auch für Männer und Frauen gilt. Um Frauen einen gleichberechtigten Zugang zu vorhandenen Ressourcen und Programmen zu ermöglichen, um sie in ihrer Bedeutung sowohl für die Subsistenz der Familie als auch als Produzentinnen für die lokalen Märkte zu stärken statt zu behindern, ist eine geschlechtsspezifische Differenzierung von Entwicklungsaktivitäten und die gezielte Organisation von Frauengruppen notwendig.

Um die ressourcenlose Dorfbevölkerung organisieren zu können, bedarf es einer Motivations- und Bewußtwerdungsarbeit mit den Menschen in Form der nicht-formalen Bildungsarbeit nach der Philosophie und Methodologie Paulo Freires. Analog zu Freire gehen viele NRO von einem „aufklärerischen Entwicklungsbegriff" aus, der auf Mündigkeit (mündig werden), dialogischem Prinzip und der Bedeutung von praktischer Erfahrung aufgebaut ist, im Gegensatz zu einem „technologischen Entwicklungsbegriff", der das Zweck-Mittel-Verhältnis sehr stark in den Vordergrund stellt. Der Prozeß der Bewußtwerdung, der initiiert werden soll, ist mit dem aufklärerischer Erziehung durchaus vergleichbar. Hierbei geht es idealiter nicht um „Manipulation und Dressur", um Erziehung zu einem bestimmten Zweck, sondern um die Initiierung emanzipatorischer Prozesse als Selbstzweck.

Der wesentliche Ansatzpunkt muß also der der „Selbstentwicklung" durch Bewußtwerdung über die eigene Lebenssituation und über die Diskussion möglicher Handlungsspielräume und Alternativen in den jeweiligen politökonomischen Strukturen sein. „Education to reality", „Menschen dort abzuholen, wo sie im Leben stehen", ist der Ausgangspunkt der NRO-Arbeit in den Slums Lateinamerikas, den Dörfern Afrikas und bei den Gruppenbildungsprozessen in den Dörfern Asiens.

Folgende wichtige Elemente sind in fast allen Arbeitskonzepten dieser dritten Kategorie von NRO zu beobachten:
– Bewußtwerdung über und Selbstdefinition von Problemen und möglichen Lösungen bedeutet menschliche Entwicklung. Entwicklung als Veränderung beginnt im menschlichen Geist.
– Dieser Entwicklungsprozeß kommt jedoch nicht von alleine, sondern muß von außen initiiert und stimuliert werden. Eine „assisted self-reliance" wird angestrebt.
– Aktive Partizipation bedeutet nicht, die bisherige Art der Intervention beizubehalten und die Menschen an bereits geplanten Vorhaben zu beteiligen, sondern sie zum Ausgangspunkt aller Aktivitäten und nicht zu deren passiven Rezipienten zu machen.
– Solidarität und kollektive Aktion bedeutet, daß die in ihrem Überlebenskampf meist gegeneinander ausgespielten Armen durch das Bewußtsein gleicher Lebensprobleme Solidarität untereinander und füreinander entwickeln und im günstigsten Falle anfangen, sich gemeinsam zu wehren.
– Ökonomische Verbesserung und kollektive Produktionen werden über die Einrichtung von Sparfonds und Kreditprojekten möglich, in denen von den Menschen selbst definierte einkommensschaffende Projekte in Angriff genommen werden. Von Bedeutung ist hierbei, daß sie Kenntnisse, Wissen und Können wieder selber definieren und sich die materiellen Lebensgrundlagen kurzfristig verbessern.
– Solidarität, Gruppenorganisation und Einkommensverbesserung bewirken eine Statuserhöhung sowie die Möglichkeit politischer Partizipation. Die Information über ihre eigenen Rechte sowie der Gruppenzusammenhalt sind konflikträchtig, besonders in der Auseinandersetzung mit den lokal Einflußreichen und der lokalen Verwaltung. Der Zugang der Ärmsten zu den staatlichen Entwicklungsressourcen, die in den ländlichen Bereich transferiert werden, wird im Stile der z. B. in Indien erfolgreichen „social action groups" erzwungen.

– Neben dieser Vorgehensweise „to empower the powerless" haben NRO neue Konzepte entwickelt, die das bisherige Verständnis von Entwicklungsprogrammen verändern, so z. B. im Bereich präventiver Gesundheitsprogramme, Kreditprogramme und Technologieinnovationen.

Einige Beispiele aus Bangladesch für die erfolgreiche Arbeit:

Sektorinnovationen und Zielgruppeninnovationen

Ein wichtiges Beispiel veränderter Sektorkonzepte, das nationale Relevanz erlangte, ist die Arbeit der bangladeschischen NRO Gonoshastya Kendra in den Bereichen präventive Gesundheitsdienste und alternative Medikamentenproduktion. Die Organisation wählt einen multisektoralen Ansatz für das Verständnis von Krankheit und Gesundheit und bettet ihre Arbeit ein in Programme des Nahrungsanbaus, der problemorientierten Bildung sowie in Ausbildungs- und Kreditprogramme. Mit dem Aufbau eines dezentralen Netzwerkes von kleinen Gesundheitszentren (neben dem Zentralhospital in Savar) und der Ausbildung von in den Dörfern selber rekrutierten Mitarbeitern zu Gesundheitsarbeitern (para-medicals) mit vorwiegend praxisorientierter Ausbildung sind die Kriterien der Sektorinnovation im Gesundheitswesen erfüllt: präventive Gesundheitsmaßnahmen und Aufklärung durch Dezentralität, Partizipation der Menschen und basisnahe Mitarbeiter. Im Bereich der alternativen Medikamentenproduktion konzentriert sich Gonoshastya Kendra auf die billige Produktion grundlegender Basissubstanzen sowie auf kritische Öffentlichkeitsarbeit in bezug auf die ausländisch bestimmte Pharmaziepolitik in Bangladesch. Innovationen im Gesundheitssektor weg von der Kurativmedizin und der Medikalisierung der Gesellschaft, hin zu Präventivstrategien und billigen und einfachen Heilmethoden wie Homöopathie und Heilkräutermedizin sind ebenfalls bei NRO in Afrika und Lateinamerika zu beobachten.

Ein weiteres Beispiel, an dem die Besonderheit der Vorgehensweise von NRO gut illustriert werden kann, ist das auch über Bangladesch hinaus bekannt gewordene Kreditprogramm der Grameen Bank (Dorfbank). Das Erfolgsrezept der Grameen Bank liegt in der folgenden Vorgehensweise:

– Nicht die Menschen müssen zur Bank gehen, sondern die Bank kommt zu den Menschen;
– Das übliche System der Kreditsicherung muß aufgegeben werden. Nicht materieller Besitz allgemein (Geld, Land, Zugtiere etc.) ist wichtig, sondern die soziale Sicherheit in der Form einer Organisation in Gruppen;
– Die Zinssätze und die Rückzahlungsbedingungen dürfen nicht zur Verschuldung und Verarmung führen;
– Die Kreditnehmer müssen alleine nach ihren eigenen Bedürfnissen über die Verwendung des Geldes entscheiden dürfen;
– Die Vergabe der Kredite muß mit einer grundlegenden Sozial- und Risikoversicherung gekoppelt sein;
– Kredite sollen auch gemeinschaftlich, nicht nur individuell verwendet werden.

Die Überwindung der räumlichen und sozialen Distanzen, die Gründung kleiner Gruppen mit nicht mehr als fünf Mitgliedern, in denen Männer und Frauen getrennt organisiert werden, die konsequente Zielgruppenorientierung auf die Ärmsten des Dorfes, die zu einer sozio-ökonomisch homogenen Gruppenbildung führt sowie die Umorientierung von sonst üblichen materiellen Kreditsicherheiten hin zu sozialen Kreditsicherheiten durch Gruppengarantie und -kontrolle bilden die Grundlage für selbstdefinierte, an eigene Kenntnisse anknüpfende, auf lokale Märkte ausgerichtete, einkommensschaffende Aktivitäten. Zusätzlich eingerichtete Sparfonds schaffen gruppeninterne Reserven, die die Grundsätze einer Sozialversicherungsidee aufnehmen und zu mehr Unabhängigkeit von privaten Geldverleihern (Wucherern) führen.

Eine Vorbedingung, die Ärmsten wirklich zu erreichen, ist die „Investition in die Menschen", was nur geringen Geldaufwand bedeutet, dafür aber zähe Motivationsarbeit und gute Organisation.

Die Dorfbank beschränkt sich nicht einfach auf Agrarkredite, sondern aktiviert die bisher vernachlässigte produktive Selbstbeschäftigung der ländlichen Armen. Weitere Beispiele im Kreditsektor wie „revolving fonds", Selbsthilfefonds und genossenschaftliche Fonds finden sich auch in Afrika und Lateinamerika.

Technologieinnovationen

Der Beitrag von NRO in der Entwicklung, Produktion und Vermarktung neuer und den lokalen Bedingungen angepaßter Technologien in allen entwicklungspolitisch relevanten Bereichen war und ist von entscheidender Bedeutung gerade für die ärmere Bevölkerung. In Bangladesch beispielsweise wurde ein besonderer Schwerpunkt auf den Bereich der Bewässerungstechnologie gelegt. Handpumpen wie die „rower pump", die „tara pump" und die „treadle pump" sind nicht nur von NRO erdacht und produziert, sondern auch im ganzen Land vermarktet worden. Hitze konservierende und Holz sparende Öfen wurden in Lateinamerika („Lorena-Öfen"), in Indien, Indonesien und verschiedenen Ländern Afrikas entwickelt und verbreitet. Indische NRO entwickelten eine Palette an arbeitserleichternden Haushaltstechnologien wie z. B. verbesserte Zugsysteme bei Schöpfbrunnen. Einfache Latrinentechnologie verbessert die sanitären Bedingungen für die ärmeren Bevölkerungsgruppen. Forschungs- und Entwicklungsbemühungen indischer NRO im Hausbaubereich führten zu ersten Ergebnissen bei der Verbesserung traditioneller Hausbautechnologien (beispielsweise „conical-tile roofs") und der Nutzung moderner Herstellungsverfahren auch auf dezentraler Ebene (Kalkzementverbindungen, „pozzolana cement"). Eine Vielzahl dieser von NRO entwickelten Technologien kann auch mit wenig Kapitaleinsatz für einkommensschaffende Tätigkeiten in Handwerk und kleinindustrieller Produktion genutzt werden. Damit erweitern diese Innovationen das Spektrum an Handlungsalternativen für verarmte Bevölkerungen enorm.

6. Klein, dezentral und bedeutungslos? Die NRO als wichtigste Chance der Unterschichten

Die Mobilisierung von Selbsthilfepotential, Solidarität und kollektiven Aktionen eröffnet einen politischen Spielraum in der Interessenauseinandersetzung um vorhandene Ressourcen, in der Durchsetzung von Gerechtigkeit und vorhandenen Gesetzen, im Kampf um gerechtere Löhne oder Land.

Diese Auseinandersetzung findet dezentral und auf lokaler Ebene statt, in den Dörfern, dort wo die Masse der Menschen lebt, die der Ansatz aller Entwicklungsbemühungen sein sollte. Definitionsmacht und Entscheidungsfähigkeit wird zu diesen Menschen zurückverlegt und ist die Voraussetzung für die Verbesserung der materiellen Lebenssituation.

Die meisten der hierdurch entstehenden Konflikte sind nicht zentralstaatsgefährdend, sondern stellen in kleinen Schritten einen Machtzuwachs der Unterprivilegierten dar, sie sind nicht umstürzlerisch/revolutionär, sondern schleichend/evolutionär. Trotzdem sind sie die Voraussetzung für starke nationale Organisationen, wie es die durch NRO gegründete erste Landlosengewerkschaft in Bangladesch deutlich macht.

Entwicklung durch initiierte Selbsthilfe ist die einzige Möglichkeit, den Entwicklungsweg wieder authentisch und selbstdefiniert zu gestalten, eine Öffentlichkeit zur Kontrolle des politisch-bürokratischen Apparates herzustellen und die unverzichtbare Gleichheit in der Ressourcenverteilung zu erlangen. Dies bedeutet eine Absage an die Quantitätsorientierung der großen Gelder und Apparate der entwicklungspolitischen Gemeinschaft. Entwicklung kann nur von innen kommen. Die Arbeit vieler NRO zeigt, daß dies erkannt und initiiert wurde. Die Revolution der Barfüßigen hat begonnen.

Brigitte Jessen, Manfred Störmer (Universität Konstanz)

Literaturhinweise

Deutsche Stiftung für Internationale Entwicklung, Armutsbekämpfung durch Selbsthilfe. Feldafing 1985.
Jessen, B., Armutsorientierte Entwicklungshilfe in Bangladesch, Hilfe ohne Hindernis für die Entwicklung. Berlin 1989.
Jessen, B./Nebelung, M., Hilfe muß nicht tödlich sein. Berlin 1987.
OECD, Voluntary Aid For Development. The role of Non-Governmental Organisations. Paris 1988.
Schneider, B., Die Revolution der Barfüßigen. Club of Rome. Wien 1985.

Japan und die Dritte Welt

Beim Begräbnis von Kaiser Hirohito waren nur wenige Dritte Welt-Staaten nicht durch ihre Präsidenten oder andere hohe Repräsentanten vertreten. Ihr Aufmarsch in der japanischen Hauptstadt hatte handfeste Gründe: Japan ist auch in der Entwicklungspolitik eine „aufgehende Sonne", von der sich viele Entwicklungsländer einen „Yen-Segen" erhoffen.

Japan hat erstens in den Haushaltsjahren 1988/89 und 1989/90 mit Etatansätzen von 10,2 bzw. 10,9 Mrd. US-$ für ODA („öffentliche Entwicklungshilfe") die USA als größtes Geberland überrundet. Da sich die Regierung verpflichtet hat, in den fünf Jahren 1988–92 mindestens 50 Mrd. US-$ für ODA aufzubringen, wird Japan diese Stellung als „ODA-Großmacht" behalten. Sie ist inzwischen, in Westeuropa fast unbemerkt, für 25 Länder (17 in Asien, fünf in Afrika, zwei im Südpazifik und für Paraguay) zur ergiebigsten ODA-Quelle geworden.

Japan ist zweitens nach den USA zum zweitgrößten Geldgeber der Weltbank aufgerückt, nachdem es noch bis Mitte der 60er Jahre nach Indien deren zweitgrößter Kreditnehmer war. Die letzten Rückzahlungen wurden 1989 fällig. Japan wurde außerdem zum größten Geldgeber der nur für die ärmsten Entwicklungsländer zugänglichen Weltbank-Tochter IDA *(International Development Association)*, wenn man seinen Anteil von 21% bei der 8. Wiederauffüllung der IDA-Mittel mit seinen Einzahlungen in den IDA-Sonderfonds für Afrika („African Facility") zusammenrechnet. Daneben war Japan schon immer der größte Geldgeber der ADB *(Asian Development Bank)* und ihres „weichen Fensters", des *Asian Development Fund*. Sein auf dem Wirtschaftsgipfel von Venedig (Juni 1987) angekündigter Plan, zum Abbau seiner Zahlungsbilanzüberschüsse rund 20 Mrd. US-$ in die Dritte Welt zu schleusen, sah u. a. Zahlungen in Höhe von 8 Mrd. US-$ an „Japan-

Sonderfonds" der Weltbank und weitere Sonderzahlungen an IWF und regionale Entwicklungsbanken vor.

Dieses massive multilaterale Engagement hat mehrere Gründe: Es sorgt erstens für einen schnellen Abfluß der Mittel, die die von Ressortrivalitäten gelähmte und von Personalknappheit geplagte eigene Entwicklungsverwaltung gar nicht bewältigen könnte; es unterstützt zweitens die von Weltbank und IWF koordinierte Politik der marktwirtschaftlichen Strukturanpassung, die Japan in seiner bilateralen Entwicklungspolitik nur vorsichtig anmahnen kann, um sich – besonders in seinen ost- und südostasiatischen Nachbarländern – nicht dem Vorwurf hegemonialer Vormundschaft auszusetzen. Deshalb unterstützt Japan auch nachhaltig die Auflagenpolitik des IWF. Drittens demonstriert das multilaterale Engagement die täglich beschworene Entschlossenheit, mehr „internationale Verantwortung" zu übernehmen und mehr Einfluß in den internationalen Entscheidungszentren zu gewinnen. Diesem Zweck dient auch die massive Erhöhung der Beiträge an die UN-Sonderorganisationen. Der Anteil Japans an den gesamten multilateralen ODA-Leistungen aller 18 OECD-Staaten erreichte inzwischen fast ein Viertel.

Japan spielt viertens als größtes Gläubigerland der Welt eine immer wichtigere Rolle in allen Plänen zur Lösung der Schuldenkrise, an der es als Gläubiger- und Exportland selbst besonders interessiert ist. Der „Brady-Plan" baute auf Vorschlägen des japanischen Finanzministeriums auf. Japan erließ den ärmsten Entwicklungsländern (LLDC) Altschulden in Höhe von 5,5 Mrd. US-$, erhöhte deren Anteil an der bilateralen ODA von 11,5% (1984) auf 18,8% (1987) und legte ein Sonderprogramm (500 Mio. US-$) für die afrikanischen LLDC auf. Aber solche Programme – wie auch der als „japanischer Marshallplan" gepriesene 20 Mrd. Recycling-Plan oder der „ASEAN-Japan Fund" (2 Mrd. US-$) – können die von Aufwertungsschüben vergrößerten Lasten der Yen-Kredite nur abmildern.

Fünftens übertrafen nach 1984 die „privaten Leistungen" an die Dritte Welt, vorwiegend in Form von Direktinvestitionen, bei weitem die staatlichen Leistungen: Sie beliefen sich 1987 auf 16,8 Mrd. US-$. Die Großunternehmen, Banken und Versicherungsgesellschaften schwimmen im Geld, das eine rentable und sichere Anlage sucht. Die bis Ende 1986 akkumulierten Direktinvestitionen verteilten sich folgendermaßen: Nordamerika (35%), Lateinamerika mit dem Schwerpunkt Brasilien (19%), Westeuropa (14%), Ost- und Südostasien (20%). In dieser regionalen Verteilung fällt besonders der hohe Anteil Lateinamerikas auf, dessen Anteil am Außenhandel geringer ist als der eines jeden „Kleinen Tigers" in Ostasien. Die Staaten aus den anderen Regionen umwerben die japanischen Anleger, gehen aber leer aus, wenn sie keine attraktiven Rohstoffvorkommen, expansionsfähige Märkte und außerdem politische Stabilität zu bieten haben. So konzentrieren sich 90% der ohnehin nur geringen Privatinvestitionen in Afrika auf Liberia, das Steuerparadies für die japanische Handelsflotte.

Japan hat sechstens einen größeren Handelsaustausch mit der Dritten Welt als alle übrigen OECD-Länder. Fast die Hälfte seiner Importe kommt von dort: Japan ist der größte Importeur von Erdöl, Erdgas und Kohle, von Nahrungsmitteln, tropischem Holz, Baum- und Schafswolle. Etwa ein Drittel seiner Exporte geht in die Dritte Welt. Sein Erfolgsrezept als rohstoffarmes Land beruhte auf dem Import von (billigen) Rohstoffen und dem Export von Fertigwaren. Weil es dieses Rezept nicht preisgeben will, verteidigt es die bestehende Weltwirtschaftsordnung, obgleich es sich auf den UNCTAD-Konferenzen hinter der lautstärkeren Opposition anderer OECD-Länder gegen eine Neue Weltwirtschaftsordnung zu verstecken pflegte. Eine wachsende handelspolitische Herausforderung bilden die *Newly Industrializing Economies* (NIE's) in seiner Nachbarschaft. Sie wurden mit Hilfe japanischer Auslagerungsinvestitionen in eine regionale Arbeitsteilung eingebunden und drängen mit hochwertigen Fertigwaren oder Komponenten auf den japanischen Markt. Das vom MITI propagierte AID-Programm *(Asian Industrial Development)* fördert sogar diese Importoffensive.

Die Voraussetzung und Kehrseite der aktiven Dritte Welt-Politik bilden die Überschüsse im Handels- und Zahlungsverkehr. Japan wird von vielen Seiten als „ökonomisches Tier" beschimpft, obwohl es sich nach allen Seiten als spendierfreudiger Musterschüler zu beweisen versucht. Während das MITI (Ministerium für internationalen Handel und Industrie) nach dem Prinzip der Trennung von Politik und Geschäft die offensive Handelspolitik der Handelshäuser *(shosha)* fördert, reagiert das Außenministerium stärker auf die internationale Kritik. Es empfahl beispielsweise der Wirtschaft die freiwillige Zurückhaltung im Handel mit Südafrika, während das MITI den ärgerlichen Tatbestand verteidigte, daß Japan nach dem Rückzug vieler westlicher Unternehmen zu Südafrikas größtem Handelspartner wurde (obwohl sich die Japaner in der Apartheid-Republik als „Weiße ehrenhalber" behandeln lassen müssen). 1987 kamen 56% der Importe aus dem gesamten Kontinent aus Südafrika. Inzwischen verschleiert der Import von Gold, Platin und Diamanten über Drittländer etwas das blühende Geschäft mit Südafrika.

Japan braucht einen florierenden Welthandel, sichere Rohstoffzufuhren und expandierende Märkte. Es bemüht sich im eigenen Interesse, einen Teil der Zahlungsbilanzüberschüsse zurückzuschleusen, um seine Gläubiger und Handelspartner zahlungs- und importfähig zu halten. ODA erhält dabei die Funktion eines Schmiermittels zur Vermeidung handelspolitischer Betriebsstörungen.

1. „Look East not West": Wohin schaut Japan?

Japan floriert mit einer doppelten Identität: Es ist und versteht sich einerseits als ein integraler Teil des Westens, ist durch einen bilateralen Sicherheitsvertrag mit den USA an das westliche Bündnissystem angebunden und als „ökonomischer Riese" in die weltwirtschaftlichen Koordinations- und Steuerungsmechanismen (OECD, „Wirtschaftsgipfel" und „G 7" der Finanzminister) eingebunden. Die technologische und kulturelle Öffnung zum Westen seit der Meiji-Restauration im letzten Drittel des 19. Jahrhunderts, die Übernahme westlicher Rechts- und Verfassungsstrukturen und die alltägliche Verwestlichung des Lebensstils beförderten eine mit Minderwertigkeitskomplexen belastete Affinität zum Westen. Japan war geradezu darauf besessen, ihn einzuholen: Es schaute nach Westen und übersah dabei die übrige Welt jenseits seines ost- und südostasiatischen „Vorhofes", auf den sein imperialistisches Expansionsstreben gerichtet war.

Andererseits versteht sich Japan „rassisch" und kulturell als Teil Asiens bzw. des „konfuzianischen Kulturkreises", allerdings mit einigen Vorbehalten. Sein Überlegenheitsgefühl, das aus dem Selbstverständnis erwächst, eine „einmalige Rasse" zu sein, das durch die Mythen des Shintoismus gehegt und durch den wirtschaftlichen Erfolg gepflegt wird, schafft Distanz zu den „unterentwickelten" Nachbarn. Diese wiederum mißtrauen als ehemalige Opfer des Vorwands der japanischen Militaristen, in Ost- und Südostasien mit Gewalt ein Reich der „Koprosperität" schaffen zu wollen, seiner regionalen Vormachtstellung. Sie sind von der Sorge geplagt, nun Opfer eines „Yen-Imperialismus" zu werden, der die alte Idee der „Koprosperität" mit dem Mittel der wirtschaftlichen Penetration verfolgt. Sie profitieren zwar von der entwicklungspolitischen Bevorzugung durch Japan und wollen den von ihm angetriebenen Zug des „pazifischen Zeitalters" nicht verpassen, nehmen aber seine Lokomotivfunktion nur mit Bangen und Zähneknirschen hin.

Japan ist das erste nicht-westliche Land, das den Westen eingeholt hat. Eine solch beispiellose Auf- und Überholjagd scheint Japan zu einem „Modell für Entwicklung" zu machen. Wie die jährlichen „Weißbücher" des MITI zeigen, neigen auch die japanischen Entwicklungsstrategen dazu, aus der Entwicklungsgeschichte des eigenen Landes Rezepte für die Dritte Welt abzuleiten. Dort schauen vor allem die Entwicklungsplaner in den aufholenden NIE's nach „Osten". Die Losung „Look East not West" kam aus Malaysia.

In akademischen Kreisen entbrannte eine Kontroverse über das „Modell Japan". Die Dependenztheoretiker mußten sich an ihm und an den „kleinen Drachen" die Zähne ausbeißen, weil sie nach der dependenztheoretischen Rezeptur alles falsch machten – und dennoch Erfolg hatten. Kritiker des „Modell Japan" halten die ganze Modelldiskussion für ziemlich überflüssig. In der Tat: Ein „Modell der Entwicklung" mit all seinen historischen und sozio-kulturellen Voraussetzungen und weltwirtschaftlichen Rahmenbedingungen ist nicht übertragbar oder wiederholbar. Aus dem „Modell Japan" kann allenfalls die (modernisierungstheoretische) Lehre gezogen werden, daß sich harte Arbeit, die gezielte Entwicklung des Humankapitals durch den Ausbau des Bildungswesens, die Steuerungsfähigkeit eines intelligenten „starken Staates", die Investitionsbereitschaft und Managementfähigkeiten von Unternehmern und die durch soziale Reformen ermöglichte soziale und politische Stabilität auszahlen.

Die Genialität Japans liegt darin, von außen selektiv geholt und innen bewahrt zu haben, was dem Ziel des „Aufholens und Überholens" dienlich erschien, also gewissermaßen Konfuzius mit Adam Smith zur Synthese gebracht zu haben. Die Ordnungs- und Arbeitsethik von Meister Konfuzius kann aber nicht aus dem „konfuzianischen Kulturkreis" exportiert werden.

2. Die Dritte Welt ist „soto"

Weil sich Japan in kulturgeschichtlicher Sicht als Teil des „Ostens" versteht, überschritt es in seiner Außen- und Entwicklungspolitik diesen Raum nur zögernd. Es hat zwar inzwischen 120 Entwicklungsländer in irgendeiner Weise in seine „Geschenkdiplomatie" einbezogen, aber zwei Drittel der ODA fließen noch immer nach Asien, ein Drittel allein in die ASEAN-Staaten. Die regionale Verteilungsformel 70:10:10: 10 für Asien, den Mittleren Osten, Afrika und Lateinamerika hat sich in den 80er Jahren nur geringfügig zu Lasten Asiens und zu Gunsten Afrikas verändert. In der Liste der zehn Hauptempfängerländer fällt besonders der Aufstieg der VR China und der Abstieg Südkoreas auf.

Japan wurde durch seine weltweite Suche nach Exportmärkten und Rohstoffquellen, aber auch durch seine weltpolitischen Ambitionen, zu einer Globalisierung seiner Außenbeziehungen gedrängt. Es betrachtet aber nach wie vor Afrika, das wirtschaftlich uninteressant ist, als Einflußbereich der ehemaligen europäischen Kolonialmächte und Lateinamerika als Hegemonialzone der USA. Neben der vom ökonomischen Interesse geleiteten und von einem vagen kulturellen „Asianismus" unterstützten Vorzugsbehandlung Ost- und Südostasiens gibt es eine Reihe von Gründen, warum die japanische Gesellschaft und Politik wenig Interesse an der übrigen Dritten Welt haben.

Die japanische Insel-Gesellschaft ist als Folge der jahrhundertelangen Isolation ausgesprochen insular, introvertiert und egozentrisch. Obwohl die Mehrheit der Bevölkerung die ODA-Steigerungen akzeptiert und die Regierung ihnen humanitäre Motive zu unterlegen versucht, beklagen gerade auch japanische Autoren einen kollektiven Mangel an Humanität und Solidarität. Das Koordinationszentrum der NGO's (JANIC) führt das geringe Interesse an Nord-Süd-Problemen und die Unterentwicklung der japanischen NGO-Bewegung auf das Fehlen einer religiös fundierten Sozialethik zurück: Die Philanthropie sei auf die eigene Gruppe (*uchi*=Familie, Betrieb, Nation) beschränkt und schließe die Außenwelt *(soto)* aus. Das private Spendenaufkommen ist mit 92 Mio. US-$ (1987) im OECD-Vergleich geradezu kümmerlich. Der Buddhismus hat keine *uchi*-übergreifende Sozialethik, die über karitative Gebote hinausgeht; und der Shintoismus gehört ohnehin zur Rechtfertigungsideologie der „einmaligen Rasse". Japan gibt zwar viel Geld für die Flüchtlingslager in Südostasien, ließ aber nur wenige Flüchtlinge ins eigene Land; es hat einen Mangel an Arbeitskräften, verschließt sich aber gegenüber „Gastarbeitern" – abgesehen von „Künstlerinnen" im Vergnügungsgewerbe.

In den letzten Jahren entstanden in der „Dritten Welt-Szene" zahlreiche NGO's. Sie bestehen häufig nur aus wenigen Mitgliedern und beschränken sich auf Einzelaktionen, wiederum vornehmlich in Süd- und Südostasien. Nur wenige engagieren sich in der entwicklungspolitischen Bildungsarbeit, die vom Staat mit keinem Yen gefördert wird. Sie haben es schwer, die Mauer des kollektiven Desinteresses und der Desinformation zu durchbrechen, weil die Dritte Welt in den Schulbüchern noch nicht auftaucht und in den Medien nur gelegentlich das Szenario von Katastrophen abgibt. In ganz Japan gab es 1988 – neben einigen „NIC-Shops" – nur 16 Dritte Welt-Läden. Nur an wenigen Universitäten gibt es entwicklungspolitische Studiengänge – was dazu führt, daß es an Entwicklungsexperten mangelt, die den wachsenden ODA-Etat umsetzen könnten. In keinem anderen OECD-Land ist die Dritte Welt – jenseits von ASEAN – so „soto", obwohl Japan „Weltmeister in Entwicklungshilfe" geworden ist.

Das geringe Interesse an der Entwicklungspolitik kommt auch darin zum Ausdruck, daß es kein Fachministerium und keinen parlamentarischen Fachausschuß gibt. Bisher gab es nur im „Oberhaus" und dort nur ein einziges Mal eine größere entwicklungspolitische Debatte. Das Parlament verabschiedet Pauschaletats und beschäftigt sich auch in den Haushaltsdebatten nicht mit Grundsatzfragen oder operativen Einzelheiten (zumal ihm Eingriffe in die Exekution der Programme verwehrt sind). Entwicklungspolitik gilt noch als Reservat der übermächtigen Bürokratie, die auch alles tut, um dieses Reservat zu verteidigen.

3. Japan als „ODA-Großmacht"

Während die ODA-Leistungen der übrigen OECD-Länder stagnierten oder sogar gekürzt wurden, hat Japan seine Leistungen seit 1977 viermal verdoppelt bzw. in zwei Jahrzehnten verzwanzigfacht. Einen Teil dieser Steigerung verdankt es der Yen-Aufwertung. Der Sprung von 52% in den Dollar-Statistiken für das Jahr 1986 schrumpfte in den Yen-Statistiken auf 7% zusammen. 1987 schlug sich die Steigerung von 13,5% in Yen-Werten in einer Steigerung von 32,5% in Dollar-Werten nieder. Aber auch die Steigerungsraten in Yen-Werten sind eindrucksvoll. Diese Quantitäten verlieren freilich erheblich an Glanz, wenn man die qualitativen Bewertungskriterien des DAC (Entwicklungshilfeausschusses der OECD) oder gar weitergehende Anforderungen an den Sinn und Zweck von Entwicklungshilfe anlegt. Diese qualitative Bewertung soll später erfolgen.

Obwohl etwa ein Drittel der ODA-Leistungen nicht aus dem Staatshaushalt, sondern aus Spar- und Investitionsfonds *(Fiscal Investment and Loan Program)* stammt, sind die überdurchschnittlichen Steigerungsraten der ODA bei einer rigorosen Sparpolitik und einer fast dreifachen Pro-Kopf-Staatsverschuldung im Vergleich zur Bundesrepublik Deutschland erstaunlich. Wählt man 1980 als Basisjahr (mit dem Indexwert 100), dann erhöhten sich die Haushaltsansätze für ODA bis 1988 auf 199, für Verteidigung auf 166, für soziale Sicherheit aber nur auf 126 und für Erziehung und Wissenschaft sogar nur auf 107 Punkte. In welchem anderen Land erhält Entwicklungshilfe gegenüber der Verteidigung oder Sozialpolitik den Vorzug? Noch erstaunlicher ist, daß nicht nur alle Parteien (von der regierenden LDP bis zu den Kommunisten), Arbeitgeber und Gewerkschaften, sondern auch gut zwei Drittel der Bevölkerung diese Bevorzugung der ODA (die freilich nur 1,24% des Gesamthaushalts ausmacht) akzeptieren. Nach neuesten Umfragen sprechen sich sogar rund 40% für weitere Steigerungen der ODA aus.

Die Ergebnisse von Umfragen mögen dem Außenministerium Flankenschutz im interministeriellen Gerangel um den ODA-Etat geben. Hinter den mehrfachen Verdoppelungsplänen seit 1977 müssen aber handfestere Gründe und Interessen gestanden haben. Warum hat Japan erst so spät und dann so hastig zum Versuch angesetzt, den Westen auch im Bereich der „internationalen Kooperation" zu überholen? Die Konstante in der Geschichte der japanischen Entwicklungspolitik, nämlich der gezielte Einsatz von Yen-Krediten zur Förderung der eigenen Wirtschaftsinteressen, reicht offensichtlich als Erklärung nicht mehr aus, nachdem die hohen Handelsbilanzüberschüsse zu einem Problem geworden waren.

4. Entwicklungspolitik als Sicherheitspolitik?

Der 1977 eingeleiteten „neuen Entwicklungspolitik" war eine Phase der außenpolitischen und außenwirtschaftlichen Verunsicherungen vorausgegangen:

– Die Aufkündigung des Bretton Woods-Systems durch die Nixon-Administration (1971) beseitigte die festen Wechselkurse, führte zu einer Aufwertung des Yen und erschwerte die japanischen Exporte.

– Der erste „Ölschock" von 1973 und die Androhung eines Lieferboykotts durch die arabischen OPEC-Staaten führte Japan die Verwundbarkeit seines auf dem Import von Rohstoffen und Export von Fertigwaren beruhenden Wirtschaftswunders vor Augen.

– Die Forderungen der „Gruppe der 77" und der Blockfreienbewegung nach einer Neuen Weltwirtschaftsordnung drohten die Grundfesten einer internationalen Wirtschaftsordnung zu erschüttern, der Japan einen Teil seines Erfolges zu verdanken hatte.

– Japan wurde sich seiner hohen Abhängigkeit von Energie- und Rohstoffimporten aus Entwicklungsländern und der potentiellen Gefährdung der lebenswichtigen Seewege (wie den Straßen von Hormuz und Malacca oder dem Panama-Kanal) bewußt. Ein Roman („Yudan") dramatisierte die Folgen einer Unterbrechung der Öllieferungen aus der Golf-Region: Die menschlichen Opfer und materiellen Schäden würden die des II. Weltkrieges noch übersteigen. Japan reagierte auf den „Ressourcen-Nationalismus" vieler Rohstoffländer mit einer aktiven „Ressourcen-Diplomatie", die ODA und Privatinvestitionen zur Erschließung großer Energie- und Rohstoffvorkommen einsetzte und auf langfristige Lieferverträge setzte.

– Japan erkannte, daß es außenwirtschaftlich weit mehr mit der Dritten Welt, vor allem mit den ressourcenreichen Ländern Südostasiens, verflochten ist als Nordamerika und Westeuropa. Der OECD-Bericht „Facing the Future" (1979) wies nach, daß Japan mehr als alle anderen OECD-Länder von einer Nord-Süd-Konfrontation betroffen wäre.

– In den 70er Jahren gab es in fast allen südostasiatischen Ländern Massenproteste gegen die „zweite japanische Invasion", nun mit Kapital und Exportgütern. Japan wurde immer wieder mit den Hypotheken des II. Weltkrieges und mit den politischen Folgen seiner wirtschaftlichen Überlegenheit konfrontiert.

Aufgrund dieser Verunsicherungen rückte – vor allem in den Publikationen des MITI – die „Sicherheit der japanischen Wirtschaft" in den Vordergrund der außen- und entwicklungspolitischen Zieldiskussion, die dann zu Beginn der 80er Jahre in das Konzept der „umfassenden Sicherheit" einmündete. In diesem Konzept erhielt die ODA als „strategische Hilfe" eine Schlüsselrolle. Das Außenministerium beantwortete 1980 die Frage, warum Japan ODA leistet, mit deren „Beitrag zum Aufbau einer internationalen Ordnung, die Japans nationale Sicherheit gewährleistet".

Entwicklungshilfe soll allgemein zur Stabilisierung des internationalen Umfelds und zur Vermeidung von Krisen, im besonderen zur politischen und wirtschaftlichen Stabilisierung der Nachbarländer in Ost- und Südostasien beitragen, die wichtige Exportmärkte, Rohstofflieferanten, Zielländer von Privatinvestitionen, Anrainer lebenswichtiger Seepassagen und zunehmend integrale Bauelemente einer horizontalen Arbeitsteilung im ost- und südostasiatischen Raum sind. Einmal abgesehen von der Frage, ob hier nicht die friedenssichernde Funktion von Entwicklungshilfe überschätzt wird oder nur zur akzeptanzfördernden Rhetorik gehört, erschließt sich ihr eigentlicher Sinn und Zweck (nämlich Hilfe zur Entwicklung anderer Völker) im Konzept der „umfassenden Sicherheit" nur über den Umweg der japanischen Sicherheitsinteressen.

Manche Kritiker halten dieses Konzept für eine Rationalisierung ganz einfacher Vorgänge: Sie betrachten entweder die Verdoppelungspläne seit 1977 als „wenig mehr als den Preis für die Aufnahme in den Club der reichen Nationen" oder als unvermeidliche Entlastungsaktionen zum Abbau der provozierenden Zahlungsbilanzüberschüsse. Andere machen den Druck der USA verantwortlich, der Japan dazu gezwungen habe, mit innenpolitisch durchsetzbaren ODA-Steigerungen die innenpolitisch unerfüllbaren Forderungen nach einer wesentlichen Erhöhung der Militärausgaben über die magische Grenze von 1% des BSP hinaus zu kompensieren. Japan hat nicht nur seine ODA, sondern auch seinen Verteidigungshaushalt überdurchschnittlich gesteigert, so daß es in Dollar-Statistiken der Militärausgaben auf den dritten Platz vorrückte.

Diese Deutungen der „neuen Entwicklungspolitik" Japans seit 1977 als defensive Reaktion auf äußeren Druck unterschätzen eine autonome und durchaus offensive Komponente in der japanischen Außen- und Entwicklungspolitik: Japan ist ein „ökonomischer Riese", der sich mit seiner Rolle als „politischer Zwerg" nicht mehr abfinden will. Für führende Politiker der regierenden LDP, vor allem für den „Weltpolitiker" Yasuhiro Nakasone (Regierungschef von 1982 bis 1987), sollten die Steigerungen der ODA mangels militärischer Machtmittel auch den Anspruch Japans unterstützen, ein „internationaler Staat" *(Kokusai Kokka)* mit weltpolitischen Ambitionen zu werden. Und sie sollten natürlich dem „Land ohne Freunde" (nach Helmut Schmidt) überall in der Dritten Welt Freunde schaffen. Diesem Zweck dient auch die fortschreitende Globalisierung der Außen- und Entwicklungspolitik.

5. Quantität vs. Qualität

Japan ist „ODA-Weltmeister", erhält aber von vielen Seiten mehr Kritik als Lob. Auch der DAC ließ es nicht bei diplomatischen Höflichkeiten bewenden. Besonders das Außenministerium reagiert empfindlich auf diese Kritik und gelobt „qualitative" Nachbesserungen, versteht aber unter Qualität wiederum statistisch meßbare Quantitäten:

1. Bezogen auf die Wirtschaftskraft bleiben die ODA-Leistungen auch nach ihrer viermaligen Verdoppelung mit einem Anteil von 0,31% am BSP deutlich unter dem OECD-Durchschnitt von 0,35%. Japan belegt mit dieser Leistung nur den 12. Platz unter den 18 OECD-Ländern.

2. Japan beginnt erst langsam, seine im OECD-Vergleich

wesentlich härteren Vergabebedingungen zu lockern. Sein „Zuschußelement" (d. h. die Abweichung von kommerziellen Kreditbedingungen) lag 1983 nur bei 55%, hat sich aber bis 1987 auf 75% erhöht. Es liegt damit in der OECD-Leistungstabelle (mit einem Durchschnitt von 93%) aber immer noch auf dem vorletzten Platz (knapp vor Österreich).

3. Japan vergibt noch immer mehr rückzahlbare Darlehen *(loans)*, die die Schuldenlast erhöhen, als verlorene Zuschüsse *(grants)*. Der Anteil der *grants* lag 1988 bei nur 47,4% – und damit ganz am Ende der OECD-Leistungstabelle (mit einem Durchschnitt von 84%). Ein Grund liegt darin, daß die meisten seiner Schwerpunktländer die internationale Bedürftigkeitsgrenze überschritten haben. Unter seinen zehn Hauptempfängerländern zählen nur Birma und Bangladesch zu den LLDC. Japan hat allerdings den Anteil der LLDC auf 18,8% gesteigert und ist außerdem größter Geldgeber der IDA und des ADF.

4. Japan fuhr die Lieferbindung seiner Darlehen von 70% (1980) auf rund 30% zurück. Allerdings bleibt ein großer Teil der „teilweise gebundenen Mittel", die für Bewerber aus der Dritten Welt und Japan reserviert sind, im eigenen Land. Laut Bericht an den DAC sind nur 60% der *grants* an Materiallieferungen und Dienstleistungen aus Japan gebunden. Die für die Abwicklung der *grants* zuständige Entwicklungsagentur (JICA) bestätigte dagegen ihre fast völlige Lieferbindung.

Schwerer als dieses Nachhinken hinter quantitativen OECD-Durchschnittswerten wiegt die Kritik an den Widersprüchen zwischen Anspruch und Wirklichkeit der „Entwicklungshilfe":

1. Japan steckt noch immer wesentlich mehr Geld als die übrigen OECD-Länder in entwicklungspolitisch fragwürdige Großprojekte der „materiellen Infrastruktur" (Staudämme, Kraftwerke, Verkehrswege, Telekommunikation): 1987 floß fast die Hälfte der ODA in solche Projekte. Japan kleckert also nicht mit vielen Kleinprojekten, sondern klotzt mit Großprojekten, die auftragswirksam und demonstrativ sind – und es legt großen Wert auf diese Demonstrationswirkung.

2. Diese Sorte von Projekten erreicht bekanntlich selten die Armutsgruppen in der Dritten Welt oder bringt ihnen häufig Unheil. Zwar betonen die amtlichen Rechtfertigungen für ODA humanitäre Motive, aber besonders das MITI setzt nach wie vor auf die „Durchsickereffekte" von Wachstum. Die „Suzuki-Doktrin" von 1981, die als eine japanische Version der Grundbedürfnisstrategie auf den Vorrang der Landentwicklung, Ausbildung und Förderung von Mittel- und Kleinbetrieben setzte, wurde bald wieder ein Opfer der aus der eigenen Entwicklungsgeschichte geborenen Wachstumsgläubigkeit.

3. Japan liegt mit einem Anteil der Technischen Hilfe von nur rund 11% (BRD: 35%) im letzten Viertel der OECD-Vergleichstabelle. Es tut also zu wenig für die Entwicklung des Humankapitals. Der Grund liegt nicht nur im Mangel an Experten, sondern auch in der mangelnden Attraktivität von Projekten, die wenig Geld bewegen.

4. Japans ODA war von Anfang an und blieb bis heute eng an die Interessen der großen Handelshäuser *(shosha)* gebunden. Sie „finden" die Projekte, bewegen die Regierungen der Gastländer dazu, für sie ODA zu beantragen (weil Japan am „Antragsprinzip" festhält), und nutzen in Tokyo die enge Verflechtung von Großindustrie, der seit 1955 regierenden LDP und der Ministerialbürokratie, um die Finanzierung ihrer Projektvorschläge durchzusetzen. Politiker protegieren „marusei"-Projekte und werden dafür auf verschiedene Weise belohnt. Die Consulting-Unternehmen, die die Projektanträge überprüfen sollen, sind engstens mit diesem Geld- und Machtkartell verbunden. Bei einem solchen Entscheidungsverfahren müssen entwicklungspolitische Kriterien auf der Strecke bleiben. Die Meldung, daß 90% der Projekte erfolgreich gewesen seien, ließ nichts über die Erfolgskriterien verlauten. Die Consultants und Evaluierer sind von den Auftraggebern angehalten, nur wirtschaftliche Kosten-Nutzen-Analysen zu erstellen.

5. ODA bildet zusammen mit Handel und Privatinvestitionen ein Dreigestirn in den Wirtschaftsbeziehungen mit der Dritten Welt. ODA finanziert als „pre-investment" die Infra-

struktur, schafft ein günstiges Investitionsklima und wird bei größeren Rohstoff- und Industrieprojekten zur Kofinanzierung und zur Risikoabsicherung von Privatinvestitionen eingesetzt. Sie dient auch nach ihrer stärkeren Instrumentalisierung für weltpolitische Ambitionen kommerziellen Interessen.

6. Japan kümmerte sich bisher wenig um die Sozial- und Umweltverträglichkeit seiner Projekte. Der *„World Wide Fund for Nature"* beschuldigte den größten Holzimporteur der Welt, im besonderen an der Zerstörung der tropischen Regenwälder in Südostasien, auf Papua Neu-Guinea und neuerdings auch in Brasilien beteiligt zu sein, auch mit Hilfe seiner ODA. Straßenbauprojekte auf Sarawak (Malaysia), Borneo (Indonesien) und Papua Neu-Guinea erwiesen sich als Transportwege für tropische Hölzer. Japanische NGO's (wie *Friends of the Earth* und *Japan Tropical Forest Action Network*) werfen der Regierung vor, sich nicht nur zusammen mit Weltbank und Privatbanken an der Planung und Finanzierung umweltpolitisch bedenklicher Großprojekte (wie dem Carajás-Projekt in Amazonien oder dem Narmada-Staudamm in Indien) zu beteiligen, sondern auch in Projekte (wie dem geplanten Bau des Nam Choan-Staudamms in Thailand) einzusteigen, aus denen sich die Weltbank zurückgezogen hat. Auch der DAC-Prüfungsausschuß mahnte strengere ökologische Projektüberprüfungen an. Die Regierung gelobte Besserung, richtete aber in ihren Leitungsgremien und Durchführungsorganisationen bis heute keine Umweltabteilungen ein.

Japan war auf die Vervierfachung seiner ODA innerhalb eines Jahrzehnts institutionell, personell und konzeptionell nicht vorbereitet. Es wiederholt viele Fehler, die die anderen OECD-Länder in ihren entwicklungspolitischen Lernjahren begangen haben. Es ist durchaus lernbereit, will sich aber von den „Idealisten" im DAC und von den NGO's im eigenen Land nicht ins Handwerk pfuschen lassen.

6. Das unterentwickelte ODA-Management

Teilweise liegen die Gründe für die aufgeführten Mängel in der Fragmentierung des entwicklungspolitischen Entscheidungsprozesses, die keine „Entwicklungspolitik aus einem Guß" zuläßt, sowie in der personellen Unterausstattung und mangelnden Professionalisierung der Leitungsinstanzen und Durchführungsorganisationen. Manche Beobachter sehen in den Organisationsmängeln der Entwicklungsverwaltung das Schlüsselproblem der japanischen Entwicklungspolitik.

Drei Ministerien (Außen- und Finanzministerium sowie das MITI) bilden den inneren Kern eines fragmentierten, energie- und zeitraubenden Entscheidungsprozesses, an dem je nach Projekt noch zehn andere Fachministerien beteiligt sind. Mit der hohen Zahl der Bau-, Agrar- und Forstprojekte wuchs vor allem der Einfluß des Bau- und Landwirtschaftsministeriums. Während das mächtige Finanzministerium zu sparen und den *grant*-Anteil möglichst klein zu halten versucht und MITI die Interessen der Großindustrie und Handelshäuser einbringt, bemüht sich das Außenministerium darum, durch eine „Geschenkdiplomatie" Einfluß in der Dritten Welt zu gewinnen; es setzt die internationale Kritik dazu ein, seine relativ schwache Position gegenüber MITI und Finanzministerium zu stärken. In diesem hierarchisierten und von Ressortrivalitäten gelähmten Entscheidungssystem haben die Durchführungsorganisationen nur wenig Handlungsspielraum.

Für die Abwicklung der Kapitalhilfe *(loans)* sorgt der *Overseas Economic Cooperation Fund* (OECF), der nur formell der *Economic Planning Agency* unterstellt wurde, weil sich MITI und Finanzministerium um sein Fell stritten. Die *Japan International Cooperation Agency* (JICA), die die Technische Hilfe und den *grant*-Anteil abwickelt, untersteht dem Außenministerium. Das Finanzministerium, aus dem die Spitzenbeamten des OECF kommen, kontrolliert die *Export-Import-Bank of Japan* (EIBJ), die kommerzielle Exportkredite vergibt und in die Finanzierung des 20 Mrd. Dollar-Recycling-Programms eingeschaltet wurde.

Der Personalbestand von OECF und JICA hat sich in den letzten fünf Jahren nur um 10% vermehrt, während sich das Volumen der ODA verdreifacht hat. In den beiden Organisationen und im *Economic Cooperation Bureau* des Außenministeriums sind nur knapp 1500 Personen beschäftigt, also weniger als in der GTZ, obwohl sie einen mehrfachen Geldbetrag zu bearbeiten haben. Die *US-Agency for International Development* (USAID) beschäftigte beispielsweise 1987 in ihrer Vertretung in Indonesien für die Verwaltung von 57 Mio. US-$ 110 Personen, während im OECF, in der JICA und Botschaft nur 20 Personen einen Etat von 700 Mio. US-$ bewältigen sollten. Hinzu kommt, daß das Rotationsprinzip in der Ministerialbürokratie einer professionellen Spezialisierung entgegenwirkt.

Diese Personalknappheit ist zumindest mitverantwortlich für die Bevorzugung von Großprojekten, die den Abfluß der Mittel beschleunigen, für die ungenügende Vor- und Nachprüfung der Projekte, für den großen Einfluß der Handelshäuser und Consulting-Unternehmen bei ihrer Auswahl und Planung und schließlich für die Korruptionsanfälligkeit mangels ausreichender Kontrollen vor Ort. In den Medien blühen die Vermutungen, daß die Handelshäuser bei der Anwerbung von Projekten mit Schmiergeldern nachhelfen.

Die Regierung macht den haushaltspolitischen Zwang zu einer Sparpolitik und den Mangel an Experten für die Personalmisere verantwortlich. Sie könnte aber aus dem wachsenden ODA-Budget höhere Personalkosten abzweigen und z. B. aus dem Reservoir der auslandserfahrenen und sprachkundigen *Japan Overseas Cooperation Volunteers*, also dem Gegenstück zum DEED, mehr Personal anwerben. Es scheint, daß „Japan Inc." die enge Zusammenarbeit mit der Privatwirtschaft nicht als notwendiges Übel, sondern als bewahrenswertes Systemelement betrachtet und deshalb gar nicht ändern will.

Die Oppositionsfraktionen und NGO's fordern ein „ODA-Gesetz" und die Bündelung der entwicklungspolitischen Kompetenzen in einem Fachministerium. Die mächtigen Ministerien sträuben sich gegen einen Kompetenzverlust. Da in Japan kaum etwas so schwierig ist wie eine Reorganisation der Ministerialbürokratie, wird es wohl bei der Fragmentierung des entwicklungspolitischen Entscheidungsprozesses mit all seinen bürokratischen Reibungsverlusten bleiben.

7. Das „Land ohne Freunde" kann mit Geld keine Freunde kaufen

Japan wird seine Position als „ODA-Weltmeister" noch ausbauen, seine bequeme Rolle als „Trittbrettfahrer" aufgeben und eine Führungsrolle in den Nord-Süd-Beziehungen übernehmen müssen. Es wird sich dennoch schwer tun, mit Geld allein die erhoffte internationale Anerkennung zu kaufen. Der Bürgermeister von Nagasaki sagte in einem Interview mit dem *Spiegel* (Nr. x/89) seinem „Land ohne Freunde" schwierige Zeiten vorher. Japan müßte schon bereit und fähig sein, seinen insularen Exklusivitätsanspruch aufzugeben und seine tiefsitzende Aversion gegen eine offene Kommunikation mit anderen Kulturen zu überwinden, um ein „internationaler Staat" zu werden, der auch zur Partnerschaft mit der Dritten Welt fähig ist.

Franz Nuscheler (Universität/Gesamthochschule Duisburg)

Literaturhinweise

Hofmann, Michael, Japans Entwicklungspolitik (Deutsches Institut für Entwicklungspolitik). Berlin 1984.
Holthus, Manfred, Japan. In: Manfred Holthus/Dietrich Kebschull (Hrsg.): Die Entwicklungspolitik wichtiger OECD-Länder. Hamburg 1985, S. 391–496.
May, Bernhard, Japans neue Entwicklungspolitik. Entwicklungshilfe und japanische Außenpolitik. München 1989.
– Japans neue Rolle in der multilateralen Entwicklungspolitik. In: Europa-Archiv, 18/1988, S. 525–532.
Pohl, Manfred, Die japanische Entwicklungshilfe in den 80er Jahren. In: Nord-Süd-aktuell, 3/1987, S. 83–97.

III. BUNDESREPUBLIK DEUTSCHLAND UND DRITTE WELT

Deutsche Rüstungsexporte in alle Welt

1. Verschärfte Legitimationskrise um bundesdeutsche Rüstungsexporte

Von Beginn an waren Rüstungsexporte aus der Bundesrepublik in der Öffentlichkeit umstritten. Dabei spielen zwei verschiedene Diskussionsstränge eine Rolle. Erstens stießen aufgrund der Erfahrungen mit Faschismus und Krieg die Wiederaufrüstung und damit verbunden der Aufbau einer nationalen Rüstungsindustrie lange Zeit auf Widerstand in erheblichen Teilen der Bevölkerung. Zwar wurde in den 60er und 70er Jahren der verteidigungspolitische Konsens, also Akzeptanz von Bundeswehr und Westbindung in der NATO, von den traditionellen Parteien beschworen, doch ließen sich damit Militärhilfe und Rüstungsexporte außerhalb des NATO-Bereichs, zumal in undemokratische oder die Menschenrechte mißachtende Gebiete (Beispiele: Portugal, Griechenland, Afrika) nicht rechtfertigen. Nicht wieder in einen Krieg verwickelt zu werden (vgl. die Diskussion um Rüstungsexporte in Spannungsgebiete) und auf die Belange Israels besondere Rücksicht zu nehmen (keine Lieferungen an die Kriegsgegner Israels), sind weitere Argumente in dieser historisch-antifaschistischen Diskussionsrichtung. Zweitens bilden wirtschaftlicher Erfolg, materieller Wohlstand und soziale Sicherheit für das politische System der Bundesrepublik eine weitere Begründung für die Ablehnung von Rüstungsexporten. Zivile Entwicklungshilfe statt Militärhilfe (z. B. wurde die Lieferung von Kriegswaffen bei der „Ausrüstungshilfe" durch Parlamentsbeschluß in den späten 60er Jahren verboten) und die zivile Orientierung der bundesdeutschen Wirtschaft anstelle einer der Exportmärkte gefährdenden Militarisierung (Beispiel: Ablehnung des Waffen-für-Öl Arguments) sollen diese Ziele sichern. Auf der anderen Seite ist im Rahmen dieser ökonomischen Argumentation das Arbeitsplatzargument durchaus auch für die Rechtfertigung von Rüstungsexporten herangezogen worden (Beispiel: Werftenkrise und Kriegsschiffexporte Mitte der 70er Jahre).

Mehrere Anzeichen deuten jedoch auf eine Verschärfung der Legitimationskrise um die Rüstungsexporte seit Beginn der 80er Jahre hin:

– die Änderung der „Politischen Grundsätze" der Bundesregierung zum Rüstungsexport im Jahre 1982 (Ersetzung des Kriteriums „keine Rüstungsexporte in Spannungsgebiete" durch die Rechtfertigung von Rüstungsexporten durch „vitale Interessen"), die von heftiger Kritik begleitet war,

– die Formierung parlamentarischer und außerparlamentarischer Initiativen für eine Restriktion und öffentliche Kontrolle der bundesdeutschen Rüstungsexporte, unterstützt u. a. durch die Kirchen und die Gewerkschaften,

– eine nicht abreißende Serie von politischen Skandalen um Rüstungsexporte.

In diesem Beitrag soll versucht werden, die These von der Verschärfung der Legitimationskrise um bundesdeutsche Rüstungsexporte zu belegen und ihre wirtschaftlichen, außenpolitischen und innenpolitischen Hintergründe darzulegen.

2. Rüstungsökonomie: Vom Rüstungsboom zur Krise

2.1 Der Weltrüstungsmarkt

Brzoska/Ohlson (1987) unterscheiden 4 Phasen der Entwicklung des Rüstungsexports in der Dritten Welt in der Zeit seit Ende des Zweiten Weltkriegs. In der Phase 1 bis Mitte der 60er Jahre dominierten die USA den Weltrüstungsmarkt, auf dem es insgesamt nur wenige Anbieter gab. Die Exporte bestanden zu einem erheblichen Teil aus Überschußwaffen und aus Militärhilfe, wodurch die außenpolitische Instrumentalisierung der Rüstungsexporte vorgegeben war. Auch die Bundesregierung war mit Militärhilfe nach Afrika und Nahost seit Beginn der 60er Jahre an dieser Entwicklung beteiligt, teilweise auf Drängen der US-Regierung, teilweise zur Verfolgung eigener Interessen (deutscher Alleinvertretungsanspruch).

In der zweiten Phase, die ungefähr von Mitte der 60er bis Ende der 70er Jahre anzusetzen ist, wurden die Rüstungsexporte weltweit kommerzialisiert. Der erfolgte Wiederaufbau der europäischen Rüstungsindustrie in den 60er Jahren und der Neuaufbau einer Rüstungsindustrie in Teilen der Dritten Welt in den 70er Jahren erhöhte das Angebot auf dem Weltrüstungsmarkt. In den frühen 70er Jahren versuchte darüberhinaus die Nixon-Regierung, die US-Rüstungsindustrie vom Vietnam-Krieg auf neue Märkte in der Dritten Welt umzuorientieren. In der Dritten Welt erhöhte sich die Nachfrage nach Rüstungsgütern im Gefolge der Entkolonialisierung, durch die Verschärfung regionaler und lokaler Konflikte jenseits der bisherigen Dominanz des Ost-West-Konflikts und ermöglicht durch eine Steigerung der Staatseinnahmen einiger Dritte-Welt-Länder durch Rohstoff-Preiserhöhungen (v. a. Erdöl). Es kam Mitte der 70er Jahre zu einem regelrechten Rüstungsexportboom. Nicht nur die Menge, sondern auch die Qualität der exportierten Rüstungsgüter erhöhte sich. Eine außenpolitische Instrumentalisierung der Rüstungsexporte wurde schwieriger und war häufig auch nicht mehr beabsichtigt. Auch die bundesdeutsche Rüstungsindustrie versuchte, an diesem lukrativen Geschäft teilzuhaben. Zögerliche Beschränkungsversuche sozialdemokratischer Politiker wurden mit dem Hinweis auf Arbeitsplätze oder durch Ausweichstrategien (Export via Koproduktion, Exporte von Lizenzen) überwunden.

Gegen Ende der 70er Jahre, in der Phase 3, begann der internationale Rüstungsmarkt zu stagnieren. Durch die weltweite Rezession kam es zu Budgetengpässen in den westlichen Industrieländern, weshalb die inländischen Rüstungsbeschaffungen stagnierten und die Rüstungsproduktionskapazitäten nicht ausgelastet waren. Viele Rüstungsfirmen hatten es in der Zeit des profitablen Rüstungsbooms versäumt, zivile Produktionsalternativen zu erhalten. In dieser Situation übte die Rüstungslobby Druck auf die jeweiligen Regierungen aus, die nationalen Beschaffungen zu erhöhen und Exportmöglichkeiten zu schaffen. Doch auch in der Dritten Welt wurde der Markt eng: der Verfall der Rohstoffpreise, die Verschuldungskrise, die Stagnation der ökonomischen Entwicklung und andere Faktoren trugen dazu bei. Unter den Problemländern befanden sich auch gute Kunden der bundesdeutschen Rüstungsindustrie, z. B. die hochverschuldeten lateinamerikanischen Länder Brasilien und Argentinien oder vom Ölpreisverfall betroffene Länder wie Libyen, Saudi-Arabien oder Iran.

Den völligen Verlust der politischen Kontrolle des Rüstungshandels und die gesamtwirtschaftlich als schädlich anzusehende Militarisierung der Dritte-Welt-Ökonomien versuchte die Carter-Regierung durch Rüstungsexport-Kontrollinitiativen zu verhindern, die jedoch scheiterten. Auch in der UNO blieben Versuche zur internationalen Kontrolle des Rüstungsexports ergebnislos. Was sich durchsetzte, waren harte Konkurrenz und protektionistische Abschottung nationaler Rüstungsmärkte (z. B. beschränkten die USA ihren Rüstungsimport).

Eine neue vierte Phase zeichnet sich ab Mitte der 80er Jahre ab. Sie ist gekennzeichnet durch eine Umstrukturierung der Rüstungsindustrie durch Kapitalkonzentration und weitere Internationalisierung des Produktionsprozesses, durch wachsende Bedeutung der Finanzierung (Exportkredite, Tauschgeschäfte statt Barzahlung u. a.) von Rüstungstransfers als Wettbewerbsfaktor und durch eine Ausdifferenzierung von Märkten für Hochtechnologiewaffen (Flugzeuge, Raketen u. a.) einerseits und für weniger komplexe Rüstungsgüter andererseits.

2.2 Die Rüstungsökonomie der Bundesrepublik

Anders als bei den NATO-Verbündeten der Bundesrepublik ist die Existenz einer nationalen Rüstungsindustrie in der Bundesrepublik aufgrund der besonderen historischen Situation nicht selbstverständlich. Denkbar wäre beispielsweise, die Bundeswehr, die ja nur im Rahmen der NATO eine Funktion haben soll, völlig mit Rüstungsgütern, die von NATO-Verbündeten importiert werden, zu versorgen. Das Mißtrauen gegen die Wiederaufrüstung der Bundesrepublik äußerte sich auch in der Aufnahme der Bundesrepublik in die Westeuropäische Union (WEU) 1954, wodurch die Großwaffenproduktion teilweise verboten und teilweise von einem speziellen Rüstungskontrollamt kontrolliert wurde. Diese Verbote wurden nach und nach abgeschafft, doch erst 1980 wurden die letzten Beschränkungen beim Kriegsschiffbau und 1984 bei der Raketenproduktion aufgehoben und die bundesdeutsche Rüstungsindustrie damit im konventionellen Bereich „souverän".

Seit Beginn der 60er Jahre wurde die staatliche Rüstungspolitik für strukturpolitische Ziele eingespannt. Der Zugang zu moderner Technologie unter anderem im Flugzeug- und Raketenbau spielte dabei ebenso eine Rolle wie die Ansiedlung von hochtechnisierten Rüstungsbetrieben in bestimmten Regionen (Südbayern). Außerdem wurde die Rüstungspolitik in den 70er Jahren für die Aufrechterhaltung der krisengeschüttelten Schiffbauindustrie eingesetzt. Während in den 60er und frühen 70er Jahren die Lizenzproduktion noch eine große Rolle spielte, setzte die Rüstungsindustrie mehr und mehr auf nationale oder in westeuropäischer Kooperation durchgeführte Eigenentwicklungen. Auch dadurch konnte sich die Rüstungsindustrie ihre Handlungsfreiheit erweitern, denn einerseits wurden Lizenzbeschränkungen vermieden (geplante Exporte von Leopard I Panzern nach Spanien scheiterten beispielsweise 1970/71 u. a. wegen des Einspruchs der britischen Lizenzgeber für die Kanone), und andererseits konnten nationale bundesdeutsche Beschränkungen umgangen werden (vgl.

Exporte von HOT- und MILAN-Raketen und Alpha-Jets durch den französischen Kooperationspartner, Exporte der Tornado-Kampfflugzeuge durch den britischen Kooperationspartner).

Durch die Erweiterung ihres politischen und ökonomisch-technologischen Handlungsspielraums war es der bundesdeutschen Rüstungsindustrie möglich, sich am Weltrüstungsmarkt zu beteiligen. Besonders mittelgroße, stark rüstungsspezialisierte Unternehmen wie die Werften HDW und Lürssen, der Flugzeugbauer Dornier, der Panzerhersteller Krauss-Maffei oder die Artilleriewerke Rheinmetall und Heckler & Koch drängten auf die lukrativen Exportmärkte. Die Großunternehmen wie Daimler-Benz, Siemens, AEG oder Thyssen betrachteten im Rahmen ihrer zivil orientierten Gesamtunternehmensstrategie die Rüstungsproduktion als zwar lukrativen Zusatzverdienst, wollten sich aber nicht zu sehr auf das profitable aber sehr risikoreiche Rüstungsexportgeschäft einlassen. Daß Rüstungsexporte besonders in die Dritte Welt von der Industrie als sehr riskant betrachtet werden, zeigte sich daran, daß Kriegsschiffexporte in den 70er Jahren erst dann in größerem Umfang stattfanden, als die Bundesregierung dafür Exportbürgschaften zu übernehmen bereit war, oder auch daran, daß der geplante Export von Tornado-Kampfflugzeugen nach Jordanien platzte, als aufgrund öffentlicher Kritik die staatliche Beteiligung am dafür vorgesehenen Exportkredit zurückgezogen wurde. Sowohl beim Sturz des Schah-Regimes im Iran als auch bei der Ablösung des Militärregimes in Argentinien durch eine zivile Regierung unter Präsident Alfonsin mußte die bundesdeutsche Industrie um ihre Rüstungsexportaufträge und die Bundesregierung um Exportbürgschaften bangen, wenn auch nicht in dem z.T. existenzbedrohenden Ausmaß, wie zum Beispiel die französische Rüstungsindustrie durch das Ende des Golfkriegs betroffen wurde.

Die US-amerikanischen Rüstungsunternehmen sind aufgrund der weit höheren Produktionszahlen und der hohen staatlichen Forschungsförderung eigentlich im internationalen Wettbewerb den westeuropäischen Unternehmen überlegen.

Tabelle 1
Rüstungsexporte der Bundesrepublik nach amtlichen Statistiken

Jahr	Exportgenehmigungen des Bundesamts für gewerbliche Wirtschaft in Millionen DM						Exportstatistik d. Statistischen Bundesamts in Mill. DM
	nach KWKG		nach AWG AL I A		nach AWG AL IA, B, C		Kriegswaffen, -gerät und dergleichen, weltweit
	weltweit	Nicht-NATO	weltweit	Nicht-NATO	weltweit	Nicht-NATO	
1987	2400		6300		28 400		2400
1986			5300		25 523		1600
1985			5793		27 889		1400
1984			4103		19 003		3400
1983	1545	958	7066	3250	22 466		3200
1982	2200X						1000
1981	2200X		3400				1700
1980	2182	1526					
1979	1541	950	900	800X			2500X
1978	624	292X	1390X	630X			
1977	1925	297	1390X	630X			
1976	799	292X	2000	600			

Quellen: Bundestagsprotokolle 8/149 und 9/94; Bundestagsdrucksachen 9/94, 10/2858, 10/3224, 10/5793, 11/446, 11/621, 11/2120; epd 9.5. 78, Frankfurter Rundschau 21.4. 81 und 22.1. 81; Süddeutsche Zeitung 8.1. 83; SPIEGEL 14/79; Wehrdienst 22.8. 77; Rheinischer Merkur 6.7. 84, (z. T. eigene Berechnungen unter Verwendung von Pressemeldungen); BRZOSKA, Michael: „Rüstungsexportpolitik." Frankfurt/M., 1986, S. 63; FALTIN, Bernhard: „Es gibt keine Grauzonen beim Rüstungsexport!". In: Mediatus 9 (1989) 1, S. 6.

Anmerkungen: KWKG = Kriegswaffenkontrollgesetz, AWG = Außenwirtschaftsgesetz, AL IA = Kriegswaffen und Rüstungsgüter, AL IB = Nukleartechnologie, AL IC = sonstige Güter von strategischer Bedeutung (v. a. CoCom), X = Schätzungen oder unklare Angaben

Die bundesdeutsche Rüstungsindustrie kann unter anderem folgende Konkurrenzvorteile dagegen setzen:
– technologisch-wirtschaftliche Vorteile bei Spezialprodukten (z. B. kleinere U-Boote oder bestimmte Kanonen),
– technologisch-wirtschaftliche Vorteile und geringe politi-

Tabelle 2
Rüstungsexporte aus der Bundesrepublik nach Angaben von ACDA und SIPRI

Jahr	Rüstungsexporte nach ACDA in Mrd. DM (laufende Preise) weltweit	Großwaffenexporte nach SIPRI in Mrd. DM (konstante Preise von 1985), nur Direktexporte	
		weltweit	in die Dritte Welt
1987		2,7	1,3
1986	0,9	1,6	1,0
1985	1,8	1,7	0,9
1984	8,0	4,5	3,3
1983	4,9	3,3	2,2
1982	2,3	1,6	0,6
1981	3,4		1,7
1980	2,5		0,5
1979	2,2		0,3
1978	2,0		0,5
1977	2,2		0,4
1976	1,8		0,3

Quellen: ACDA: World Military Expenditures and Arms Transfers; SIPRI: World Armaments and Disarmament. SIPRI Yearbook, (jeweils neueste Angaben bzw. Jahrgänge); eigene Umrechnungen nach Wechselkursen bei: IMF: International Financial Statistics.

Tabelle 3
Rüstungsexporte aus der Bundesrepublik und aus Koproduktionen im Vergleich

Großwaffenexporte 1979 bis 1983 in Millionen US $ (zu Preisen von 1975)					
weltweit			in die Dritte Welt		
direkt	aus Koproduktion	gesamt	direkt	aus Koproduktion	gesamt
2200	254	2454	1220	185	1405
(89,6%)	(10,4%)	(100%)	(86,8%)	(13,2%)	(100%)

Quelle: Eigene Berechnungen unter Verwendung der Daten von SIPRI Jahrbuch 1984.
Anmerkung: Der Wert für Exporte aus Koproduktionen gemäß dem bundesdeutschen Projektanteil

sche Beschränkungen beim Export von Produktionstechnologie (z. B. Export von Waffenfabriken, Export von Rüstungslizenzen),
– Vorteile bei der Finanzierung von Exporten (Bürgschaften, Kredite u. a.) und
– nur geringe Beschränkung durch außenpolitische Maßnahmen.

Es ist schwierig, genaue Daten zum bundesdeutschen Rüstungsexport zu bekommen, da in diesem Bereich aus Wettbewerbsgründen und zur Vermeidung innenpolitischer Kritik eine weitgehende Geheimhaltungspolitik vorherrscht. Aufgrund der Daten von SIPRI, der US-Abrüstungsbehörde ACDA und gelegentlicher Angaben der Bundesregierung (siehe Tabelle 1–4) läßt sich jedoch folgendes festhalten:
– die Bundesrepublik steht nach den USA und der UdSSR zusammen mit Frankreich, Großbritannien, Italien und China unter den 7 großen Rüstungsexporteuren weltweit,

Tabelle 4
Führende Rüstungsexportländer

Land	Führende Exporteure von Großwaffen 1983–1987 (Mrd. 1985 US $) (Qu.: SIPRI Jahrbuch 88)		Führende Rüstungsexporteure 1982–86 (Mrd. lfd. US $) (Qu.: ACDA: World Military Expenditures and Arms Transfers 1987)	
	1987	1983–87 davon in Dritte Welt (in %)	1982–86	davon in Dritte Welt* (in %)
UdSSR	12,26	52,99 74,9	87,4	86,0
USA	11,54	52,24 49,9	51,5	49,7
Frankreich	3,57	19,65 87,0	20,4	96,4
Großbritannien	1,79	8,26 67,3	6,9	69,5
BRD	1,44	7,61 62,7	6,5	66,8
Italien	0,24	2,96 97,0	4,6	
VR China	1,04	5,48 97,6	6,5	99,8

Anmerkung: *„Dritte Welt" in der regionalen Abgrenzung von SIPRI (Afrika; Asien ohne VR China, Japan, Sowjetunion, Mongolei; Lateinamerika)

– die Rüstungsexporte der Bundesrepublik gehen überwiegend in die Dritte Welt (zur Zeit ist von einem Anteil von etwa 70% auszugehen) und sind auch ländermäßig breit gestreut,
– da die hauptsächlichen Partner für die Rüstungskoproduktion bundesdeutscher Unternehmen (in Frankreich, Großbritannien, Italien) stärker auf die Märkte in der Dritten Welt orientiert sind als die Bundesrepublik, liegt auch bei Rüstungsexporten aus Koproduktion der Dritte-Welt-Anteil höher als bei den Direktexporten.

2.3 *Europäisierung der Rüstung?*

Mit der geplanten Schaffung eines einheitlichen europäischen Binnenmarktes wurde die Frage wieder aktuell, ob eine nationale bundesdeutsche Rüstungspolitik, auch im Bereich der Rüstungsexporte in die Dritte Welt, überhaupt noch möglich ist. Zwar ist eine „Europäisierung" der Rüstungsproduktion in Bereichen festzustellen, in denen aus technologischen oder finanziellen Gründen eine rein nationale Rüstungsproduktion nicht mehr möglich ist (Bsp. fortgeschrittene Militärflugzeuge, anspruchsvolle Raketentechnologie). Doch da militärische Machtmittel für die Verfolgung nationaler Interessen eine große Rolle spielen und auch weil mit Rüstungsproduktion staatliche Struktur- und Wirtschaftspolitik gemacht werden kann, wird auch in absehbarer Zukunft die Rüstungsproduktion national orientiert bleiben. Für die Bundesrepublik läßt sich das belegen mit dem niedrigen Anteil ausländischen Kapitals in der Rüstungsindustrie und mit der Unternehmenskonzentration (Fusion Daimler-Benz und MBB), durch die unter anderem auch die Überlebensfähigkeit einer nationalen bundesdeutschen Rüstungsindustrie sichergestellt werden soll. Davon zu unterscheiden ist die bilaterale Rüstungskoproduktion, v. a. mit Frankreich, durch die bundesdeutsche Unternehmen an Rüstungsexporten in die Dritte Welt beteiligt sein können, ohne daß die außen- und innenpolitischen Kosten von der Bundesregierung getragen werden müssen. Auch die Rüstungsproduktion in Ländern der Dritten Welt in Bereichen, die bestimmten Restriktionen unterliegen (z. B. WEU-Beschränkungen/Raketenbau), muß auf politische Ursachen zurückgeführt werden.

3. Außenpolitik: Militarisierung und Friedensinitiativen

Neben der wirtschaftspolitischen Motivation für Rüstungsexporte – Auslastung der Produktionskapazitäten und Strukturpolitik – gibt es auch eine außenpolitische Motivation, die in den politischen Grundsätzen der Bundesregierung zum Rüstungsexport von 1982 explizit niedergelegt ist. Rüstungsexportgenehmigungen sollen demnach erteilt werden, wenn „vitale Interessen der Bundesrepublik", das sind „außen- und sicherheitspolitische Interessen der Bundesrepublik Deutschland unter Berücksichtigung der Bündnisinteressen", dafür sprechen. Diese Richtlinie steht in gewissem Widerspruch einerseits zum Friedensgebot des Grundgesetzes, das eng mit der Restriktion von Rüstungsexporten verknüpft ist (Art. 26 GG), und andererseits auch zu entspannungs- und entwicklungspolitischen Zielen.

Eine Verwendung von Rüstungsexporten zu außenpolitischen Zwecken gab es schon Anfang der 60er Jahre mit den Militärhilfeprogrammen für Afrika und Nahost. Dabei handelte es sich einerseits um eine Politik auf Drängen der USA im westlichen Gesamtinteresse und andererseits um die Verfolgung spezifisch bundesdeutscher Interessen im Rahmen der Hallsteindoktrin (Alleinvertretungsanspruch als deutscher Staat). Diese Politik mußte Mitte der 60er Jahre aufgrund ihres offensichtlichen Scheiterns modifiziert werden. Mitte der 70er Jahre gab es erneut einen deutlichen außenpolitischen Akzent bei der Rüstungsexportpolitik in den Nahen Osten, der infolge der Ölpreiskrise enorm an Bedeutung gewonnen hatte. Die Bundesregierung engagierte sich besonders für die Türkei, wo sie mit Militärhilfe und Rüstungsexporten für die US-Regierung einsprang, die aufgrund der türkischen Invasion in Zypern vom Kongreß durch ein Embargo gebunden war, und für das iranische Schah-Regime, das sie vor allem beim Aufbau der Rüstungsindustrie unterstützte. Im Falle des Iran erlebte sie durch die islamische Revolution wieder einen großen Mißerfolg und mußte die Rüstungsbeziehungen unterbrechen. Nach der „Wende" verstärkte sich der außenpolitische Akzent bei der Rüstungsexportpolitik erneut: 1983 wurde beim Besuch von Bundeskanzler Kohl in Saudi-Arabien erstmals mit einem Nicht-NATO-Land eine verteidigungspolitische Zusammenarbeit vereinbart. Ein weiteres Beispiel, das öffentliches Aufsehen erregt hat, war die Vereinbarung über Polizeihilfe (ursprünglich sogar aus dem Entwicklungshilfeetat) für Guatemala beim Besuch des damaligen Entwicklungsministers Warnke (CSU) in Guatemala 1986, womit die Bundesregierung die US-amerikanische Mittelamerika-Politik unterstützte. Diese Beispiele zeigen nicht nur den Widerspruch zu den entspannungs- und entwicklungspolitischen Erklärungen der Bundesregierung, sondern auch die Ineffektivität von Rüstungsexporten zur Verfolgung außenpolitischer Ziele.

Außenpolitische Faktoren wirken aber auch für Restriktionen beim bundesdeutschen Rüstungsexport. Neben den schon genannten WEU-Beschränkungen auf westeuropäischer Ebene gehören dazu – jeweils stark durch US-Interessen geprägt –: das COCOM-Embargo (1949), d. h. Exportbeschränkungen für militärische und strategische Güter in sozialistische Staaten, der Nichtverbreitungsvertrag für Kernwaffen samt dem informellen Londoner Nuclear Supplier's Club (1974), wo der Export sensibler Nukleartechnologie geregelt wird, sowie ein ähnliches informelles Embargo für den Export von Raketentechnologie (1985) und für Technologieexporte im Bereich von C-Waffen (im Rahmen der „Australien-Gruppe"). Darüberhinaus wurden außenpolitisch motivierte Rüstungsexportrestriktionen u. a. sichtbar im Falle Argentiniens (Falkland/Malwinas-Konflikt), Libyens und des Iran („Operation Staunch" der USA). Immer noch in Kraft ist das völkerrechtlich verbindliche Rüstungsembargo des UN-Sicherheitsrats von 1977 gegen die Republik Südafrika. Eine ganze Reihe von Skandalen im Zusammenhang mit Rüstungsexporten in den letzten Jahren zeigt allerdings, daß die Bundesregierung Schwierigkeiten damit hat, diese Vereinbarungen gegen das starke Exportinteresse der bundesdeutschen Wirtschaft, das sie sonst an bevorzugter Stelle fördert, durchzusetzen.

Rüstungsexporte aus der Bundesrepublik werden unter anderem mit der dadurch ermöglichten verteidigungspolitisch notwendigen Aufrechterhaltung einer bestimmten Rüstungsproduktionskapazität begründet. Demnach werden in der Bundesrepublik oder in Koproduktionen mit bundesdeutscher Beteiligung Rüstungsgüter primär für die Bedürfnisse der nur zur Verteidigung bestimmten Bundeswehr, ggf. erweitert für die NATO-Verteidigung insgesamt, produziert. Eine reine oder hauptsächliche Produktion von Rüstung für den Export außerhalb dieses Verteidigungszweckes ist nicht vorgesehen. Schon bisher gab es mit Rüstungsexporten an NATO-Partner Schwierigkeiten, da diese Länder ihre Streitkräfte eben auch außerhalb des Verteidigungsauftrages der NATO einsetzten. Zu nennen wäre nicht nur der innenpolitische Gebrauch des Militärs während der Zeit der Militärregime in Portugal, Griechenland oder der Türkei, oder bei der Bekämpfung separatistischer Bewegungen in Nordirland (Großbritannien), dem Baskenland (Spanien) oder Neukaledonien (Frankreich). Auch bei Kriegen und Konflikten außerhalb des NATO-Vertragsraumes werden regelmäßig Streitkräfte von NATO-Mitgliedsländern eingesetzt, wie jüngst im Libanon oder im Persischen Golf. Eine friedenspolitisch begründete Beschränkung bundesdeutscher Rüstungsexporte auf die NATO oder – wie in einem Gesetzentwurf der SPD-Fraktion im Bundestag – auf die OECD-Länder (= westliche Industrieländer) würde noch nicht garantieren, daß bundesdeutsche Rüstungsgüter nur für NATO-Verteidigungszwecke eingesetzt würden.

Eine ganz neuartige Schwierigkeit für die verteidigungspolitische Begründung von Rüstungsproduktion und -export ergibt sich aus der Diskussion um eine Änderung der Verteidigungsstrategie (z. B. strukturelle Angriffsunfähigkeit), die im

Umfeld der Friedensbewegung geführt wurde, und auch aus der Abrüstungsoffensive der sowjetischen Regierung unter Gorbatschow (Reduzierung auch der konventionellen Rüstung und strikte Defensivbewaffnung). Im Rahmen dieser politischen Entwicklungen wird der Umfang und die Art auch der bundesdeutschen Rüstungsindustrie zur Disposition gestellt. Wenn damit die verteidigungspolitische Notwendigkeit von Teilen der Rüstungsproduktion wegfiele, dann wäre als Konsequenz auch eine Reduzierung des Rüstungsexports zu erwarten.

4. Innenpolitik: Von der „Wende" zum Widerstand gegen Rüstungsexporte

Schon in den vorhergehenden Abschnitten wurde deutlich gemacht, daß eine grundsätzliche Wende zu einer immer freizügigeren Rüstungsexportpolitik nicht erst 1982 mit dem Regierungswechsel stattgefunden hat. So übernahm die neue Regierung nicht nur die „Politischen Grundsätze" zum Rüstungsexport, die noch von der alten Bundesregierung proklamiert worden waren, sondern es fand auch eine personelle Kontinuität in den weiterhin von der FDP besetzten Ministerien für Wirtschaft und Äußeres, also den für die Rüstungsexportpolitik wesentlichen Regierungsstellen statt. Trotz dieser Kontinuität in der grundsätzlichen Richtung gab es in Einzelfragen des Rüstungsexports wichtige Änderungen:
– Die noch von Bundeskanzler Schmidt informell versprochene bessere Unterrichtung des Parlaments über Rüstungsexportfragen fand nicht statt; auf zahllose Anfragen im Bundestag antwortete die Bundesregierung mit der schon zu einiger Berühmtheit gelangten Formulierung: „Angaben zu Rüstungsexporten vertragen aus politischen Gründen nur ein begrenztes Maß an Publizität". Das führte unter anderem zu der merkwürdigen Situation, daß sich Bundestagsabgeordnete bei einer Anhörung zu „Entwicklung und Rüstung" 1984 aus ausländischen Quellen Statistiken zu bundesdeutschen Rüstungsexporten zusammenstellen lassen mußten, da ihnen die von

der Bundesregierung geführten Statistiken nicht zugänglich sind.
– Entgegen den „Politischen Richtlinien" verzichtete die Bundesregierung auf Veto-Rechte beim Export von Rüstung aus Koproduktionen, u. a. beim Tornado (1983), genehmigte den Export von Rüstungslizenzen ohne ausreichende Endverbleibskontrolle und betrachtete mehr und mehr tatsächlich militärisch verwendete Waren nicht mehr als Kriegswaffen oder Rüstungsgüter (z. B. BO-105 Hubschrauber, Do-228 Flugzeuge, Daimler-Benz Unimogs, Faun Panzertransporter usw.).
– 1985 nahm die Bundesregierung die ASEAN-Staaten von der Einzelfallprüfung aus und stellte sie damit faktisch den NATO-Staaten gleich. Mit Saudi-Arabien wurde 1983 als erstem Nicht-NATO-Land eine verteidigungspolitische Zusammenarbeit vereinbart.
– Minister und andere führende Regierungspolitiker traten aktiv als Vermittler und Werber für bundesdeutsche Rüstungsgüter ein (was im Falle der U-Boot-Technologie-Exporte nach Südafrika von einem parlamentarischen Untersuchungsausschuß geprüft wird).
– Die Bundesregierung setzte sich für die Lockerung außenpolitischer (WEU, COCOM) und innenpolitischer („Lex Rheinmetall" = Verringerung der Strafen für illegale Kriegswaffenexporte) Schranken für Rüstungsexporte ein.

Gegen diese Politik der Liberalisierung und Förderung des Rüstungsexports aus der Bundesrepublik wurde auf der anderen Seite zunehmend innenpolitischer Widerstand sichtbar, der zu einer verschärften Polarisierung führte. Dieser innenpolitische Widerstand gegenüber Rüstungsexporten allgemein, bzw. gegenüber der Rüstungsexportpolitik der derzeitigen Bundesregierung zeigt sich sowohl an der Beschlußlage und den Aktivitäten von Parteien, Verbänden und politischen Bewegungen, als auch an der Zahl und Art von öffentlichen Skandalen um Rüstungsexporte (siehe Tabelle 5–6).

Tabelle 5
Wichtige Rüstungsexportskandale in der Bundesrepublik in den 80er Jahren

Beginn	Träger	Name	Inhalt	Normverletzung	Ende	Ergebnis	Anmerkung
1980	Presse BRD- und US-Justiz Bewegung	Rheinmetall	Verfahren wegen illegaler RE, Prozeßverschleppung, „Lex Rheinmetall", RE nach Südafrika	* RE-Kontrolle * demokratische Kontrolle * Rechtsstaat * UN-Embargo	1987	versuchte KWKG-Änderung, Prozeßmanipulation Verurteilung (leichte Strafen)	
1980	US-Regierung Opposition Presse	Gildemeister	Lieferung von Werkzeugmaschinen in die UdSSR, angeblich für Munitionsherstellung	* COCOM * RE-Kontrolle	1980	staatliche Prüfung ergibt keine Beweise für Vorwürfe	
1980	Presse Bewegung Reg.partei	Chile U-Boote	geplanter U-Boot-Export nach Chile	* innere Lage * Lobby * Spannungsgebiet?	1982/1983	PG 1982, Suche nach anderem Kunden, Export	
1981	Presse Reg.partei Justiz	CES Kalthof	ungenehmigter Export von Nukleartechnologie nach Pakistan	* NPT * RE-Kontrolle	1985	Urteil gegen Firmenchef, internationale Kontrollregeln	
1981	Presse Bewegung Israel	Leo II für Saudi-Arabien	geplanter Panzer-Export nach Saudi-Arabien	* Israel * Spannungsgebiet * Lobby * innere Lage?	1982	PG 1982, andere Rüstung angeboten	vgl. 1983

Beginn	Träger	Name	Inhalt	Normverletzung	Ende	Ergebnis	Anmerkung
1982	britische Regierung, Bewegung	Fregatten an Argentinien	geplanter Export Bau, Export	* Bündnispartner * Spannungsgebiet * Lobby	1982/1983	GB lockert Embargo, Lieferung	
1983	Presse Bewegung	Rüstung für Saudi-Arabien	militärische Zusammenarbeit, geplante RE	* Israel * Spannungsgebiet? * innere Lage?	1985	geregelte und begrenzte Kooperation. Kompensation an Israel?	
1984	Presse US-Regierung Bewegung	Golfkrieg	RE an Iran und Irak Schmuggelfälle	* RE-Kontrolle * Kriegsbeteiligung * innere Lage	1988	Justizverfahren Waffenstillstand	
1984	US-Regierung, UNO Presse	Giftgas für Irak	vermutete Beteiligung deutscher Firmen an Giftgasfabriken	* RE-Kontrolle * C-Waffen-Verbot * Kriegsbeteiligung	1984	AWG-Änderung Justizverfahren	
1984	Presse Opposition Bewegung	Tornadoexport	Verkaufsverhandlungen mit Saudi-Arabien	* Israel * Spannungsgebiet * RE-Kontrolle	1984	Export durch GB	

Tabelle 5 (Fortsetzung)

Beginn	Träger	Name	Inhalt	Normverletzung	Ende	Ergebnis	Anmerkung
1985	Presse, Bewegung	Hubschrauber für RSA	Bö 105-Export, z. T. via Drittländer, „Zivilversion"	* RE-Kontrolle * UN-Embargo * innere Lage * Spannungsgebiet	?		
1986	Presse, Opposition	U-Boot-Pläne für RSA	HDW-IKL-Technologietransfer mit Beteiligung von Politikern, HDW bundeseigen Verfahrensmanipulation	* RE-Kontrolle * demokratische Kontrolle * UN-Embargo * Spannungsgebiet	1987	Untersuchungsausschuß des Bundestags, Ermittlungen (eingestellt)	
1986	Presse, NGOs, Opposition	Polizeihilfe für Guatemala	Bundesregierung verspricht Guatemala Polizeihilfe im Rahmen der Entwicklungshilfe	* Rechtsstaat * Entwicklungspolitik * innere Lage	1986	Bundestag beschließt Finanzierung aus dem Etat des Innenministers	
1987	intern. u. nationale Gewerkschaften, Presse	„Gretl"	Lieferung portugiesischer Munition an Iran auf deutschem Schiff	* Spannungsgebiet * RE-Kontrolle	1987	Bundesregierung veranlaßt Umkehr auf hoher See und Entladung	vgl. 1984
1988	US-Regierung, Presse, Opposition	Nuklearexport	Technologietransfers durch Privatfirmen an Pakistan	* NPT * RE-Kontrolle	1988?	Untersuchungsausschuß des Bundestags	

Tabelle 5 (Fortsetzung)

Beginn	Träger	Name	Inhalt	Normverletzung	Ende	Ergebnis	Anmerkung
1988	Presse Opposition	Tornados für Jordanien	Finanzierung des Exports aus GB mit Bundesbeteiligung (KfW, Hermes)	* Israel * Spannungsgebiet * Korruption * demokratische Kontrolle? * Entwicklungspol.	1988 1989	Bayr. Landesbank statt KfW Stornierung	
1989	US-Regierung und -Presse Presse Opposition	Imhausen	Giftgastechnologie für Libyen	* RE-Kontrolle * C-Waffen-Verbot * Spannungsgebiet * demokratische Kontrolle	1989	Justizverfahren AWG-Änderung EG-Richtlinie	
1989	US-Regierung u. a.? Presse	Mittelstreckenraketen für Irak u. a.	Technologietransfer durch MBB und via Argentinien	* RE-Kontrolle * Raketenvereinbarung * Spannungsgebiet * Israel?			

Tabelle 6
Rüstungsexportskandale als Normverletzung

Legitimationsbereich	Einzelnormen	Schlagwort
Außenpolitik	1. keine Lieferung in Spannungsgebiete	* Spannungsgebiet
	2. keine Beteiligung an Kriegen	* Kriegsbeteiligung
	3. keine Lieferung an Feinde oder Gegner von NATO-Bündnispartnern	* Bündnispartner
	4. Einhaltung internationaler Vereinbarungen und des Völkerrechts	* COCOM, * NPT (Atomwaffen-Sperrvertrag) * Chemiewaffenverbot * UN-Embargo * Raketenvereinbarung
Innenpolitik	1. wirksame Kontrolle des Rüstungsexports durch die Bundesregierung	* RE-Kontrolle
	2. demokratische Verantwortlichkeit der Bundesregierung, (z. B. öffentliche Information und parlamentarische Kontrollmöglichkeit der Rüstungsexportpolitik)	* demokratische Kontrolle
	3. Einhaltung rechtsstaatlicher Normen, Gesetzmäßigkeit	* Rechtsstaat
Wirtschaftspolitik	1. strikt zivile Orientierung der Entwicklungspolitik	* Entwicklungspolitik
	2. Durchsetzung gesamtwirtschaftlicher Interessen gegen Einzelinteressen (Lobbyismus)	* Lobby
	3. keine Korruption	* Korruption
rechtliche/politische Grundlagen	1. Beachtung der historischen Verantwortung für Israel	* Israel
	2. Beachtung der Menschenrechte („innere Lage")	* innere Lage

Die oppositionelle SPD und die Gewerkschaften (DGB, IG Metall) argumentieren mit wirtschafts- und friedenspolitischen Gründen gegen Rüstungsexporte in die Dritte Welt. Sie treten gegen die Ausweitung von Rüstungsausgaben und Rüstungsproduktion ein. Rüstungsunternehmen sollen ihre Produktion bei Erhalt der Arbeitsplätze auf zivile und sozial nützliche Produktion umstellen („Rüstungskonversion"). Auf betrieblicher Ebene wurden gewerkschaftliche Konversion-Arbeitskreise eingerichtet. Außerdem tritt die SPD sehr stark für eine strengere rechtlich-administrative Kontrolle und Beschränkung der Rüstungsexporte ein und hat dazu etliche Gesetzesinitiativen vorgelegt (Beschränkung der Exporte auf OECD-Länder, Schaffung eines parlamentarischen Kontrollorgans für Rüstungsexporte, Strafvorschriften gegen Beamte bei grob pflichtwidriger Exportgenehmigung). Der politische Handlungsspielraum von SPD und Gewerkschaften wird allerdings dadurch beeinträchtigt, daß sie starkem Druck von Rüstungsbeschäftigten einerseits und Managern von Unternehmen mit Interessen im Rüstungssektor andererseits ausgesetzt sind. Dazu gehören auch Kapitalbeteiligungen sozialdemokratischer Bundesländer oder von Gewerkschaften sowie personelle Verflechtungen mit Unternehmen (z. B. MBB, der Vorstandsvorsitzende von Daimler-Benz ist SPD-Mitglied), oder Finanzinstituten (z. B. Bank für Gemeinwirtschaft, Kreditanstalt für Wiederaufbau/KfW) mit rüstungswirtschaftlichen Interessen.

Die Kirchen, humanitäre und Entwicklungshilfe-Organisationen (amnesty international, medico international, terre des hommes), Friedensbewegung (christliche Kampagne gegen Rüstungsexporte) und Dritte-Welt-Bewegung (Kampagne gegen Rüstungsexporte des Bundeskongreß entwicklungspolitischer Aktionsgruppen) wenden sich aktiv gegen Rüstungsexporte aus der Bundesrepublik mit friedens-, entwicklungs- und sozialpolitischen sowie humanitären Argumenten. Von diesen Organisationen wird vor allem die Art der Empfängerländer und die Verwendung bundesdeutscher Rüstung kritisiert, wie z. B. bei Exporten in Militärdiktaturen (Chile, Türkei),

Kriegsgebiete (Golfkrieg) oder an rassistische Regierungen (Südafrika). Parlamentarisch wird diese Kritik an bundesdeutschen Rüstungsexporten vor allem von der Fraktion der GRÜNEN vertreten, deren wesentliche Forderung in der Offenlegung der Rüstungsexportpolitik der Bundesregierung und damit der Möglichkeit einer öffentlichen und demokratischen Kontrolle – im Gegensatz zur Forderung verstärkter parlamentarisch-administrativer Kontrolle bei der SPD – besteht. Dazu haben die GRÜNEN seit ihrem Einzug in den Bundestag auch durch zahlreiche und regelmäßige Parlamentsanfragen zum Rüstungsexport beigetragen.

In der Union und der FDP überwiegt die Unterstützung der derzeitigen Rüstungsexportpolitik aus außen- und wirtschaftspolitischen Interessen, obwohl sich auch hier friedenspolitische und kirchlich-humanitäre Kritik an der Praxis der Rüstungsexporte regt (v. a. im Zusammenhang mit Israel/Nahost). Gelegentliche Restriktionen von Rüstungsexporten sind jedoch hauptsächlich durch Bündnis- und Verteidigungsinteressen und zur Aufrechterhaltung des staatlichen Gewaltmonopols (private Waffenhändler und -schmuggler) motiviert. Eine umfassende Beschränkung ist höchstens im Rahmen von internationalen Rüstungskontrollvereinbarungen vorgesehen (vgl. die Forderung von Außenminister Genscher zur Einrichtung eines Rüstungsexportregisters bei der UNO).

Die Liste der wichtigsten „Skandale" in den 80er Jahren im Bereich von Rüstungsexporten zeigt durchgängig, daß die mangelhafte Kontrolle des Rüstungsexports im Rahmen der bestehenden gesetzlichen und politischen Möglichkeiten umstritten war. Neben den Exportgenehmigungen stehen der Bundesregierung ja vielfältige andere Mittel zur Rüstungsexportkontrolle zur Verfügung (Bürgschaften, Beschaffungspolitik, Subventionen, Produktionsgenehmigung, öffentliche Kapitalbeteiligung). Nicht das fehlende Instrumentarium, sondern der fehlende politische Wille zur Exportkontrolle scheint das größte Problem zu sein. Auch fällt auf, daß zu Beginn der 80er Jahre stärker wirtschaftspolitische, historische (Israel), und humanitäre und gegen Ende der 80er Jahre stärker außenpolitische Grundwerte eine Rolle spielten. Darin zeigt sich die allgemeine Verschiebung der innenpolitischen Auseinandersetzungen im Gefolge der Friedensbewegung. Es ist zu erwarten, daß die immer stärker sichtbar werdende Legitimationskrise des Militärs in der Bundesrepublik im Zusammenhang mit den sowjetischen Abrüstungsinitiativen, dem Bewußtseinswandel durch die Friedensbewegung und der Kritik an der NATO bundesdeutsche Rüstungsexporte in Zukunft noch umstrittener machen wird. Die Abkehr von der entwicklungspolitisch-wirtschaftlichen Orientierung der Debatte und die Hinwendung zu einer allgemeineren Infragestellung von Rüstung dürfte auch bald die Beschränkung der Kritik auf Rüstungsexporte in die Dritte Welt überwinden.

Hartwig Hummel (Universität Tübingen, Institut für Politikwissenschaft, Arbeitsgruppe Friedensforschung)

Literaturhinweise

Brzoska, Michael/Ohlson, Thomas, Arms Transfers to the Third World, 1971–85. Oxford, New York 1987.

Brzoska, Michael, Rüstungsexportpolitik. Lenkung, Kontrolle und Einschränkung bundesdeutscher Rüstungsexporte in die Dritte Welt. Frankfurt/M. 1986.

Holtz, Uwe (Hrsg.), Entwicklung und Rüstung. Öffentliche Anhörung des Ausschusses für wirtschaftliche Zusammenarbeit des Deutschen Bundestages. Baden-Baden 1984.

Nielebock, Thomas (Hrsg.), Rüstungsexport. Analysen, Daten, Stellungnahmen. Tübingen 1984.

IV. AKTUELLE ENTWICKLUNGSPROBLEME

Der Kampf um die Menschenrechte in der Dritten Welt

Heute existieren über tausend lokale, regionale und internationale Menschenrechtsorganisationen in der Welt. Zahlreiche Menschen in Afrika, Asien, Lateinamerika und dem Nahen Osten haben solche Organisationen ins Leben gerufen, nachdem der Staat zu einem wirkungsvollen Schutz seiner Bürger oft nicht willens oder fähig war. Einige wichtige Trends dieser Entwicklung werden hier nachgezeichnet.

Die Entstehung lokaler Menschenrechtsorganisationen verdankt viel den Erfahrungen, die in den siebziger und achtziger Jahren in Lateinamerika gemacht wurden. Mit dem schrittweisen Sturz der Demokratien ab 1964, von dem nur Costa Rica, Kolumbien und Venezuela ausgenommen waren, bildeten sich sowohl Zusammenschlüsse von Familienangehörigen politischer Gefangener und „Verschwundener" (illegal Festgenommene, deren Haft die staatlichen Behörden bestreiten) – Selbsthilfegruppen – als auch nationale Menschenrechtskomitees.

Beispiele für die erste Gruppe sind die Mütter und Großmütter der Plaza de Mayo in Argentinien, die Vereinigung der Familienangehörigen von „Verschwundenen" in Ayacucho (span. ANFASEP) und die Gruppe für gegenseitige Unterstützung (span. GAM) in Guatemala. Sie sammeln Informationen über die Festgenommenen, unternehmen juristische Schritte wie die Stellung von Habeas Corpus-Anträgen (Vorführung des Festgenommenen vor einen Richter, der über die weitere Haft entscheidet), informieren nationale und internationale

Menschenrechtsorganisationen und leisten innerhalb ihrer Möglichkeiten medizinische und soziale Hilfe. Wichtigstes Motiv ist es, die Isolation der einzelnen Familie zu durchbrechen und mit gemeinsamer Kraft politischen Druck auf die Behörden auszuüben.

Ein zweiter Typ sind nationale Menschenrechtsorganisationen, die sich meist „Menschenrechtskommission" oder „Menschenrechtskomitee" nennen. Beispiele hierfür sind die argentinische Servicio y Paz, das Ständige Menschenrechtskomitee in Kolumbien und die tunesische Liga für Menschenrechte. Hier handelt es sich um Mitglieder verschiedener Berufsgruppen, die Menschenrechtsverletzungen dokumentieren, diese an die Öffentlichkeit bringen und Forderungen an den Staat richten, nämlich Betroffene zu schützen, Verantwortliche in Polizei und Militär zur Rechenschaft zu ziehen und Entschädigung für erlittene Menschenrechtsverletzungen zu leisten.

Eine dritte Gruppe von Organisationen sind Unterorgane einer Institution wie etwa der Katholischen Kirche oder anderer religiöser Gemeinschaften, einer politischen Partei, Gewerkschaft oder Berufsorganisation (Rechtsanwaltsvereinigung, Ärztekammer). Beispiele sind die Vicaria de la Solidaridad der Katholischen Kirche in Chile, die Task Force Detainees der Vereinigung der Leiter religiöser Orden in den Philippinen und das Rechtshilfeinstitut (Lembaga Bantuan Hukum) der indonesischen Anwaltskammer in Jakarta.

Auch gibt es nationale Dachverbände privater internationaler Menschenrechtsorganisationen wie der Internationalen Juristenkommission, amnesty international und der Internationalen Liga für Menschenrechte; Sektionen von amnesty international arbeiten jedoch nicht zur Menschenrechtslage im eigenen Land.

Nicht behandelt werden hier die von den Regierungen selbst ins Leben gerufenen Menschenrechtsorganisationen, da diese politisch und finanziell nicht unabhängig sind. Während sie in einem begrenzten Umfang für Informationsbeschaffung von Nutzen sein können, liegt ihre Aufgabe oft eher in der Verteidigung der Regierung gegenüber in- und ausländischer

Menschenrechtskritik als in einer eigenen unabhängigen Ermittlungs- und Öffentlichkeitsarbeit.

1. Regionaler Überblick: Afrika, Asien, Nahost, Lateinamerika

In *Afrika* sind bisher kaum private Menschenrechtsgruppen entstanden. Die starke Kontrolle der meisten Regierungen über private Organisationen sowie relativ kleine Bevölkerungsschichten, aus denen der Anstoß zur Gründung kommen könnte, machen sie zu einem Ausnahmefall.

Richard Kiwanuka sieht 1986 folgende Gründe:

„... Wir dürfen nicht vergessen, daß der Staat in Afrika seit der Kolonialzeit eine sehr starke Rolle im Alltagsleben der Menschen hatte. Er kontrolliert alle wichtigeren Organisations- und Kommunikationskanäle. Der Staat kontrolliert Gewerkschaften, Kooperativen, Handelskammern, Studenten- und Frauenorganisationen, Berufsorganisationen, politische Aktivitäten und oft selbst Organisationen wie die Rote-Kreuz-Gesellschaften. Das führt zu dem Ergebnis, daß diese Organisationen ihre Unabhängigkeit und auch ihre Fähigkeit verlieren, Regierungen zu kritisieren, besonders in Menschenrechtsfragen.

Wo die Richterschaft ihre Unabhängigkeit verloren hat oder in anderer Form keinen bedeutenden Faktor im Kampf um die Menschenrechte darstellt, sehen Menschenrechtsorganisationen, die oft auf die Gerichte zur Abhilfe angewiesen sind, keinen Grund sich [weiter] zu organisieren, da es keine Wege zur Veränderung gibt oder diese nicht existieren können. ...

Die organisierte Opposition total niederzuwalzen oder zu zerstören bedeutet ..., daß Menschenrechtsorganisationen als Mittel zur Veränderung als völlig unrealistisch und unattraktiv erscheinen. Dies läßt nur eine Lösung zu – politische Aktion; und diese saugt alle Veränderungsbemühungen auf, einschließlich der Anstrengungen von Menschen, die sonst als Menschenrechtsaktivisten arbeiten würden."

Ein weiterer wichtiger Punkt ist der Aufbau der Gesellschaft, die in eine kleine, in der Hauptstadt lebende, gebildete Mittelschicht und die Masse der Bevölkerung auf dem Land auseinanderfällt:

„... Die afrikanische Menschenrechtskrise zeigt sich oder wird unterschiedlich von verschiedenen Bevölkerungsschichten verstanden. Während vieler Jahre wurden die Probleme der Arbeiter und Bauern, oder der Mehrheit, von den Städten definiert. Ihre eigene Perspektive vom Land aus blieb unberücksichtigt oder man respektierte sie nicht. Indessen ist sie die einzige sinnvolle Menschenrechtsperspektive, die eine Chance auf organisatorischen Erfolg hat (indem man den Ansatz von Paulo Freire nimmt) ...

Bei der Untersuchung der anderen Bevölkerungsschichten –, der Rechtsanwälte, Akademiker, Verwaltungsbeamten, Geschäftsleute – stellt man fest, daß sie bereits Menschenrechtsorganisationen gegründet haben. Diese Organisationen sind nicht so zahlreich, weil die Mittelschicht klein ist. Darüber hinaus pflegen Menschenrechtskrisen diese Sektoren zu zersplittern und aufzulösen. Und diejenigen, die in Menschenrechtsfragen aktiv wären, werden von rein politischen oder überwiegend politischen Organisationen aufgesogen." (Kiwanuka 1986, 11, 12; Übers. durch den Vf.)

Rechtsanwaltsverbände und der All-Afrikanische Kirchenrat haben sich jedoch seit Jahren für Menschenrechtsfragen interessiert. Erste nationale Menschenrechtsorganisationen sind in Burkina Faso, Südafrika, Uganda, Zaire und Zimbabwe entstanden.

In den meisten nichtkommunistischen Ländern *Asiens* existieren Menschenrechtsorganisationen. Indien hat eine lange Tradition der Arbeit von Bürgerrechtsorganisationen. In Indonesien rief man bis 1985 mindestens 80 Rechtshilfeinstitute mit Hilfe der nationalen Rechtsanwaltsvereinigung ins Leben, in Thailand 1973 die Union für bürgerliche Rechte (Union for Civil Liberty/UCL). In Südostasien kam es 1982 zur Gründung des Regionalen Menschenrechtsrates für Asien in Manila sowie weiterer regionaler und subregionaler Menschenrechtsorganisationen.

Aus den kommunistischen Ländern Nordkorea, Vietnam, Kambodscha, Laos, Mongolische Volksrepublik und Volksrepublik China ist kaum etwas über eine unabhängige Menschenrechtsarbeit bekannt. Jedoch waren der Schutz der Menschenrechte und Demokratie immer wieder Forderungen von oppositionellen Kräften in der Volksrepublik China, so in der Demokratischen Bewegung 1978/79 und während der Studentendemonstrationen 1986/87 und 1989.

Weder für das nichtkommunistische noch kommunistische Asien existiert eine eigene Menschenrechtserklärung, so daß die Erklärungen und Konventionen der Vereinten Nationen weiterhin die Grundlage der Arbeit bilden.

In *Lateinamerika* existieren seit langer Zeit sowohl eigene Menschenrechtsnormen wie zwischenstaatliche Institutionen, die Amerikanische Menschenrechtskonvention von 1969, die 1959 gegründete Interamerikanische Menschenrechtskommission und der 1979 errichtete Interamerikanische Gerichtshof. In fast jedem Land sind seit den siebziger Jahren Menschenrechtskommissionen ins Leben gerufen worden, in manchen Ländern existieren auch drei oder mehr nationale Organisationen. Meist gründete die Katholische Kirche eine Rechtshilfekommission, die zweite ist eine nationale Menschenrechtskommission und die dritte eine Organisation der Familienangehörigen von politischen Gefangenen und „Verschwundenen". Auch Dachverbände für die ganze Region existieren, besonders für „Verschwundene".

Wolfgang Dietrich beschreibt 1988 die zwei ersten der vier eingangs beschriebenen Typen von Menschenrechtsorganisationen für Zentralamerika:

Die nationalen Menschenrechtskomitees: „Die Aktivisten in diesen Gruppen entstammen fast durchwegs dem gebildeten Mittelstand ihrer Länder und sind vor Beginn ihrer Arbeit nur selten unmittelbar persönlich von Menschenrechtsverletzungen betroffen. Sie handeln also aus Überzeugung und weltanschaulichen Gründen. Lehrer, Journalisten, Ärzte, Rechtsanwälte und Studenten bilden regelmäßig den Kern dieser Gruppen ..."

Zum zweiten Typ, den Selbsthilfegruppen, heißt es: „Dabei handelt es sich um Gruppen, die aus dem Zusammenschluß von Angehörigen der Opfer von Menschenrechtsverletzungen entstanden. Auch an ihrer Spitze stehen zumeist Vertreter der gebildeten Mittelschicht des Landes, die Masse der Mitglieder besteht aber aus eher einfachen Leuten, Bauern und Arbeitern, wobei die überwiegende Zahl der Aktivisten Frauen sind – als Angehörige der überwiegend männlichen Mordopfer und politischen Gefangenen." (Dietrich 1988, 133 f., 135)

1987 haben sich Gruppen aus Guyana, Jamaica und Puerto Rico in „Caribbean Rights", einem Netzwerk für Menschenrechtsorganisationen in der Karibik, zusammengeschlossen.

Im *Nahen Osten* ist Menschenrechtsarbeit aufgrund erheblicher staatlicher Barrieren bei der Gründung und Registrierung privater Organisationen besonders schwierig. Vor allem die Rechtsanwaltsvereinigungen einiger Länder und die Arabische Rechtsanwaltsvereinigung (Arab Lawyers Union) sind aktiv. Ein qualitativer Durchbruch war die Gründung der Arabischen Menschenrechtskommission mit Sitz in Kairo, deren Arbeit allgemein anerkannt ist. Nationale Menschenrechtskomitees existieren in Ägypten, Algerien, Israel, Marokko, Sudan und Tunesien. Das Fehlen einer arabischen oder islamischen Menschenrechtserklärung erschwert vorläufig die Arbeit, auch wenn internationale Menschenrechtsnormen von den Regierungen zumeist offiziell anerkannt werden.

Lokale Organisationen zur Verteidigung der Menschenrechte stehen vor einer großen Zahl politischer, organisatorischer und finanzieller Herausforderungen, von denen hier nur einige wichtige kurz angesprochen werden können.

2. Politische Herausforderungen

Jede Menschenrechtsorganisation muß früh entscheiden, ob sie in enger Zusammenarbeit mit bestimmten politischen Parteien oder Bewegungen arbeiten will oder sich dem Prinzip parteipolitischer Unabhängigkeit verschreibt. Zwar ist Menschenrechtsarbeit in ihren Auswirkungen immer politisch, jedoch ist es von ausschlaggebender Bedeutung, ob sie sichtbar unter einer sozialdemokratischen, christdemokratischen, sozialistischen, kommunistischen oder anderen Fahne stattfindet. Da sie im Unterschied zu allgemeiner Solidaritätsarbeit eng mit der Vorstellung von Unparteilichkeit und Unabhängigkeit verbunden ist – z. B. richtigen, vollständigen und überprüften Informationen –, hat jede Entscheidung in dieser Frage Auswirkungen auf die Unterstützung, die eine solche Organisation im Land und aus dem Ausland erhalten kann.

Daß Regierungen und andere Akteure oft mit nachweislich falschen Vorwürfen solche Organisationen in die Ecke von Terroristen, politisch extremen Positionen bis hin zu vom Ausland gesteuerten fünften Kolonnen zu drängen versuchen, liegt auf der Hand.

Allgemein lassen sich keine Empfehlungen für die richtige Position formulieren, da von Land zu Land eine unterschiedliche Ausgangssituation vorliegt. Die große Bedeutung einer solchen Entscheidung kann aber nicht übersehen werden.

Ein zweites wichtiges Thema sind die Methoden, die angewendet werden. Berichten Menschenrechtsorganisationen ausschließlich über Menschenrechtsverletzungen des Staates und paramilitärischer Gruppen, die mit Militär und Polizei zusammenarbeiten, oder auch über Gewaltakte privater Personen mit politischen Motiven bis hin zu Aktionen der Guerilla, die Bombenanschläge, Attentate, in einzelnen Fällen auch Folter, Erschießung von Gefangenen und Verstümmelungen einschließen können (z. B. die Guerillagruppe „Leuchtender Pfad" in Peru). Menschenrechtsverletzungen werden völkerrechtlich immer als Übergriffe des Staates gegenüber dem Einzelnen verstanden. Die Praxis lokaler Organisationen ist hier manchmal uneinheitlich, wenn auch der Schwerpunkt der Berichterstattung immer auf den Handlungen der staatlichen Organe liegt. Diese sind durch Völkerrecht, Verfassung und Gesetze zur Einhaltung der Menschenrechte verpflichtet. Ob und wie über Gewalttaten der den Staat bekämpfenden Gruppen berichtet wird, hat erheblichen Einfluß auf die Glaubwürdigkeit von Menschenrechtsorganisationen.

Die Bestimmung der genauen Arbeitsziele ist von Bedeutung. Setzt sich die Organisation grundsätzlich für alle Menschenrechte ein oder begrenzt sie ihr Arbeitsfeld auf bestimmte Themen, wie z. B. politische Inhaftierung, Rassendiskriminierung oder Sklaverei? Die meisten Menschenrechtsorganisationen konzentrieren sich allgemein auf das Feld der bürgerlichen und politischen Rechte, vor allem politische Inhaftierung, Folter, Todesstrafe und außergerichtliche Hinrichtungen. Hierfür existieren meistens recht klare Methoden für Informationsbeschaffung, Anzeige, gerichtliche Untersuchung und Öffentlichkeitsarbeit. Aber auch wirtschaftliche und soziale Menschenrechte werden zunehmend als wichtige Ziele erkannt, für die jedoch noch Methoden und Aktivitäten genauer entwickelt werden müssen (wie kann und muß z. B. das Recht auf Arbeit in Gesellschaften mit Marktwirtschaft, staatlich geplanter Wirtschaft oder einem gemischten Wirtschaftssystem verwirklicht werden).

Menschenrechtsorganisationen machen wie andere Organisationen auch Entwicklungszyklen durch. Ein wichtiger Einschnitt war für sie in Lateinamerika der Übergang von der Militärdiktatur zur Demokratie Mitte der achtziger Jahre. Dies erforderte eine Neubestimmung der Aufgaben. In Uruguay konzentrierten sie sich jetzt, wie Hugo Fruhling 1987 berichtete, auf Programme zur Förderung der Menschenrechte und Menschenrechtserziehung, medizinische und psychologische Hilfe für Opfer der politischen Unterdrückung, finanzielle Hilfe zur Rückkehr der Exiluruguayer und setzten sich für Untersuchungen von Menschenrechtsverletzungen durch Parlament und Gerichte ein (1986 garantierte ein Gesetz die Amnestie für Polizei- und Militärangehörige, aber in einem Volksbegehren wird versucht, das Gesetz zu Fall zu bringen).

Im benachbarten Brasilien waren nach Fruhling die Veränderungen in den Menschenrechtsorganisationen noch einschneidender. Sie arbeiteten jetzt verstärkt mit der armen Bevölkerung auf dem Land und in den Städten und erweiterten damit ihr Aufgabengebiet auf soziale und wirtschaftliche Fragen. Dabei machten sie die Erfahrung, daß Menschenrechte für die Armen ein eher abstraktes Konzept sind, weil es für sie um die Befriedigung ihrer unmittelbaren Grundbedürfnisse (Wasser, Elektrizität, Wohnung u. a.) geht. Auch stellte es sich als schwieriger heraus, die Öffentlichkeit für die arme Bevölkerung zu mobilisieren als für die politischen Gefangenen unter der Militärdiktatur.

Besonders wichtig war und ist eine mit den Menschenrechten übereinstimmende Politik der Verbrechensbekämpfung, da die Kriminalität ständig zunimmt und in der Bevölkerung der Wunsch nach Schutz vor Kriminellen die Oberhand über alles andere gewinnt.

Andere wichtige Themen, die die Organisationen in Brasilien auf die öffentliche Tagesordnung setzten, waren Frauen, Schwarze, Polizeiübergriffe, die Notwendigkeit einer Reform des Gefängnissystems und die Probleme der Indianer. Die langjährigen regelmäßigen Anklagen aus der Katholischen Kirche und zunehmendes Interesse in der Rechtsanwalts- und Pressevereinigung halfen hierbei.

Mit ihrer Kritik an den staatlichen Stellen gewannen die Menschenrechtsorganisationen zunehmend ein politisches Profil. Es wird immer deutlicher, daß die notwendigen Veränderungen ohne grundlegende Reformen nicht durchsetzbar sind. Privater Einsatz für Menschenrechte, Verantwortung des Staates auch für die Verwirklichung sozialer und wirtschaftlicher Rechte und Eigeninteressen mächtiger Elitegruppen stoßen hier zusammen. Menschenrechtsarbeit wird zu einem Faktor nationaler Politik.

3. Organisation

Der Aufbau von Menschenrechtsorganisationen vollzieht sich in der Regel in Gesellschaften mit erheblichen wirtschaftlichen, sozialen und politischen Problemen, manchmal bis hin zu bürgerkriegsähnlichen Zuständen. Viele Regierungen versuchen darüber hinaus, deren Entstehung durch Nichtanerkennung und Drohungen zu verhindern. In den meisten Ländern bedarf es der rechtlichen Anerkennung einer Organisation, damit diese in der Öffentlichkeit auftreten, Spenden empfangen und ein Büro mieten kann. Solche Genehmigungen werden dann entweder über Jahre hinweg nicht oder nur unter politischen Bedingungen gegeben, so daß die Organisation zu jedem Zeitpunkt ausgeschaltet werden kann.

Jede Organisation kann autoritär oder durch demokratisch gewählte Funktionäre geführt werden. Aufgrund der politischen Brisanz von Menschenrechtsarbeit treffen in den Organisationen oft sehr unterschiedliche und kontroverse Auffassungen aufeinander, die nur über eine echte demokratische Willensbildung zu lösen sind, weil sich die Mitglieder sonst zurückziehen. Gleichzeitig sind demokratische Strukturen bei der Gefahr von Spitzeln und Unterwanderung durch Geheimdienste schwer durchzuhalten, manchmal wahrscheinlich unmöglich. Eine Organisation, in der ein solches Mißtrauen zwischen Mitgliedern ausgebrochen ist, besteht nicht mehr lange.

4. Finanzierung

Eine weitere zentrale Frage ist die Finanzierung. Wie kann sich eine Menschenrechtsorganisation in einem Land mit größtenteils armer Bevölkerung finanzieren? Geld vom Staat zu nehmen, sollte dieser Unterstützung anbieten, verbietet sich in der Regel, da dies deren Unabhängigkeit in Frage stellt. In Oberschichtkreisen ist Menschenrechtsarbeit oft nicht sehr attraktiv, sondern wird als „subversiv" angesehen. Oft hängt man daher von Spenden aus Teilen der Mittelschichten und der breiten Bevölkerung ab. Angesichts der Inflation und sozialer Probleme bedeutet dies ständige Geldknappheit. Letztlich ist es die Frage, wer wirtschaftlich so abgesichert ist – oder bezahlt werden kann –, um eine gute Arbeit über einen längeren Zeitraum leisten zu können.

Finanzielle Unterstützung aus dem Ausland ist umstritten. Einige Regierungen verbieten dies. Aber auch in den Organisationen selber wird eine solche Finanzierung diskutiert, befürchtet man doch Abhängigkeit und damit politische Einflußversuche. Jedoch ist das Überleben so mancher Organisation ohne eine solche Hilfe praktisch unmöglich. Man denke nur an die Kosten von Post, Telex, Dokumentation und Reisen im Land, um mit Zeugen zu sprechen. Menschenrechtsinformationen müssen zudem fast immer äußerst schnell weitergegeben werden (Gefahr von Folter und Erschießung von Gefangenen, drohende Hinrichtung nach Verhängung der Todesstrafe). Tatsächlich unterstützen zahlreiche Stiftungen, religiöse Gemeinschaften und Hilfswerke gerade auch in der Bundesrepublik Menschenrechts- und Rechtshilfeprojekte.

5. Lokale und internationale Menschenrechtsorganisationen

Private internationale Menschenrechtsorganisationen arbeiten eng mit den lokalen Organisationen zusammen. Die Hilfe bei Informationsbeschaffung, Beurteilung von Einzelfällen, aber auch der Gesamtsituation sowie unmittelbare Hilfe vor Ort ist von nicht zu überschätzender Bedeutung. Es sind Mitglieder dieser Organisationen, die in erster Linie in Gefahr sind, von den Streitkräften, der Polizei und rechtsgerichteten paramilitärischen Gruppen, die fast immer mit Regierungskräften zusammenarbeiten, bedroht, festgenommen, gefoltert und getötet zu werden. In den letzten Jahren wurden führende Menschenrechtsaktivisten in El Salvador, Guatemala und Kolumbien ermordet, in Uganda, Algerien und in anderen Ländern inhaftiert. Internationale Menschenrechtsorganisationen bemühen sich öffentlich und auf diplomatischen Weg um einen besseren Schutz vor Ort.

6. Ausblick

Zunahme und Ausbau von Menschenrechtsorganisationen sind trotz aller staatlicher und gesellschaftlicher Hindernisse eindrucksvoll. Immer mehr Menschen engagieren sich für die Einhaltung der Menschenrechte, auch wenn dies für sie Nachteile im Beruf und manchmal Gefahr für Leib und Leben bedeutet. Die Entwicklung in Afrika, Asien, dem Nahen Osten und Lateinamerika ist noch unstetig, manchmal eher tastend.

In Lateinamerika und in einer großen Zahl asiatischer Staaten existieren Menschenrechtsorganisationen bereits seit längerer Zeit, während sie anderswo erst noch ihren Weg suchen müssen.

Die besondere politische Bedeutung lokaler Menschenrechtsorganisationen besteht darin, daß die Bevölkerung selbst die Einhaltung der Menschenrechte dem Staat gegenüber einfordert. Damit sind oft gehörte Beschwichtigungsversuche repressiver Staaten, es gäbe gar keine Menschenrechtsverletzungen, hinfällig. Auch das von manchen Regierungen bemühte Kulturargument, unwissende Idealisten aus dem Westen würden Rechte fordern, die für die eigene Gesellschaft keine Grundlage hätten und bestenfalls bedeutungslos seien, verliert an Glaubwürdigkeit.

Da die Einhaltung der Menschenrechte zunehmend auch zu einem Test für die Legitimität von Regierungen wird, ist ein verstärkter Meinungs- und Informationskampf zu erwarten. Es wird immer darum gehen, wie die Situation in einem Land letztlich definiert wird, ob die Regierung für Menschenrechtsverletzungen verantwortlich gemacht werden kann. Lokale Menschenrechtsorganisationen müssen im Brennpunkt dieses Kampfes arbeiten und sehen sich vielfältigen Interessen gegenüber: Regierung, Parteien, Opposition, Medien, Botschaften, internationale Organisationen und andere konkurrieren um Einfluß. Von ihrer weiteren Entwicklung, politischen Unabhängigkeit und Qualität der Arbeit wird es in erheblichem Maße abhängen, ob bürgerliche, politische, wirtschaftliche, soziale und kulturelle Menschenrechte für mehr Menschen in Zukunft durchgesetzt werden können.

Wolfgang S. Heinz (Freie Universität Berlin)

Literaturhinweise

Dietrich, Wolfgang, Dignidad. Menschenrechte und Menschenrechtsschutz in Zentralamerika. Saarbrücken/Fort Lauderdale 1988.
Fruhling, Hugo, Non-Governemental Human Rights Organizations and

Redemocratization in Brazil. New Haven: Yale University/Program on Non-Profit-Organizations, 1987.

Heinz, Wolfgang S., Menschenrechte in der Dritten Welt. München 1986.

Kwanuka, Richard, On the Paucity of Human Rights NGOs in Africa. In: Human Rights Internet Reporter, Nr. 4 (1986), 10–12.

Scoble, Harry M., Wiseberg, Laurie S., Human Rights Directory. Latin America, Africa, Asia. Washington, D. C. 1981.

Dies. (Hrsg.), Access to Justice. The Struggle for Human Rights in Southeast Asia. London 1985.

Soziale Folgen von IWF- und Weltbank-Programmen

1. Fallender Lebensstandard in den Schuldnerländern

Die Verschlechterung der weltwirtschaftlichen Rahmenbedingungen ab Ende der 70er Jahre, speziell der zweite Ölpreisschock, der Anstieg des internationalen Zinsniveaus in der Folge der von den wichtigsten Industrieländern betriebenen Antiinflationspolitik, der Rückgang der Exporterlöse der Entwicklungsländer und ihrer terms of trade im Zusammenhang fallender Nachfrage der Industrieländer, die mit diesen Entwicklungen einherlaufende Verschlechterung der Kreditwürdigkeit vieler Schuldnerländer in der Dritten Welt Anfang der 80er Jahre und die nachfolgende Kreditzurückhaltung der Banken nötigten viele Entwicklungsländer zu weitreichenden wirtschaftlichen Anpassungsprogrammen im Rahmen diverser IWF- und Weltbankfazilitäten, wobei Anpassung die Verringerung der volkswirtschaftlichen Ausgaben auf ein langfristig finanzierbares Niveau zur Vermeidung künftiger Zahlungsbilanzkrisen bedeutet.

Diese Anpassung ist zwangsläufig nicht frei von zumindest vorübergehenden wirtschaftlichen und sozialen Kosten in Gestalt schrumpfender wirtschaftlicher Aktivität, also Arbeitslosigkeit, sinkender öffentlicher Ausgaben (auch für Soziales), einer gewissen Einkommens-Umverteilung – insbesondere wenn die Ressourcenallokation zugunsten der Ausfuhr und der Landwirtschaft verändert werden soll – und nicht zuletzt in Gestalt zunehmender innenpolitischer Konflikte.

Nun beobachten wir freilich in der Dritten Welt, und vornehmlich in den hauptverschuldeten Ländern Afrikas und Lateinamerikas, eine massive Verschlechterung der sozialen Bedingungen seit Ausbruch der Verschuldungskrise, steigende Arbeitslosigkeit, eine zunehmende Zahl absolut Armer, den Verfall der sozialen und materiellen Infrastruktur und die Zunahme der Kriminalität und interner Unruhen. So ist das Pro-

Kopf-Einkommen der hochverschuldeten Länder seit 1980 um ⅐ und das der afrikanischen Staaten südlich der Sahara um ¼ gefallen. Die Investitionsquote, die Auskunft gibt über die künftigen Wachstumschancen, ist bei den afrikanischen Staaten auf den Stand Mitte der 60er Jahre gesunken und reicht in Einzelfällen nicht mehr aus, um die Erhaltung des volkswirtschaftlichen Kapitalstocks zu sichern. Die Reallöhne sind in den hauptverschuldeten Staaten heute niedriger als 1982 (in Mexiko 38% geringer), und angesichts geringen gesamtwirtschaftlichen Wachstums hat sich die Arbeitslosigkeit beträchtlich erhöht. Die öffentlichen Ausgaben sind stark zurückgegangen (bei den hochverschuldeten Staaten um 18%), übertroffen noch von Kürzungen öffentlicher Investitionen (−35%), mit der Konsequenz beeinträchtigter künftiger Wachstumschancen und einer Verschlechterung der sozialen Indikatoren. So haben die meisten Entwicklungsländer ihre Ausgaben für Gesundheit und Erziehung und die Qualität der öffentlichen Leistungen in diesen Bereichen verringert. Die Pro-Kopf-Ausgaben für den Bildungsbereich sind in Lateinamerika heute geringer als zu Beginn der Dekade, Aufwendungen für die Ausrüstung der Bildungseinrichtungen sind bis auf geringe Restbeträge geschwunden. Ähnliches gilt für das Gesundheitswesen, weshalb sich auch die Abnahme der Kindersterblichkeit in Drittweltländern verlangsamt hat und die Sterblichkeit allgemein wieder leicht zunimmt. Auch die Ernährungslage hat sich vielerorts, nicht zuletzt auch durch die Erhöhung landwirtschaftlicher Produzentenpreise, wieder verschlechtert.

2. Zur IWF- und Weltbank-Kritik

Es gibt in der sozialkritischen Drittweltliteratur eine verbreitete Tendenz, für diese unerfreulichen Entwicklungen die vom IWF bzw. der Weltbank verordneten Anpassungsprogramme verantwortlich zu machen, zielten sie doch allesamt auf massive Budgetkürzungen sowie andere Maßnahmen zur Nachfragedrosselung und auf Ausrichtung der weniger entwickelten Volkswirtschaften auf den Export, mit der Folge von Reallohnverlusten, der Erhöhung der Arbeitslosigkeit und der Zerstörung des einheimischen Produktionspotentials. Diese Programme werden auch für das ansteigende interne Konflikt- (Hungerrevolten) und Repressionsniveau verantwortlich gemacht. Hauptopfer der von den Internationalen Finanzinstitutionen verordneten Anpassungspolitik seien die Armen und die Arbeiter, also just jene Gruppen, die vom vorherigen schuldenfinanzierten Wachstum am wenigsten profitiert hätten. So wird zum Beispiel behauptet, die Armen in den Entwicklungsländern seien die Hauptopfer des regelmäßig vom IWF verordneten Subventionsabbaus bei Nahrungsmitteln, Wasser, Elektrizität und den öffentlichen Verkehrsmitteln. Grundnahrungsmittel verteuerten sich derart, daß sie für die Armen nicht mehr erschwinglich seien. Auch seien diese von Sparmaßnahmen im Erziehungs- und Gesundheitswesen und der Einführung von Benutzergebühren sowie von Personal- und Lohnkürzungen im öffentlichen Dienst am meisten betroffen, da immer an der Basis eingespart werde und soziale Dienstleistungen am ersten dem Rotstift zum Opfer fielen. Schließlich würden sie auch am stärksten unter dem durch Währungsabwertung und Verteuerung der öffentlichen Preise hervorgerufenen Teuerungsschub, der allgemeinen Einschränkung der Beschäftigungsmöglichkeiten und der Ausrichtung der Volkswirtschaft auf den Export (etwa durch Vertreibung der Kleinbauern zugunsten der Ausdehnung von exportorientierten Rinderfarmen) leiden.

Gegenüber dieser, notwendigerweise etwas gerafft wiedergegebenen Kritik sind folgende Einwendungen zu machen:
1. Überschreiten die volkswirtschaftlichen Ausgaben dauerhaft die verfügbaren Mittel (einschließlich der Kapitalzuflüsse) ist wirtschaftliche Anpassung, also Einschränkung, ebenso unvermeidbar wie die dabei zumindest kurzfristig auftretenden Anpassungskosten in Form von Beschäftigungsverlusten und Konsumverzicht. Diese Anpassungskosten sind desto höher, je langsamer die Wirtschaft auf ein neues Anreizsystem (Wechselkurse, landwirtschaftliche Produzentenpreise etc.) reagiert, je starrer Löhne und Preise sind, je weniger die inländische

Produktion exportierbar ist und je weiter sich die inländischen Preise vor der Anpassung vom Weltmarktniveau entfernt hatten. Konsequenterweise liegen die Anpassungskosten in binnenmarktorientierten Volkswirtschaften mit hohen Preisverzerrungen am höchsten.

2. Die übliche, den Staatssektor und die binnenmarktorientierte Industrie beschneidende Anpassungspolitik führt natürlich hauptsächlich in jenen teilindustrialisierten Staaten (vornehmlich in Lateinamerika) zu hohen sozialen Anpassungskosten und starker Einkommens-Umverteilung, wo diese Sektoren eine gewisse Größe erreicht haben, nicht jedoch bei den stärker subsistenzwirtschaftlich orientierten afrikanischen Staaten. Die Umstellungskosten variieren also stark mit der Wirtschaftsstruktur und nicht nur mit der Härte der IWF-Auflagen.

3. Es ist ausgesprochen unfair, wird aber dennoch häufig praktiziert, die Verschlechterung der wirtschaftlichen und sozialen Lage in einem Lande, das einen nicht mehr zu finanzierenden Wirtschaftskurs verfolgt hat und sich deshalb um Anpassungskredite der Weltbank oder des IWF bemüht hat, den letztgenannten Organisationen zur Last zu legen, ohne zu bedenken, wie sich die Lage ohne deren Programme verändert hätte. Meist waren die Länder, die sich um Anpassungskredite bemühten, mit ihren finanziellen Reserven am Ende und die Alternative zu IWF-Programmen hätte nur in einem ungeordneten, inflationären Schrumpfprozeß bestanden, der die Armen sicher nicht weniger geschädigt hätte.

4. Die Kritik übersieht auch vielfach den Zeitfaktor bei der Würdigung der Anpassungsfolgen: Kurzfristigen sozialen Härten in Gestalt von Betriebsschließungen, Entlassungen und Erhöhungen der Nahrungsmittelpreise stehen aber möglicherweise positive mittelfristige Effekte in Gestalt eines vergrößerten Arbeitsplatzangebots im Exportsektor, einer größeren (und damit preissenkenden) Nahrungsmittelproduktion usw. entgegen. Je nach der Wahl des Zeithorizonts ergeben sich daher unterschiedliche Bewertungen.

5. Es stellt sich die Frage, ob die ärmeren Schichten von jenem

Wirtschaftskurs, den IWF und Weltbank zu korrigieren bestrebt waren, wirklich so stark profitiert haben, wie indirekt von deren Kritikern oftmals unterstellt wird. Zur Beantwortung dieser Frage sollen im folgenden die wahrscheinlichen Auswirkungen eines stark binnen- und staatswirtschaftlich orientierten Wirtschaftskurses mit hohem Haushaltsdefizit, hoher Geldentwertung und staatlich kontrollierten Preisen den Auswirkungen der von Weltbank und IWF verordneten Korrekturen in diesen Bereichen gegenübergestellt werden.

Dazu zunächst einige weitere Vorbemerkungen: Die Armen in Entwicklungsländern bestehen hauptsächlich aus ländlichen Bewohnern, also Kleinbauern und Landarbeitern, erst in zweiter Linie aus Städtern, also Arbeitslosen und Beschäftigten des sogenannten informellen Sektors, nicht aber aus den im Import-/Exportgeschäft Tätigen, den Regierungsangestellten und den verhältnismäßig gut bezahlten Arbeitern der geschützten Industriezweige. Eine Binsenweisheit ist weiterhin, daß ohne Wirtschaftswachstum, die Steigerung der Produktion und der Einkommen, ein Land Arbeitslosigkeit, Armut und andere soziale Probleme nicht nachhaltig bekämpfen kann. Bei gleichen Auswirkungen auf die Einkommensverteilung wäre also eine ein höheres Wachstum erzielende Entwicklungsstrategie vorzuziehen. Es zeigt sich aber, gesichert durch eine ganze Reihe empirischer Untersuchungen, daß die wirtschaftliche Leistung außenorientierter, d. h. den Export und die Landwirtschaft nicht zugunsten der heimischen Industrieproduktion diskriminierenden Volkswirtschaften, in der Dritten Welt besser ist als diejenige der stärker staats- und binnenwirtschaftlich orientierten Länder, die in der Regel auch anfälliger für Verschuldungskrisen und daher eher zur Aufnahme von IWF- bzw. Weltbankkrediten zur Strukturanpassung genötigt sind. Letztere zeichnen sich durch Exportschwäche, geringere Produktivität des eingesetzten Kapitals, schnelleres Wachstum der Landwirtschaft und der inländischen Ersparnisse sowie häufiger auch durch gleichmäßigere Einkommensverteilung aus.

3. Auswirkungen von IWF-/Weltbank-Programmen im einzelnen

Die Strukturanpassungskredite von Weltbank/IWF beinhalten in der Regel Maßnahmen zur Reduzierung des staatlichen Defizits (Steuererhöhungen, Kürzungen bei Subventionen, Erhöhung der Preise öffentlicher Leistungen), Maßnahmen zur Einschränkung der Kreditexpansion v. a. gegenüber dem staatlichen Sektor, preispolitische Maßnahmen (Währungsabwertungen, Erhöhung der Agrarpreise), arbeitspolitische Maßnahmen zur Begrenzung des Lohnanstiegs und die Prüfung/Verbesserung des öffentlichen Investitionsprogramms.

Kritisch wird nun erstens eingewandt, insbesondere die kreditpolitischen Maßnahmen und die Programme insgesamt brächten eine deutliche Einschränkung der Nachfrage und des Wachstums, wobei jene, die sowieso am Ende der Einkommenspyramide stünden, am meisten zu leiden hätten. Dieses Argument ist nicht zu halten. Bei den IWF-Programmen bis Anfang der 80er Jahre ist empirisch kein negativer, sondern ein schwach positiver Einfluß auf das Wirtschaftswachstum festzustellen, bei den späteren Strukturanpassungsprogrammen von IWF und Weltbank, die Nachfragedämpfung mit angebots- also wachstumsverstärkenden Maßnahmen koppeln, ist ein negativer Einfluß auf das Wirtschaftswachstum noch weniger festzustellen. Im Gegenteil zielen die Darlehen der Strukturanpassungsfazilität des IWF meist auf eine Wachstumsrate von 3–4%, und bei den von der Weltbank finanzierten Fällen ist auch im Ergebnis ein deutlich höheres Wachstum derjenigen Länder, die die Programmziele energisch verfolgt haben, gegenüber den Ländern ohne Anpassungsprogramme und -bemühungen festzustellen. Zuletzt ist auch zu sagen, daß die Alternative ausbleibender Anpassung und fortdauernder Inflation die Armen in Entwicklungsländern, die sich gegen die Inflation nicht durch die Flucht in die Sachwerte oder Kapitalexport schützen können, besonders treffen würde.

Ein besonders heikler Punkt der Strukturanpassungsprogramme betrifft die Reduzierung des Haushaltsdefizits, also die geforderten Erhöhungen der Steuern, der Preise öffentlicher Leistungen und die Subventionskürzungen, die immerhin bei der Hälfte der Programme eine größere Rolle spielen und logischerweise auch die Armen in Entwicklungsländern in Mitleidenschaft ziehen. Empirisch zeigt sich jedoch, daß die verschuldeten Länder ihre Sozialausgaben in der Krise viel weniger kürzten (um 5%) als die Betriebsausgaben und die öffentlichen Investitionen (22%). Vergleichsweise wenig gestrichen wurde auch bei den Verteidigungsausgaben (8%). Der Grund der relativen Aussparung der personalintensiven Sozialausgaben dürfte in politischen Widerständen gegen Personal- und Leistungsabbau zu suchen sein. Scheinbar am eindeutigsten werden die Armen in Entwicklungsländern von der Kürzung bei Nahrungsmittelsubventionen betroffen, v. a. im Zusammenhang mit einer Erhöhung der landwirtschaftlichen Produzentenpreise, da sie einen Großteil ihres Einkommens für Nahrungsmittel verausgaben. Nun ist jedoch zu sagen, daß von höheren Nahrungsmittelpreisen auch die arme ländliche Bevölkerung profitiert, sofern sie mehr als den Eigenbedarf produziert. Niedrige subventionierte Preise führten in aller Regel überdies zu schwach wachsender Nahrungsmittelproduktion und damit zu deren Rationierung, so daß die Armen oftmals genötigt waren, auf den Schwarzmärkten zu ungleich höheren Preisen zu kaufen. Überdies zeigt die Untersuchung der Subventionsprogramme, daß sie eine äußerst geringe Zielgenauigkeit in bezug auf die wirklich Armen aufweisen, daß davon vielmehr hauptsächlich die wohlhabenderen Städter und die Regierungsangestellten profitieren, deren Löhne so künstlich niedrig gehalten werden können. Natürlich leiden die städtischen Armen auch unter dem Wegfall der Nahrungsmittelsubventionen, ihr Ziel könnte aber durch eine präzisere Abgrenzung der tatsächlich Bedürftigen besser und billiger erreicht werden, wie es die Erfahrung etlicher Länder zeigt, die dies versucht haben.

Auch aus der Subventionierung anderer öffentlicher Leistungen ziehen vornehmlich die Wohlhabenderen in Entwicklungsländern Nutzen. Im häufig kostenfreien Gesundheitswesen wird ein Großteil der Ausgaben für teure Heilfürsorge in städtischen Krankenhäusern aufgewendet, wenig dagegen für ländliche Gesundheitsstationen und Vorsorgemaßnahmen, die die Sterblichkeit sehr viel billiger und sozial gerechter reduzieren könnten. Noch ungleicher ist die Verteilung im ebenfalls häufig – unabhängig von der Bedürftigkeit – kostenfreien Erziehungswesen: Die kostenaufwendigsten Bereiche (das Hochschulwesen), aus denen die Reichen den größten Nutzen ziehen, werden mit den höchsten Raten subventioniert. Kostendeckung über Gebühren bei Schutzbestimmungen für die Armen wären hier zweifelsohne eine sinnvollere Alternative. Auch die Subventionierung des Wasser- und Stromverbrauchs sowie des öffentlichen Nahverkehrs begünstigt eher die einkommensstärkeren Schichten und die industriellen Großverbraucher, da die Slumgebiete häufig keinen Anschluß haben und sich etwa ihr Wasser bei teuren Privatverkäufern beschaffen müssen.

In Summe könnte man also die These aufstellen, daß eine Kürzung der Subventionen, wenn sie mit einer besseren Zielorientierung auf die Armen verbunden ist, eher die Einkommensverteilung verbessert. Dies gilt auch von Maßnahmen zur Verbreiterung der Steuerbasis und zur Verringerung der Steuerhinterziehung.

Über 60% der IWF-Programme enthalten Maßnahmen zur Begrenzung der Lohn- und Gehaltsausgaben im formellen Beschäftigungssektor (Industrie und Staatsdienst). Diese Maßnahmen sollen verhindern, daß die abwertungsbedingten Konkurrenzvorteile gleich wieder durch Gehaltsanpassungen verpuffen. Sie bedeuten eine gewisse soziale Härte in Ländern ohne ausreichendes soziales Netz und bringen zweifelsohne eine gewisse Verarmung des Mittelstandes. Zur Verschlechterung der Einkommensverteilung tragen sie aber nur dort bei, wo ein Großteil der Bevölkerung im modernen Sektor beschäftigt ist, während dort, wo der überwiegende Teil in der Landwirtschaft und im informellen Sektor arbeitet, diese Maßnahmen (in Kombination etwa mit einer Erhöhung der Agrarpreise) die Einkommensverteilung verbessern.

Ebenso führen Maßnahmen zur Effektivierung und Rationalisierung der Staatsunternehmen, die oftmals für die Hälfte des Haushaltsdefizits aufkommen und damit den Spielraum für andere Leistungen beschneiden, nicht zu einer besonderen Benachteiligung der Armen, die aus deren Tätigkeit ohnedies nur selten Nutzen ziehen. Auch hier werden eher die besser Verdienenden – durch Entlassung – negativ betroffen.

Währungsabwertungen erhöhen die Einkommen und Gewinne jener, die in den Sektoren der handelbaren Güter beschäftigt sind. Ob sie Ungleichheit und Armut erhöhen, hängt von den wirtschaftlichen Gegebenheiten in einem Lande ab: Liegt die Produktion handelbarer Güter etwa in der Hand von Kleinbauern, die nur einen geringen Teil der importierten Güter konsumieren und dauert die Umstellung von der Inlands- auf die Exportproduktion nicht allzu lange, verbessert die Abwertung die Einkommensverteilung. Abwertungen verteuern in der Regel auch die importierten Güter schon allein deshalb nicht sonderlich, weil der Binnenmarkt vorher durch hohe Zollschranken und Importlizenzen geschützt war, die den Importeuren mühelose und zum Teil beträchtliche Knappheitsrenten verschafft haben. Der Abbau dieses Schutzes kann allerdings beträchtliche Beschäftigungs- und Produktionseinbrüche bringen, wenn die Umschaltung auf die Produktion handelbarer Güter nicht schnell und bruchlos genug erfolgen kann.

4. Fazit

Insgesamt kann man sagen, daß die Einkommensverteilung und die sozialen Auswirkungen eines üblichen Anpassungsprogramms in geringem Maße nicht von diesem selbst, sondern vielmehr von der wirtschaftlichen Struktur des Landes, der Reaktionsgeschwindigkeit der Wirtschaft auf veränderte Marktbedingungen und der Macht gesellschaftlicher Gruppen abhängen, sich gegen negative Anpassungsfolgen zu schützen. Da die IWF-Programme Auszahlungen nur an die Erreichung makroökonomischer Zielgrößen binden und der IWF sich stets geweigert hat, sich in Fragen der internen Verteilung der

Anpassungslasten einzumischen, haben die Behörden eines Entwicklungslandes, das ein Strukturanpassungsprogramm durchführt, einen starken Einfluß darauf, wessen Nachfrage beschnitten wird und wessen nicht. Sozial orientierte Programmkomponenten sind nicht selten am Widerstand mächtiger lokaler Interessengruppen gescheitert. Überhaupt scheint es, daß der Widerstand gegen IWF- und Weltbankprogramme in den Empfängerländern selbst nicht so sehr von der Sorge um die Auswirkungen auf die Armen getragen ist, sondern von der richtigen Einschätzung der relativ Privilegierten dort, daß ihre Interessen durch den Abbau der Staatswirtschaft und der protektionistischen Maßnahmen und der damit einhergehenden Pfründen am meisten verletzt werden. Die Argumentation mit der Last der Armen hat dabei oft nur Alibifunktion.

Damit sollen nicht die Internationalen Finanzorganisationen von jedweder Verantwortung für die sozialen Folgen ihrer Anpassungsprogramme freigesprochen werden. Kritisch ist dabei zunächst anzumerken, daß sich der IWF bis unlängst nicht nur geweigert hat, sich in die interne Verteilung der Anpassungslasten einzumischen, sondern nicht einmal systematische Untersuchungen zur Wirkung seiner Programme auf die Einkommensverteilung und die Armut angestellt hat. Derartige falsch verstandene Enthaltsamkeit hat ihn notwendigerweise in Allianz mit jenen politischen Kräften in den Kreditnehmerländern gebracht, die der Umsetzung eines sozial ausgewogenen Programms ohnedies abhold waren. Auch bei der Planung der Strukturanpassungsprogramme der Weltbank spielten bis 1986 Erwägungen zur Absicherung der Armen oder zur Verbesserung ihrer Lebensbedingungen keine Rolle. Die Bank ging vielmehr davon aus, daß die Verbesserung der Ressourcenallokation und die Wiederankurbelung des Wachstums auch den Armen am meisten nütze. Neuerdings betont der IWF allerdings, daß es nicht nur auf wirtschaftliche Anpassung an sich ankomme, sondern auch auf Form und Inhalt der Anpassung, und die jeweiligen IWF-Missionen sind angewiesen, mit den Behörden des Empfängerlandes, falls diese das wünschen, alternative, sozial verträgliche Stabilisierungsansätze zu diskutieren. Auch enthalten die Rahmenpapiere für Kredite im Rahmen der Strukturanpassungsfazilität, die 1986 eingerichtet wurde, Abschnitte über die mittelfristigen sozialen Auswirkungen von Strukturanpassungsmaßnahmen. Allerdings eilt bei diesen Reformabsichten die Rhetorik im IWF der Realität der Programme immer noch etwas voraus. Innerhalb der Weltbank wurde im Dezember 1986 eine „Task Force Poverty" eingerichtet, die später konzeptionelle Empfehlungen zur Armutslinderung während der Anpassungsperiode vorlegte. Gründe für die Einrichtung waren die Erkenntnis, daß die Anpassungsphase in den meisten Ländern länger ausfiel als erwartet und damit größere soziale Härten brachte, daß Wachstum allein nicht ausreichend ist, um die Armen in dieser Übergangszeit zu schützen, und die in der Öffentlichkeit der Industrieländer geäußerte Kritik an der fehlenden Armutsorientierung der Programme. Die Weltbank unterstützt nunmehr zunehmend Programme zur Verringerung der sozialen Kosten der Anpassung und arbeitet dabei mit anderen, stärker auf die Grundbedürfnisbefriedigung orientierten Entwicklungsorganisationen zusammen.

Inhaltlich läuft die soziale Abfederung der Anpassungsprogramme der Weltbank auf öffentliche Beschäftigungsprogramme (für freigesetzte Arbeitnehmer), die sozial zielgerichtete Verteilung von Lebensmitteln (etwa im Rahmen lokaler „food for work"-Programme), die besser an den Armutsgruppen orientierte Subventionierung öffentlicher Leistungen und die Veränderung in der Struktur der staatlichen Sozialausgaben hinaus. Kritisch ist dabei anzumerken, daß diese Maßnahmen kompensatorischen Charakter haben, das heißt an den Folgen ansetzen, während Strukturanpassungsprogramme ja auch von Anfang an so geplant werden könnten, daß derartige sozial unverträgliche Folgen gar nicht erst auftreten.

Joachim Betz (Deutsches Übersee-Institut, Hamburg)

ABC-Waffen und Raketen in der Dritten Welt

1. Einleitung

Der ost-westliche Entspannungsprozeß läßt die militärischen Fähigkeiten von Streitkräften in Ländern der Dritten Welt stärker in den Mittelpunkt öffentlichen Interesses treten. Wenngleich nach enorm hohen finanziellen Aufwendungen in den 70er und 80er Jahren die konventionellen Arsenale vieler Streitkräfte in Lateinamerika, Afrika und Asien stark gewachsen sind, finden gegenwärtig die zunehmenden Fähigkeiten zur Kriegführung im Bereich der Massenvernichtungswaffen besondere Aufmerksamkeit. Dafür gibt es einen konkreten Anlaß: In den 80er Jahren wurden erstmals massiv chemische Waffen durch einen Staat der Dritten Welt eingesetzt. Noch bedeutsamer war aber, daß trotz eindeutigen Verstoßes gegen die Genfer Konvention von 1925, die den Einsatz chemischer Waffen verbietet, keine Verurteilung des Irak durch die internationale Staatengemeinschaft erfolgte.

Es ist sinnvoll, die verschiedenen Typen von Massenvernichtungswaffen – Nuklearwaffen, biologische Waffen und chemische Waffen – zusammen zu betrachten. Ihnen ist gemeinsam, daß ihre Vernichtungswirkung vor allem gegen Menschen, und zwar unterschiedslos gegen Soldaten und Zivilisten gerichtet ist.

Aus der Sicht der militärischen Führungsmächte sind Massenvernichtungswaffen in der Dritten Welt ein besonderes Problem. Rüstungsbeschränkungen sind deshalb bei ihnen deutlich stärker ausgeprägt als bei konventionellen Waffen. Die konventionelle Aufrüstung der Dritten Welt haben sie halbwegs steuern können, bei Massenvernichtungswaffen droht ihnen die Kontrolle verloren zu gehen. Noch darüber hinausgehend: Massenvernichtungswaffen könnten sogar für die industriellen Kernländer selber bedrohlich werden. Dazu müßten Streitkräfte aus der Dritten Welt nicht nur über die

Vernichtungsmittel, sondern auch über geeignete Trägermittel verfügen.

2. Nuklearwaffen

Vereinbarte Beschränkungen

USA und Sowjetunion einigten sich Ende der 60er Jahre mit dem Nichtweiterverbreitungsvertrag für Nuklearwaffen (NPT) mit einer Reihe von Industrie- und Dritte-Welt-Ländern über die Nichtwünschbarkeit der Erhöhung der Zahl der Nuklearmächte. Dafür, daß sie auf Atomwaffen verzichteten und ihre Nuklearanlagen unter die Aufsicht der Internationalen Atomenergiebehörde (IAEA) stellten, wurde den Staaten der Dritten Welt umfangreiche Zusammenarbeit im Bereich der zivilen Nutzung der Kernenergie angeboten. Außerdem verpflichteten sich die USA und die Sowjetunion in ernsthafte Verhandlungen über den Abbau ihrer Atomwaffen einzutreten.

Für einzelne Regionen bestehen zusätzliche vereinbarte Beschränkungen. So haben eine Reihe von Staaten in Südamerika mit dem Vertrag von Tlatelolco (1967) Atomwaffenfreiheit vereinbart (Argentinien und Brasilien sind aber keine Vollvertragspartner). Dasselbe streben einige pazifische Staaten mit dem Vertrag von Rarotonga von 1985 an. Völkerrechtlich geringeren Status haben einzelne UN-Resolutionen, die z. B. Afrika für atomwaffenfrei erklären.

Die Problematik der technologischen Ähnlichkeit ziviler und militärischer Nutzung der Kernenergie führte in den 70er Jahren zu Verhandlungen der wichtigsten westlichen Lieferantenstaaten im „London Suppliers Club". Es wurden Listen von Waren und technischen Verfahren vereinbart, die an bestimmte Länder nicht geliefert werden sollen.

Technische und industrielle Voraussetzungen

Die Herstellung von Nuklearwaffen ist zunächst ein Problem der Produktion geeigneten Spaltmaterials. Als solches kommen vorrangig bestimmte Isotopen von Uran (Uran 235) und Plutonium (Plutonium 239) in Frage. Die weit explosionsstärkeren Wasserstoffbomben, in denen eine Kernschmelzung erzeugt wird, brauchen als Zünder Uran- oder Plutonium-Kernspaltungsladungen.

Uran 235 kann aus Natururan, das zu 0,7% aus diesem Isotop besteht, gewonnen werden (Urananreicherung), was allerdings technisch sehr aufwendig ist und viel Energie erfordert. Plutonium 239 muß künstlich erzeugt werden. Dies geschieht kontrolliert in Atomreaktoren. Das in den Reaktoren erzeugte Plutonium ist nicht rein genug, um in Bomben Verwendung finden zu können. Das Gemisch aus Uran, Plutonium und anderen Spaltprodukten, das nach einiger Zeit des Betriebes aus den Reaktoren geholt wird, muß mühsam getrennt werden, das Reaktormaterial „wiederaufgearbeitet" werden.

Alle drei genannten Anlagetypen – Uran-Anreicherungsanlage, Reaktor, Wiederaufarbeitungsanlage – sind sowohl für die zivile als auch die militärische Nutzung der Kernenergie geeignet. Einige technische Lösungen sind aber eher zur Vorbereitung des Bombenbaus geeignet als andere (Tabelle 1).

Der Bau einer Bombe bedarf außer des spaltbaren Ausgangsmaterials einiger anderer Geräte und Stoffe, deren Ausfuhr z. B. durch den „London Suppliers Club" kontrolliert wird. Die Zusammenführung des Spaltmaterials zur „kritischen Masse" ist kompliziert und muß genau berechnet und getestet werden.

Einzelne Länder-Programme

Argentinien und *Brasilien* bauten in der 2. Hälfte der 70er Jahre parallel zu ihren zivilen Atomprogrammen auch militärische Projekte auf. Mit der Ablösung der Militärregierungen durch Zivilisten in den 80er Jahren verloren sie ihren Geheimstatus und wurden in die zivilen Programme eingegliedert. Bei entsprechendem politischen Vorgehen könnte innerhalb eines oder einiger weniger Jahre das Material für einzelne Atomwaffen gesammelt werden. Allerdings ist durch die politische brasilianisch-argentinische Annäherung die militärische Situation gegenwärtig so weit entschärft, daß sogar die Zusammenarbeit der beiden Staaten im Nuklearbereich vereinbart wurde.

Die *VR China* verfügt seit 1964 über Nuklearwaffen. Dieses inzwischen weit ausgebaute Potential ist in vielen Tests demonstriert worden.

Als einziger weiterer Staat der Dritten Welt hat *Indien* einen atomaren Sprengsatz gezündet. Zwar wird der Test von 1974 als zivil bezeichnet, er belegt aber die Fähigkeit zum Bau von Atomwaffen. Indien verfügt über eine Reihe von Atomanlagen, die zum Teil nicht der Überwachung durch die IAEA unterliegen. Im Land wird in den Medien, aber auch von Militärexperten und einigen Politikern der Aufbau einer Atomstreitmacht häufig befürwortet. Offiziell wird jedoch nur ein Forschungsprogramm zugegeben, um gegenüber Pakistan nicht in technologischen Rückstand zu fallen. Nach übereinstimmender Meinung internationaler Experten verfügt Indien über Sprengmaterial für einige Dutzend Bomben. Es ist allerdings unklar, ob tatsächlich einsetzbare Bomben hergestellt worden sind.

Israel verfügt nach Meinung vieler Experten, einschließlich des US-amerikanischen Geheimdienstes CIA, seit den späten 60er Jahren über Atomwaffen. Während des Krieges von 1973 wurde angeblich mit ihrem Einsatz gedroht. Die Zahl der im Atomkomplex von Dimona erzeugten Atomwaffen wird auf bis zu 100 geschätzt. In den 80er Jahren sollen in Israel auch Wasserstoff- und Neutronenbomben entwickelt worden sein. Trotz der relativ gesicherten Datenlage gibt die Regierung nicht offiziell zu, über Nuklearwaffen zu verfügen. Die strategische Schutzmacht USA hat den israelischen Besitz von Atomwaffen öffentlich bisher nicht kritisiert.

Im Frühjahr 1986 deutete der damalige Staatspräsident Zia Ul-Haq in einem Interview an, daß *Pakistan* nunmehr über die

Möglichkeit zur Herstellung von Atombomben verfüge, und bestätigte damit die Ansicht ausländischer Experten. Schon seit Anfang der 70er Jahre gibt es ein militärisches Atomprogramm in Pakistan. Insbesondere in den USA bewirkte dies immer wieder große Aufregung. Die US-Regierung, die Pakistan massiv finanziell und militärisch unterstützt, besteht darauf, daß es in Pakistan keine fertigen Atombomben gibt, ohne zu bestreiten, daß ein umfangreiches militärisches Programm besteht.

Das Atomprogramm *Südafrikas* ist besonders schwierig zu bewerten, da die Geheimhaltung bisher sehr gut funktioniert hat. Inzwischen geht die Mehrzahl der Beobachter davon aus, daß in Südafrika das Material für einige bis mehrere Dutzend Atomwaffen vorhanden ist. Geteilt ist die Meinung darüber, wann diese Fähigkeit erlangt wurde, insbesondere, ob sie schon im September 1979 zur Verfügung stand. Damals wurde von einem US-amerikanischen Beobachtungssatelliten über dem Indischen Ozean der für Atomexplosionen typische doppelte Lichtblitz aufgezeichnet. Da die bekannten Atommächte nachweislich keinen Test ausgeführt hatten, kam als Ursache – neben einem Fehler des Satellitensystems – ein Test eines „neuen" Atomstaates in Frage. Der Verdacht, daß eine südafrikanische Bombe (oder eine südafrikanisch-israelische Bombe) getestet wurde, hat sich bis heute gehalten, ohne erhärtet worden zu sein.

Südkorea und *Taiwan* sind zwei weitere Staaten mit umfangreichen zivilen Nuklearprogrammen. Auch in diesen beiden Ländern wird Wissen über den Bau von Atombomben angesammelt. Allerdings ist mit der Unterzeichnung des NPT die erklärte Absicht, keine Atombomben zu bauen, glaubhafter geworden. Auch sind in beiden Ländern eigene Nuklearanlagen, die in den 70er Jahren errichtet worden waren, in jüngerer Zeit wieder abgebaut worden. Die Verfügbarkeit über große Mengen spaltbaren Materials und großes Knowhow in der Atomphysik eröffnen aber bei entsprechenden politischen Beschlüssen die Möglichkeit, innerhalb relativ kurzer Zeit Atombomben zu bauen.

Tabelle 1
Ausgewählte Informationen zu Atomprogrammen

Land	Reaktoren	Urananreicherung	Wiederaufarbeitung	NPT unterzeichnet?	IAEA Kontrolle?
Argentinien	6 Forschung (1958) 2 Schwerwasser (1974) 1 Schwerwasser in Bau	Pilotanlage (1983)	Pilotanlage (1976)	nein	nein
Brasilien	3 Forschung (1957) 1 Leichtwasser (1982) 4 Leichtwasser in Bau	Versuchsanlagen (1980)	Versuchsanlage (1981)	nein	teilweise
Indien	7 Forschung (1956) 2 Leichtwasser (1969) 4 Schwerwasser (1972) 4 Schwerwasser in Bau	Anlage (1971)	Anlage (1971)	nein	teilweise
Iran	2 Leichtwasser in Bau			ja	ja
Israel	3 Forschung (1960)		Pilotanlage (1960)	nein	teilweise
Kuba	2 Leichtwasser in Bau			ja	ja
Mexiko	2 Leichtwasser in Bau			ja	ja
Pakistan	1 Forschung (1965) 1 Schwerwasser (1971)	Anlage (1984)	Pilotanlagen (1981)	nein	teilweise
Südafrika	1 Forschung (1964) 2 Leichtwasser (1984)	Pilotanlagen (1975)	Pilotanlagen (1981)	nein	teilweise
Südkorea	7 Leichtwasser (1972) 2 Leichtwasser in Bau			ja	ja
Taiwan	6 Leichtwasser (1974) 2 Leichtwasser (1984)			ja	ja

Quelle: M. Brzoska/P. Lock, Rüstungsproduktion und Nuklearindustrie in der Dritten Welt, Militärpolitik Dokumentation Heft 59–61, Frankfurt 1987.

3. Biologische Waffen

Vereinbarte Beschränkungen

Der Einsatz biologischer Waffen ist seit der Aushandlung des Genfer Protokolls von 1925 verboten. Wichtiger noch ist die Konvention über biologische Waffen (BWC) von 1972, in der sich die Vertragsstaaten darüber hinaus dazu verpflichten, keine biologischen Waffen herzustellen, zu erwerben oder zu lagern. Ausnahmen sind lediglich für Forschungszwecke möglich.

Technische und industrielle Voraussetzungen

Die Voraussetzungen zur Herstellung kleinerer Mengen biologischer Waffen sind denkbar gering. Bestimmte Krankheitserreger wie Milzbrand, Pest oder Cholera sind leicht vermehrbar; sie vermehren sich zudem im Zielgebiet von selber weiter. Auch giftige Stoffwechselprodukte wie bestimmte Bakterien- oder Pilzgifte sind zumindest in kleineren Mengen unaufwendig produzierbar. Schwieriger ist lediglich die Produktion von biologischen Waffen mit Hilfe der Gentechnologie, ein Gebiet, auf dem in den nächsten Jahren den Industrieländern einige gefährliche Neuerungen möglich sein dürften.

Einzelne Programme

Auf Grund der technischen Problemlosigkeit der Herstellung biologischer Waffen einerseits und der starken internationalen Ächtung dieser Waffenart andererseits ist es besonders schwierig, gesicherte Informationen über biologische Waffen zu erhalten. Möglicherweise sind sie auch nicht sonderlich interessant, da sich biologische Waffen in sehr kurzer Zeit herstellen lassen. Der US-amerikanische Geheimdienst CIA geht davon aus, daß gegenwärtig in mindestens 10 Ländern daran gearbeitet wird, biologische Waffen herzustellen.

Es soll hier nur eine Liste solcher Staaten der Dritten Welt aufgeführt werden, die häufig mit dem Besitz biologischer

Waffen in Verbindung gebracht werden, ohne daß weiter über den Wahrheitsgehalt der Behauptungen spekuliert werden soll: Ägypten, Kuba, Irak, Iran, Israel, Nordkorea, Südafrika, Südkorea, Syrien, Vietnam. Die meisten dieser Staaten sind auch der Verwendung von biologischen Waffen beschuldigt worden, ohne daß Beweise vorhanden sind.

4. Chemische Waffen

Vereinbarte Beschränkungen

Bis ins 19. Jahrhundert zurückgehende Bemühungen, chemische Waffen vom Schlachtfeld zu verbannen, hatten 1925 Erfolg, als sich eine Reihe wichtiger Staaten mit dem Genfer Protokoll dazu verpflichteten, keine chemischen Waffen mehr einzusetzen. Das Genfer Protokoll enthält aber keine Definition von chemischen Waffen, so daß es hier immer wieder zu unterschiedlichen Interpretationen gekommen ist.

Unstreitig zählen zu den chemischen Kampfstoffen konventionelle Giftgase, die schon im 1. Weltkrieg bekannt waren, und Nervenkampfgase, die 1937 bei den IG Farben erstmals entwickelt wurden. Nach weitergehenden Definitionen werden auch Psychokampfstoffe und Herbizide den chemischen Waffen zugerechnet.

Das Interesse der großen Industriestaaten, den Aufbau chemischer Waffenarsenale in der Dritten Welt zu behindern, hat dazu geführt, daß seit Anfang der 80er Jahre Gespräche über die Beschränkung des Exports von Grundstoffen und Anlagen zur Herstellung chemischer Waffen stattfinden. Da der ursprüngliche Verhandlungsort die australische Botschaft in Paris war, werden die inzwischen vereinbarten Beschränkungen auch „Australien Trigger List" und die beteiligten Staaten, zu denen die wichtigsten westlichen Länder gehören, „Australian Group" genannt. Eine entsprechende Gruppierung sozialistischer Staaten trifft sich in Leipzig. Während des Genfer Gipfeltreffens Gorbatschow–Reagan 1985 wurden außerdem sowjetisch-amerikanische Gespräche vereinbart, um die Politik der militärischen Führungsmächte in diesem Bereich abzustimmen. Inzwischen fanden mehrere solcher Gespräche in Bern statt.

Technische und industrielle Voraussetzungen

Die bekanntesten Giftgase aus der Gruppe der konventionellen Kampfgase, Phosgen (Kohlensäuredichlorid) und Lost/Senfgas (Dichlordiethylsulfid) sind im Labormaßstab leicht herstellbar. Zur Produktion großer Mengen bedarf es neben relativ leicht zugänglichen Grundstoffen vor allem spezieller Apparaturen, die einerseits gegen Korrosion wenig anfällig sind und andererseits die an der Herstellung Beteiligten schützen.

Die Nervenkampfstoffe sind den phosphororganischen Verbindungen zuzurechnen. Bekannte Namen sind Tabun, Sarin, Soman und V-Kampfstoffe. Ihre chemische Herstellung im Labormaßstab ist nur unwesentlich schwieriger als die konventioneller Kampfstoffe. Auf Grund ihrer Gefährlichkeit ist allerdings die Produktion größerer Mengen nur mit Spezialausrüstung zum Schutz der Beteiligten möglich. Nervenkampfstoffe und gegen Kaltblüter wirksame Gifte (Insektizide, Pestizide) sind chemisch sehr ähnlich.

Einzelne Länder-Programme

Nur wenige Details von Chemiewaffenprogrammen in Ländern der Dritten Welt sind bekannt. Die Produktion erfolgt im Geheimen. Allerdings werden die Namen einzelner Länder immer wieder als mögliche oder wahrscheinliche Hersteller genannt. Auch Beschuldigungen des Einsatzes in Konflikten können Hinweise liefern, sie sind jedoch keinesfalls als verläßlich anzusehen. Immer wieder zitiert wird die Zählung des CIA, nach der in 20 Ländern der Welt an Chemiewaffenprogrammen gearbeitet wird. Angeblich gehen sowjetische Experten von 9 bis 15 Staaten aus, die tatsächlich über Chemiewaffen verfügen; das Stockholmer Friedensforschungsinstitut SIPRI veröffentlichte eine Liste mit 37 Staaten. Wenn hier einige Staaten der Dritten Welt genannt werden, heißt das keinesfalls, daß in jedem Fall Beweise für das Vorhandensein von Chemiewaffenprogrammen vorhanden sind.

Da Truppen *Ägyptens* unstreitig in den 60er Jahren Chemiewaffen im Jemenkrieg eingesetzt haben, könnte Ägypten zumindest damals über die Fähigkeit zur Herstellung von Chemiewaffen verfügt haben. Allerdings ist auch ein Transfer aus der Sowjetunion oder eine Verwendung von Giftgas möglich, das die Briten nach dem Ende des zweiten Weltkrieges in Ägypten zurückgelassen haben. Im Krieg von 1973 gegen Israel waren die ägyptischen Truppen mit Schutzmaßnahmen gegen einen Gaskrieg ausgerüstet, setzten aber keine chemischen Waffen ein. Es wird allgemein davon ausgegangen, daß in Ägypten gegenwärtig chemische Waffen, einschließlich Nervengase, hergestellt werden. Es werden regelmäßig Manöver durchgeführt, auf denen der Einsatz chemischer Waffen simuliert wird.

Immer wieder ist *Äthiopien* der Verwendung von Giftgas im Eritreakrieg beschuldigt worden, ohne daß dies als schlüssig bewiesen gelten kann. Die Sowjetunion soll in den 80er Jahren an die Streitkräfte *Afghanistans* chemische Kampfmittel geliefert haben. Möglicherweise verfügen die Streitkräfte *Burmas* über Chemiewaffen. Näheres ist allerdings nicht bekannt. Als einigermaßen gesichert kann die Information angesehen werden, daß die *VR China* über Bestände an chemischen Waffen verfügt.

Über das Giftgasprogramm des *Irak* ist vergleichsweise viel bekannt. Vermutet werden bis zu 5 verschiedene Herstellungsanlagen mit Kapazitäten von mehreren Hundert Tonnen Senfgas und mehreren zig Tonnen Nervengas pro Jahr. Die bekannteste Nervengas-Fabrik ist die bei Samarra in der Nähe von Bagdad, die zu Beginn der 80er Jahre mit deutscher Hilfe errichtet wurde. In einer neueren Fabrik bei Salman Pak sollen Nervengase vom Typ VX hergestellt werden.

Irakische Diplomaten und Politiker haben offiziell die Verwendung von Chemiewaffen bestritten, gleichzeitig aber keine internationalen Inspektionen erlaubt. Immer wieder sind aber

Äußerungen irakischer Militärs kolportiert worden, die den Einsatz gegen iranische Truppen begründen. Der Einsatz war vor allem gegen die iranische Taktik des massiven ungeschützten Infanterieangriffs – „Menschenwogen" – attraktiv. Als internationale Proteste ausblieben, wurde die Verwendung routinemäßiger, bis hin zum Angriff gegen unbewaffnete Kurden im Jahre 1988.

Die Giftgasproduktion im *Iran* dürfte als Reaktion auf die Verwendung von chemischen Waffen durch den Irak intensiviert worden sein. Erste Anschuldigungen der Verwendung von irakischer Seite waren ab Mitte der 80er Jahre zu vernehmen. Obwohl die tatsächliche Anwendung nicht gesichert ist, wird allgemein von einer entwickelten Fertigungskapazität im Iran ausgegangen.

Chemische Waffen sind in *Israel* vermutlich zunächst als Antwort auf das ägyptische Programm der sechziger Jahre entwickelt worden. Seitdem ist das Chemiewaffenprogramm ausgeweitet worden und dürfte die Produktion von Nervengasen der Typen Tabun und Sarin einschließen. Eine Herstellungsanlage wird in der Negevwüste vermutet. Israel ist das einzige Land, das ein umfassendes Schutzprogramm für die zivile Bevölkerung gegen Chemiewaffenangriffe hat.

Libyens mögliche Kapazitäten wurden durch US-amerikanische Indiskretionen im Jahre 1988 bekannt. In der Chemiefabrik bei Rabta sollen nach diesen Angaben im August 1988 Probeläufe zur Herstellung von chemischen Waffen gefahren worden sein, die allerdings mit einem Fehlschlag endeten. Möglicherweise verfügen libysche Truppen bereits über Giftgas aus iranischer Produktion. Jedenfalls liegen Berichte vor, daß von libyschen Truppen im Tschad Mitte 1987 Giftgasbehälter mit iranischen Aufschriften abgeworfen worden sein sollen.

In *Nordkorea* werden möglicherweise seit längerer Zeit chemische Waffen hergestellt. Spekuliert wird gelegentlich über nordkoreanische Hilfe für das iranische Chemiewaffenprogramm. *Südkorea* wird ebenfalls häufig auf Listen von Ländern mit Chemiewaffenprogrammen geführt.

Syriens Truppen dürften erstmals in Vorbereitung des Krieges von 1973 von Ägypten aus mit Chemiewaffen versorgt worden sein. Das Programm wurde später ausgeweitet. Anfang der 80er Jahre soll die erste Anlage für Senfgas, 1986 die Nervengasfabrikation in Betrieb genommen worden sein.

Nichts weiter bekannt ist über das Programm auf *Taiwan*, ein Land, dessen Name immer wieder in Listen von Chemiewaffenländern auftaucht. Dasselbe gilt für *Vietnam*.

5. Trägermittel (Raketen)

Vereinbarte Beschränkungen

Es gibt keine völkerrechtlichen Verbote des Besitzes oder der Weitergabe weitreichender Trägermittel. Aus den USA und der Sowjetunion sind verschiedene Raketentypen an Länder der Dritten Welt transferiert worden (siehe Tabelle 2).

Seit Anfang der 80er Jahre bemühen sich vor allem die USA zu verhindern, daß Staaten aus der Dritten Welt in den Besitz weitreichender Raketen oder der Möglichkeiten zur Herstellung solcher Systeme gelangen. In Verhandlungen mit anderen westlichen Industriestaaten erreichten sie eine Vereinbarung, den Export bestimmter Technologien (Gruppe A: vollständige Raketen mit Reichweiten über 300 km und Tragfähigkeit über 500 kg oder wesentliche Baugruppen hierfür) gar nicht mehr zu erlauben und den Export anderer Güter und Dienstleistungen (Gruppe B: Technologien und Vorprodukte für den Raketenbau allgemein) stark zu kontrollieren.

Diese Vereinbarung zur Begrenzung von Raketentechnologie (Missile Technology Control Regime, MTCR), die seit 1985 gilt, aber erst 1987 bekannt gemacht wurde, wurde im Rahmen der G-7 Staatengruppe der wichtigsten westlichen Industrieländer (BRD, Frankreich, Großbritannien, Italien, Japan, Kanada und USA) getroffen. Inzwischen haben Gespräche zwischen den USA und der Sowjetunion stattgefunden, in denen sich die Sowjetunion interessiert gezeigt hat, dieses Kontrollsystem auszuweiten und ihm beizutreten.

Technische und industrielle Voraussetzungen eigenständiger Herstellung

Die Konstruktion und Fertigung von Raketen erfordert spezielle Kenntnisse, Vorprodukte und Anlagen. Auch in den technisch fortgeschrittenen Ländern der Dritten Welt müssen noch Vorprodukte aus dem Ausland eingeführt werden. Für Länder ohne differenzierte Industriestruktur ist Raketenbau nur mit ausländischer Hilfe möglich.

Noch komplexer als der Bau von Raketen selbst ist die Fertigung von Steuerungseinrichtungen. Hierfür ist know-how im Bereich der Elektronik und Trägheitsnavigationssysteme notwendig, über das nur wenige Firmen aus Industrieländern verfügen. Hersteller aus der Dritten Welt sind hier in jedem Fall auf ausländische Hilfe angewiesen.

Eine weitere Technologie, die gemeistert werden muß, betrifft die Beschichtung der Wiedereinflugskörper, die die Sprengköpfe enthalten. Beim Eintritt in die Atmosphäre entstehen hohe Temperaturen, die die Verwendung spezieller Materialien erfordert.

Einzelne Länder-Programme

Einige Streitkräfte in Ländern der Dritten Welt verfügen über Raketen größerer Reichweite (Tabelle 2). In den meisten Fällen wurden sie aus dem Ausland, vor allem der Sowjetunion, bezogen. In Zukunft dürfte es für Staaten der Dritten Welt nur noch ausnahmsweise möglich sein, Raketen aus einem Industrieland zu beziehen. Um so wichtiger sind Raketenbauprogramme in der Dritten Welt selbst geworden.

Die Anfänge des *ägyptischen* Raketenbauprogramms gehen in die frühen 60er Jahre zurück, als deutsche Raketenexperten beauftragt waren, eine Reihe von Raketentypen zu entwickeln und zu bauen. Danach ruhte das Programm bis Anfang der 80er Jahre, als damit begonnen wurde, verschiedene sowjetische Raketen nachzubauen, darunter auch eine Variante der FROG-7. 1987 wurden die ersten Tests der jetzt Sakr-80 genannten Rakete bekanntgegeben. Die Reichweite dürfte bei ca. 80 km liegen, die Tragfähigkeit bei 100 kg. Ein weiteres Projekt ist die Weiterentwicklung der ursprünglich in Argentinien konstruierten Condor-II-Rakete. Sowohl für die Sakr-80 als auch für die Condor-II dürfte erhebliche finanzielle Unterstützung aus dem Irak gekommen sein. Technische Hilfe wurde von Nordkorea, Argentinien, aber auch westlichen Industrieländern geleistet. Ägyptische Firmen haben, wie viele Beispiele im Bereich der konventionellen Rüstung zeigen, leichten Zugang zu westlicher Technologie. Gelegentlich sind Schmuggelgeschäfte von High-Technology Gütern aufgedeckt worden.

Seit den 60er Jahren besteht in *Argentinien* ein Programm zum Bau von Höhenforschungsraketen, das allerdings Anfang der 70er Jahre auf Grund von Finanzschwierigkeiten eingefroren wurde. Anfang der 80er Jahr wurden, darauf aufbauend, verschiedene militärische Projekte begonnen, darunter die Condor-I und Condor-II. Als Reichweite für die Condor-I, die zwar bei internationalen Waffenmessen gezeigt, aber nie öffentlich getestet worden ist, werden 100–150 km angegeben; die Condor-II soll etwa 800–1000 km weit fliegen können. Obwohl nach Inkrafttreten des MTCR-Abkommens ausländische Unterstützung geringer geworden ist, dürfte der größte Input für das Condor-Programm aus westeuropäischen Ländern gekommen sein. Möglicherweise stand auch chinesische Hilfe zur Verfügung. Gesichert sind die Erkenntnisse über eine Zusammenarbeit bei Condor-II mit ägyptischen Experten seit Mitte der 80er Jahre.

In *Brasilien* werden seit den 50er Jahren Raketen für Forschungszwecke gebaut. Besonders erfolgreich war die Sonda-Serie des staatlichen Raumtechnologiezentrums. In den 70er Jahren wurde damit begonnen; eine Entwicklungslinie führte zu einigen Raketen kürzerer Reichweite. Für die Ausrüstung mit Massenvernichtungswaffen ist das System mit der größten Reichweite von circa 60 km, die Astros-4, relevant, das unter anderem in den Irak und nach Saudi-Arabien verkauft worden ist. Außerdem wurden Raketen größerer Reichweite entwikkelt, so die SS-300 und die SS-1000 durch Avibras, und die MB/EE-150 durch Orbita. Keine dieser Raketen ist erfolgreich getestet worden. Die Finanzierung dürfte in allen Fällen stark vom Ausland gefördert worden sein, bei SS-300 (Reichweite ca. 300 km) und SS-1000 (Reichweite ca. 1000 km) durch den Irak. Im Falle der MB/EE-150 hat die libysche Regierung die Finanzierung angeboten. Das Ende des Irak/Iran-Krieges könnte zumindest die Avibras-Projekte gestoppt haben. Die brasilianische Regierung hat große Probleme, die vorhandenen Raketenbaukapazitäten aufrecht zu erhalten. Der Plan, bereits 1987 eine Weltraumrakete zu testen, mußte fallengelassen werden. Das Projekt einer 40-Tonnen Rakete wird jedoch weiter verfolgt. Sollte es jemals realisiert werden, hätte man gleichzeitig eine Langstreckenrakete.

Die Streitkräfte der *VR China* verfügen über eine ganze Palette von Raketen mit Reichweiten bis zu mehr als 10 000 km. Die älteren Typen gleichen sowjetischen Baumustern, neuere sind Eigenentwicklungen. Bisher sind Exporte von Raketen auf wenige Staaten begrenzt geblieben, einschließlich Irak und Iran. Besonderes Aufsehen erregte der Verkauf von CSS-2 Mittelstreckenraketen an Saudi-Arabien, der 1988 bekannt wurde. Chinesische Techniker dürften auch in einer Reihe von Ländern bei Raketenbauprogrammen geholfen haben. Die US-Regierung sah daher in den letzten Jahren im chinesischen Raketen-Know-how die wichtigste Quelle der Unterminierung der von ihr angestrebten Kontrolle über Raketentechnologie und hat immer wieder versucht, die chinesische Regierung zu einer strikten Begrenzung ihrer Exporte und Dienstleistungen zu bewegen.

Das *indische* Raketenbauprogramm ist auf zivile Projekte konzentriert, die aber militärische Auswirkungen haben. 1980 wurde ein Satellit mit der in Indien entwickelten SLV-3 Rakete ins All geschossen. Aufbauend auf der SLV-3 wurden größere Raketen entwickelt, so die ASLV, deren Tests aber bisher nicht erfolgreich verliefen. Die gegenwärtige Planung schließt noch größere Raketentypen ein, die es ermöglichen sollen, bis Ende der 90er Jahre einen Satelliten von 3 Tonnen Gewicht in eine geostationäre Umlaufbahn zu schießen. Sollten diese Fähigkeiten je auch militärisch genutzt werden, verfügten die indischen Streitkräfte dann über Interkontinentalraketen. Die Technologie für das zivile indische Raketenprogramm kam in der Vergangenheit überwiegend aus dem westlichen Ausland. Die SLV-3 etwa ähnelt in vielem der Scout, einer US-amerikanischen Rakete aus den 50er Jahren. Seitdem das MTCR-Abkommen in Kraft ist, ist das indische Programm deutlich behindert. Das gilt vermutlich auch für das 1983 intensivierte militärische Raketenbauprogramm. 1983 wurde die Prithvi, eine Rakete mit circa 250 km Reichweite und 1000 kg Tragfähigkeit, getestet. Im Mai 1989 wurde eine Rakete mit ca. 1000 km Reichweite getestet, die Agni genannt wird. Sie besteht aus einer Kombination von SLV-3 und Prithvi.

Seit den späten 70er Jahren wird in *Indonesien* an Raketen gebaut, vermutlich mit ausländischer Unterstützung. Die bisher größte, die RX-250 mit ca. 250 km Reichweite und weniger als 500 kg Tragfähigkeit, wurde 1987 getestet. Offiziell sind diese Raketen für zivile Zwecke bestimmt; als Endziel wird der Transport eines Satelliten ins All angegeben.

Von *Irak* aus wurden nach Beginn des Krieges mit Iran Raketen eingesetzt, die durchweg importiert waren. Zwischen 1985 und 1987 wurden importierte Scud-B Raketen im Irak modifiziert, um ihre Reichweite zu verlängern. Die Al-Husayn ist eine Scud-B, die statt eines 1000 kg Sprengkopfes lediglich 135–250 kg trägt und dadurch knapp 600 km weit fliegt. Eine weitere Variante, die Al-Abbas, nutzt die Möglichkeit, zusätzliche Antriebstanks auf die Scud-B aufzumontieren. Es ist unklar, woher die technische Beratung für diese Modifikationen gekommen ist, aber auf Grund der Informationen über Zusammenarbeit in anderen Projekten ist Kooperation mit ägyptischen und brasilianischen Experten wahrscheinlich.

Nach der VR China ist in *Israel* das am weitesten fortgeschrittene Raketenbauprogramm in der Dritten Welt zu finden. Schon in den 50er Jahren liefen Projekte an. 1961 wurde mit französischer Hilfe eine Höhenforschungsrakete getestet.

Ebenfalls mit weitreichender französischer Hilfe wurde bis 1968 die Jericho-1 Rakete entwickelt, die in der Lage ist, einen nuklearen Sprengkopf 450–550 km weit zu tragen. Ab 1977 wurde mit finanzieller Unterstützung aus dem Iran die Jericho-2 entwickelt. Ein erster Test erfolgte 1987, obwohl die Rakete angeblich seit 1981 einsatzbereit war. Die Reichweite im Test betrug 820 km, soll aber, je nach Gewicht des Sprengkopfes und der genauen Startcharakteristika, weit größer sein. Jericho-1 und -2 dürften über sehr gute Navigations- und Steuerungssysteme verfügen. Die israelische Elektronikindustrie ist weit fortgeschritten, nicht zuletzt durch ihre enge Bindung an die US-amerikanische.

Nachdem importierte Raketen erfolgreich gegen den Irak eingesetzt worden waren, wurde ab Mitte der 80er Jahre im *Iran* eine kleine Raketenbauindustrie aufgebaut. Vermutlich mit chinesischer Hilfe wurde eine Variante der chinesischen Type-83 Artillerierakete produktionsreif gemacht, die Oghab (Adler) genannt wird und über eine Reichweite von ca. 40 km verfügt. Ebenfalls vermutlich mit chinesischer und nordkoreanischer Hilfe wurden weiterreichende Raketen entwickelt, so die Nazeat (Reichweite ca. 100 km) und die Shahin-2 (Reichweite ca. 130 km), deren Status nach Ende des Irak-Iran Krieges aber unklar ist.

In *Nordkorea* wurde Mitte der 70er Jahre ein Programm begonnen, sowjetische FROG-7 Raketen nachzubauen, vermutlich ohne sowjetische Hilfe. 1976 erhielten nordkoreanische Techniker Scud-B Raketen aus Ägypten, die Anfang der 70er Jahre aus der Sowjetunion dorthin geliefert worden waren. Die Produktion dieser Raketen begann aber erst Mitte der 80er Jahre, als die iranischen Streitkräfte als Käufer auftraten. Seitdem sind mehrere Hundert Stück dieser weitreichenden Rakete gefertigt worden. Die meisten Bauteile werden im Land hergestellt, allerdings sind auch immer wieder Fälle von Schmuggel für den Raketenbau wichtiger Teile aus westlichen Industrieländern aufgedeckt worden.

Ende der 70er Jahre wurde von *südkoreanischen* Quellen behauptet, man wäre in der Lage, ballistische Raketen herzustellen. Später wurde offensichtlich, daß es sich dabei um aus den USA gelieferte Nike-Hercules Boden-Luft-Raketen handelte, die in Boden-Boden-Raketen mit einer Reichweite von ca. 150 km umgewandelt worden waren. Die USA versuchten danach die Lieferung von Technologie, die für den Nachbau weiterer derartiger Raketen verwendet werden könnte, zu verhindern. In den 80er Jahren scheint das Programm nur mit geringer Intensität fortgesetzt worden zu sein.

Im Februar 1989 wurde offiziell bekanntgegeben, in *Pakistan* wären 2 Typen ballistischer Raketen getestet worden. Obwohl die bekanntgegebenen Charakteristika der Hatf-1 (Reichweite 80 km) und Hatf-2 (Reichweite 300 km) genannten Systeme auf Nachbauten von sowjetisch/chinesischen FROG-7 und SCUD-B Raketen schließen lassen, wurden sie als Eigenentwicklungen dargestellt. Chinesische und möglicherweise auch nordkoreanische Unterstützung ist wahrscheinlich.

Das Programm in *Taiwan* wurde, aufbauend auf US-amerikanischer und israelischer Technologie, in den letzten Jahren intensiviert. Anfang der 80er Jahre wurde eine Kopie der Lance unter dem Namen Ching Feng (Grüne Biene) vorgestellt. Auch weiterreichende Raketen sollen in der Entwicklung sein, worüber aber keine Details bekannt sind.

6. Zusammenfassende Wertung

Die Verbreitung von Massenvernichtungswaffen und weitreichenden Trägermitteln nimmt zu, allerdings mit unterschiedlichem Tempo.

Die Zahl der Atommächte hat sich faktisch vergrößert, aber auf ganz andere Art, als dies etwa in den 60er Jahren erwartet worden war. Israel, Indien, Pakistan und Südafrika sind „stille" Atommächte. Sie verfügen vermutlich über die Fähigkeit, in sehr kurzer Zeit eine kleine Anzahl von Atomwaffen einzusetzen, ohne dies durch entsprechende Demonstrationen und Absichtserklärungen der Welt bekannt gemacht zu haben. Die

Tabelle 2
Übersicht über weiterreichende Boden-Boden-Raketen in der Dritten Welt und Status in bezug auf chemische (CW) und biologische (BW) Waffen. Stand: Mitte 1989

Land	Raketen in Verfügung (seit Jahr) oder in Bau	BW-Programm	CW-Programm	Ratifizierung von BWC	Genfer Protokoll
Ägypten	Frog-4 (1968) Frog-7 (1971) Scud-B (1973) Sakr-80 (1984)* Condor-II (in Bau)	?	?		1928
Äthiopien				1975	1935
Afghanistan	Scud-B (1988)	?	?	1975	1986
Algerien	Frog-7 (1975)				1969
Argentinien	Condor-I/II (in Bau)			1973	
Brasilien	Astros-IV (1984) SS-300 (in Bau) SS-1000 (geplant)			1973	1972
Burma		?	?		
VR China	CSS-1 CSS-2 CSS-3 CSS-4			1984	1929

148

Tabelle 2 (Fortsetzung)

Land	Raketen in Verfügung (seit Jahr) oder in Bau	BW-Programm	CW-Programm	Ratifizierung von BWC	Genfer Protokoll
Irak	Frog-7 (1966) Scud-B (1974) *Astros-2 (1987)* *Al-Husayen (1987)*	?	x		1931
Iran	Scud-B (1984) Oghab (1987) *Nozeat (geplant)* *Shahin-2 (geplant)*	?	?	1973	1929
Israel	Lance (1976) Jericho-1 (1969) *Jericho-2 (1981?)*	?	?		1969
Indien	SLV-3 (1980) *ASLV (1988)* *Prithvi (1988)* *Agni (1989)*			1974	1930
Indonesien	RX-250 (in Bau)				1971
Kuba	Frog-4 (1960) Frog-7 (1968)	?		1976	1966
Kuwait	Frog-7 (1979)			1962	1971
Libyen	Frog-7 (1979) Scud-B (1980)		?	1982	1971

Tabelle 2 (Fortsetzung)

Land	Raketen in Verfügung (seit Jahr) oder in Bau	BW-Programm	CW-Programm	Ratifizierung von BWC	Genfer Protokoll
Nordkorea	Frog-7 (1971) Scud-B (1975)	?	?	1987	
Nordyemen	SS-21 (1988?)			1979	1986
Saudi-Arabien	*Astro-2 (1988)* DF-3 (1988)			1972	1971
Südafrika		?		1975	1930
Südkorea	Honest John (1963)	?	?	1987	
Südyemen	Frog-7 (1979) SS-21 (1988?)				1971
Syrien	Frog-7 (1973) SS-21 (1983)	?	?		1968
Taiwan	Honest John (1963)		?	1973	
Vietnam		?	?	1980	1980

Anmerkung: *kursiv = Produziert in Ländern der Dritten Welt
Quellen: Congressional Research Service; A. Karp, Ballistic missile proliferation in the Third World, in: SIPRI Jahrbuch 1989, London 1989; M. Brzoska und T. Ohlson, Arms transfers to the Third World 1971–85, London 1987; SIPRI Jahrbücher.

„Bombe im Keller" verursacht keinen weltweiten Aufschrei des Protestes, der möglicherweise zu Sanktionen und wirtschaftlichen Nachteilen führt. Da ihre Existenz aber allgemein bekannt ist, bleibt sie in den Augen mancher strategischer Planer eine militärische und politische Waffe. Das zeigt etwa der nukleare Rüstungswettlauf zwischen Indien und Pakistan. Die hohen Kosten und technischen Anforderungen machen es jedoch unwahrscheinlich, daß die Zahl potentieller Atomwaffenstaaten sehr viel größer wird.

Der Einsatz biologischer Waffen scheint auf Grund ihrer militärischen Probleme und politischen Ächtung gegenwärtig unwahrscheinlich. Sie sind jedoch leicht herstellbar. Mit der Entwicklung weitreichender Trägerwaffen könnte die militärische Einschätzung der Verwendbarkeit wieder positiver werden.

Deutlich größer geworden ist das militärische Interesse an Chemiewaffen. Zum einen bieten Chemiewaffen eine billige Möglichkeit, Massenvernichtungswaffen in den Arsenalen zu haben, andererseits nimmt mit der Verfügung über weitreichende Trägerwaffen die tatsächliche Verwendbarkeit wieder zu. Entscheidend für das gestiegene Interesse dürfte aber sein, daß Giftgas wieder international akzeptabler geworden zu sein scheint.

Die Beschleunigung des Aufbaus von Chemiewaffen- im Verhältnis zu dem von Nuklearwaffenprogrammen spiegelt nicht zuletzt die gesunkenen finanziellen Möglichkeiten vieler Länder in der Dritten Welt wieder. Außerdem sind chemische Waffen militär-taktisch leichter dosierbar und politisch weniger verfänglich.

Auffällig ist, daß Massenvernichtungswaffen regional konzentriert zu finden sind. Bei diesen Waffen sind Rüstungswettläufe deutlicher ausgeprägt als bei konventionellen Waffen. Es gibt einen Dominoeffekt, der die Verbreitung von Massenvernichtungswaffen in der Zukunft stark beschleunigen könnte, sobald sie einmal in eine Konfliktregion eingeführt worden sind.

Die inzwischen vereinbarten Kontrollen und Beschränkungen durch die Industrieländer könnten den Prozeß nur verlangsamen, nicht aber aufhalten. Auffällig ist die bereits weit verbreitete militärtechnische Zusammenarbeit von Dritte-Welt-Staaten untereinander. Nur wenn ihre Mitwirkung gewonnen werden kann, könnte die weitere Verbreitung von Massenvernichtungswaffen aufgehalten werden. Dafür aber müßten die militärischen Führungsmächte bereit sein, ihre Verfügung über Massenvernichtungswaffen ebenfalls zur Disposition zu stellen.

Michael Brzoska (Universität Hamburg)

Literaturhinweise

Brzoska, Michael, Lock, Peter, Rüstungsproduktion und Nuklearindustrie in der Dritten Welt, Militärpolitik Dokumentation, Heft 59–61. Frankfurt 1988.
Goldblat, Jozef (Hrsg.), Nuclear Proliferation. The Why and the Wherefore. London 1986.
Karp, Aaron, Ballistic missile proliferation in the Third World. In: SIPRI Jahrbuch 1989. London 1989.
Robinson, Julian Perry et al., Chemical and biological warfare developments, jährliche Berichte in SIPRI Jahrbüchern.
Spector, Leonard, The New Nuclear Nations, New York 1988. (3. Band einer Jahrbuch-Serie des Autors)

V. REGIONALE BEITRÄGE

Nahostkonflikt:
Die PLO in der Offensive

1. Der Aufstand in den besetzten Gebieten (Intifada)

Seit Dezember 1987 befindet sich die Bevölkerung in den von Israel besetzten Gebieten im Aufstand. Dieser Aufstand, arabisch „intifada", hat alle Bevölkerungsschichten erfaßt und den Palästinensern neues Selbstbewußtsein verliehen. Nach außen hat der Aufstand in kurzer Zeit tiefgreifende Änderungen bewirkt. Dies trifft insbesondere auf die PLO zu, aber auch auf Israel. In der Weltöffentlichkeit hat der Aufstand für die Palästinenser Sympathien geweckt, das Vorgehen der israelischen Soldaten hingegen hat den Druck auf Israel, seine Politik zu ändern, verstärkt.

In der nahöstlichen Politik war der Palästinakonflikt jahrelang durch den Golfkrieg zwischen dem Irak und Iran verdrängt worden. Da seit Ausbruch des Golfkrieges im September 1980 die erste Sorge der arabischen Politiker der Situation am Golf galt, wuchsen die Zweifel der Palästinenser an der Bereitschaft der arabischen Regierungen, sich mit Nachdruck für den Kampf gegen die israelische Herrschaft und eine Beilegung des Konfliktes einzusetzen. Bei den Palästinensern festigte sich die Überzeugung, daß sie sich kaum auf die Hilfe der arabischen Regierungen verlassen konnten und folglich ihre Sache selbst in die Hand nehmen mußten. Auch das Scheitern der jahrelangen Bemühungen um das Zustandekommen einer internationalen Konferenz zur friedlichen Regelung des Nahostkonflikts dürfte die Bedenken der Palästinenser verstärkt haben.

Ein weiterer Faktor, der zur Ausweitung der Unruhen in Gaza und nach dem Zwischenfall Anfang Dezember 1987 zu einem allgemeinen Aufstand beigetragen haben dürfte, war die Einigung der PLO. Seit 1982/83, als sich Arafat und die gemäßigten Kräfte innerhalb der PLO nach der Vertreibung aus Beirut der Politik König Husains und des ägyptischen Präsidenten Mubarak mit dem Ziel einer friedlichen Beilegung des arabisch-israelischen Konfliktes im Rahmen einer Nahost-Friedenskonferenz angeschlossen hatten, war die PLO in zwei Lager gespalten. Nach dem Bruch zwischen Arafat und Husain im Februar 1986 war der Weg frei geworden für eine Wiederannäherung zwischen Arafat und seinen Gegnern. Auf der 19. Sitzung des Palästinensischen Nationalrates (PNR) im April 1987 in Algier versöhnten sich die gemäßigte Gruppe Fatah unter Arafat und die beiden radikalen Gruppen innerhalb der PLO, die Volksfront für die Befreiung Palästinas (PFLP) unter George Habasch und die Demokratische Front für die Befreiung Palästinas unter Nayif Hawatma (DFLP). Die Beendigung der Spaltung gab den von der PLO angeführten Kräften in den besetzten Gebieten Palästinas Auftrieb, und sie war zugleich die Voraussetzung für eine Solidarisierung der Kräfte und die Koordinierung der Aktionen. Der Widerstandswille der Palästinenser und die wachsende Bereitschaft zu Aktionen gegen die Besatzungsmacht dürfte auch durch die starre Haltung des israelischen Ministerpräsidenten Shamir gefördert worden sein. Da sich Shamir hartnäckig der Forderung nach Räumung der besetzten Gebiete und Anerkennung eines unabhängigen palästinensischen Staates widersetzte, fürchteten die Palästinenser, daß Israel mit der verstärkten Siedlungspolitik vollendete Tatsachen schaffen könnte, die, je länger sie anhielten, um so schwerer zu beseitigen seien.

Schließlich ist zu berücksichtigen, daß in den besetzten Gebieten eine neue Generation herangewachsen ist. Die Generation unter zwanzig war nach 1967 geboren und somit unter israelischer Besatzung aufgewachsen. Unter den vorherrschenden Verhältnissen sahen die Zukunftsaussichten äußerst schlecht aus. In diesem Umfeld von Hoffnungslosigkeit und Enttäuschung trugen zunehmende Schwierigkeiten im wirtschaftlichen Bereich als Folge des Rückgangs der Öleinnahmen und, damit verbunden, der Wirtschaftsaktivitäten in den Ölstaaten am Golf, womit sich auch die Beschäftigungsmöglichkeiten von Palästinensern in diesen Staaten verminderten, zu einer gefährlichen Zuspitzung der Lage in den besetzten Gebieten bei. Angesichts dieser Entwicklung bedurfte es nur eines Auslösers, um die lang aufgestaute Unzufriedenheit mit der israelischen Besatzungsherrschaft in gewalttätige Aktionen umschlagen zu lassen. Dies geschah am 9. Dezember 1987, als nach einem Zusammenstoß zwischen einem israelischen Militärlaster und einem Kleinbus, bei dem vier Palästinenser ums Leben kamen, Demonstrationen und Unruhen im Gazastreifen ausbrachen, die sich rasch auf die besetzten Gebiete westlich des Jordans (West Bank) ausdehnten und zu einem allgemeinen Volksaufstand ausweiteten.

2. *Der Kurswechsel in der PLO*

Es kann kaum einen Zweifel daran geben, daß der Aufstand in den besetzten Gebieten spontan ausgebrochen und nicht von außen geplant war. Von dem Ausbruch des Aufstandes und der Vehemenz der Aktionen war auch die PLO-Führung in Tunis überrascht worden. Allerdings gelang es der PLO-Führung relativ schnell, auf den Verlauf der Aktionen Einfluß zu nehmen und den Aufstand unter Kontrolle zu bringen.

Bereits Ende Dezember 1987 erschienen Flugblätter, die darauf schließen ließen, daß eine übergeordnete und koordinierende Organisation im Untergrund tätig war. Am 4. Januar 1988 tauchte ein Flugblatt auf, das von der „Vereinigten Nationalen Führung für den Volksaufstand" (VNFV) unterzeichnet war. Diese Führung bestand aus PLO-loyalen Kräften innerhalb der besetzten Gebiete und stand in unmittelbarem Kontakt mit der PLO-Führung, von der sie Befehle für die Aktionen erhielt. Arafat erklärte, daß er den Aufstand direkt telefonisch leiten würde. Er bestätigte auch, daß die PLO den

Aufstand mit friedlichen Mitteln führen wolle und daß insbesondere keine Schußwaffen gebraucht werden sollten. Die Tatsache, daß während des bisherigen Verlaufs keine Schußwaffen eingesetzt wurden – von ganz wenigen Ausnahmen abgesehen –, läßt erkennen, daß die PLO ihre Strategie durchsetzen konnte und, was nicht minder wichtig ist, daß die PLO-Kräfte in den besetzten Gebieten ein hohes Maß an Disziplin bewiesen.

Die Strategie der PLO im Zusammenhang mit der Intifada betand darin, den Aufstand mit friedlichen Mitteln zu führen, um Israel, das sich zu rücksichtslosen Maßnahmen zur Eindämmung des Aufstandes gezwungen sah, als Besatzungsmacht bloßzustellen und die Weltöffentlichkeit auf das Schicksal der Palästinenser aufmerksam zu machen. Die PLO wollte mit dem Aufstand Druck auf Israel ausüben, um es zu einer Änderung seiner Politik in der Palästinafrage zu zwingen und letztlich zum Abzug aus den besetzten Gebieten sowie zur Anerkennung des Selbstbestimmungsrechts der Palästinenser und zur Errichtung eines unabhängigen palästinensischen Staates zu bewegen.

Die Politik der PLO-loyalen Kräfte in den besetzten Gebieten wurde in einem Papier des von Faisal al-Husaini, der als einer der führenden Köpfe des Aufstandes gilt, geleiteten Zentrums für arabische Studien in Ostjerusalem formuliert, das von den israelischen Behörden bei der Durchsuchung beschlagnahmt und in der Jerusalem Post am 12. August 1988 veröffentlicht wurde. In diesem Papier wurde die Bildung einer palästinensischen Exilregierung mit Yasir Arafat als Präsidenten vorgeschlagen.

Unter dem Eindruck der am 31. Juli 1988 von König Husain vollzogenen Lösung der Bindungen zwischen Jordanien und der West Bank wurden die Stimmen lauter, die die Gründung eines palästinensischen Staates forderten, um das durch den Schritt Husains geschaffene Machtvakuum in den besetzten Gebieten auszufüllen und nicht Israel zu überlassen. Am 23. August erklärte Arafat, daß die PLO alle administrativen Rechte und Pflichten, wozu die Bezahlung der rund

20 000 Bediensteten in der öffentlichen Verwaltung zählte, übernehmen werde.

Die Entscheidung über die Proklamierung eines Staates Palästina fiel auf der 19. Sitzung des PNR, die vom 12. bis 15. November 1988 in Algier stattfand. Gleichzeitig verabschiedete der PNR eine politische Erklärung, in der die PLO offiziell die Resolutionen 242 von 1967 und 338 von 1973 des Weltsicherheitsrates annahm sowie Terrorismus in allen seinen Formen ablehnte. Die Annahme der Resolution 242 bedeutete faktisch die Anerkennung Israels. Die politische Erklärung fand deshalb auch nicht die Zustimmung der beiden radikalen Gruppen PFLP und DFLP. Habasch und Hawatma lehnten die Resolutionen 242 und 338 weiterhin ab, allerdings blockierten sie nicht die Verabschiedung der politischen Erklärung. Am 2. 4. 1989 wählte der Palästinensische Zentralrat Arafat zum Präsidenten Palästinas.

Mit der Verabschiedung der politischen Erklärung hoffte die PLO die von den USA gestellten Bedingungen für eine Akzeptierung als Verhandlungspartner bei der Nahost-Friedenskonferenz erfüllt zu haben. Von US-Außenminister Shultz wurde die Erklärung jedoch als nicht ausreichend bezeichnet. Israel wies die Resolution als ein auf Täuschung ausgelegtes Propagandamanöver zurück. Bei einem Treffen mit Vertretern jüdischer Organisationen in Stockholm betonte Arafat am 7. Dezember erneut, daß sich die PLO in Algier für friedliche Verhandlungen und gegen die Anwendung von Terrorismus ausgesprochen habe.

Angesichts dieser Erklärungen stieß die Weigerung der USA, Arafat für die Teilnahme an der UN-Vollversammlung in New York ein Einreisevisum zu erteilen, auf Unverständnis, insbesondere auch bei den arabischen Politikern, die Arafat unterstützten. Nachdem die UN-Vollversammlung nach Genf verlegt worden war, hielt der PLO-Vorsitzende Arafat am 13. Dezember eine Rede, in der er seine Bereitschaft zu friedlichen Verhandlungen mit Israel und die Verurteilung jeglicher Form von Terrorismus wiederholte. Der US-Regierung reichte aber auch diese Erklärung nicht aus, so daß sich Arafat veranlaßt sah, auf einer Pressekonferenz am 14. Dezember seine Aussagen so zu präzisieren, daß sie im Wortlaut den amerikanischen Forderungen genügten. Daraufhin erklärte Präsident Reagan, daß die PLO die Bedingungen der US-Regierung erfüllt habe und daß er Außenminister Shultz ermächtigt habe, in direkte Verhandlungen mit der PLO einzutreten. Bereits am 16.12. fand ein erstes Treffen zwischen dem amerikanischen Botschafter in Tunis, Pellereau, und Vertretern der PLO-Führung in Tunis statt. Damit war ein grundsätzlicher Wandel in der amerikanischen Haltung gegenüber der PLO erfolgt, und es waren die Voraussetzungen für eine Beteiligung der PLO an einer künftigen Nahost-Friedenskonferenz geschaffen.

3. Die Haltung Israels

Auch Israel wurde von dem Aufstand der Palästinenser völlig unvorbereitet getroffen. Dies galt insbesondere für die Streitkräfte, die für die Sicherung der Ordnung in den besetzten Gebieten zuständig waren. Da die Soldaten auf einen Krieg mit der Bevölkerung psychologisch nicht vorbereitet waren, machten sie in gefährlichen Situationen von der Schußwaffe Gebrauch, was vor allem zu Beginn des Aufstandes zu einer hohen Zahl von Toten führte. Dies rief im Ausland heftige Reaktionen gegen Israel hervor. Als Verteidigungsminister Rabin seine Taktik zur Niederschlagung des Aufstandes änderte und im Februar 1988 den Einsatz von Schlagstöcken verordnete, war die Wirkung kaum besser. Nicht nur, daß der Aufstand dadurch nicht beendet wurde, sondern, was weitaus schlimmer war, es gingen nun die Fernsehbilder von auf wehrlose Zivilisten – Frauen wie Kinder - einschlagenden israelischen Soldaten um die Welt und erregten vor allem die Öffentlichkeit in den USA. Auch ein Erlaß im März 1988, der ausländischen Fernsehteams den Zutritt zu den besetzten Gebieten untersagte, konnte die Kritik des Auslands an dem brutalen Vorgehen Israels gegenüber den Palästinensern nicht zum Schweigen bringen.

Gefährlicher als die Kritik vom Ausland waren für Israel die Auswirkungen dieser Politik auf die eigene Gesellschaft. Mit der wachsenden Zahl von Toten und Verletzten wuchs auch die Zahl der Israelis, die die Politik in den besetzten Gebieten für einen Irrweg hielten und für eine größere Kompromißbereitschaft gegenüber den Palästinensern und auch der PLO eintraten. Seitens der israelischen Regierung war man zu einem Entgegenkommen gegenüber den Palästinensern jedoch nicht bereit. Die Regierung Shamir lehnte Verhandlungen mit der PLO grundsätzlich ab, weil sie diese als eine Terrororganisation betrachtete. Grundsätzlich befürwortete Israel eine friedliche Lösung des Konfliktes, aber zu israelischen Bedingungen. Die Regierung Shamir war weder zum Rückzug der israelischen Truppen aus den besetzten Gebieten noch zur Hinnahme eines unabhängigen palästinensischen Staates bereit. Vor allem bestand Israel aus Sicherheitsgründen auf der militärischen Kontrolle der West Bank.

Des weiteren beharrte Shamir auf dem Standpunkt, Verhandlungen über Palästina nur auf der Grundlage der Abkommen von Camp David zu führen. Dies bedeutete in erster Linie bilaterale Verhandlungen mit Jordanien und allenfalls palästinensischen Vertretern in der jordanischen Delegation. Nach der Auflösung der Bindungen Jordaniens mit der West Bank war König Husain als möglicher Partner bei zukünftigen Verhandlungen im Rahmen einer Nahost-Friedenskonferenz zunächst ausgeschieden. Aber auch Ägypten, das an einer Beilegung des Palästinakonfliktes dringend interessiert war, lehnte Verhandlungen auf der Grundlage der Verträge von Camp David ab, da diese nach Meinung der ägyptischen Führung überholt waren.

Die israelische Führung sah sich aus innenpolitischen Gründen, nämlich wegen der Parlamentswahlen am 1. November 1988, zu größeren Entscheidungen nicht in der Lage. Demgegenüber hatte der Aufstand der Palästinenser unmittelbaren Einfluß auf den Wahlkampf und wurde zu einem zentralen Thema in der Auseinandersetzung zwischen den beiden großen Parteien, dem Likud und der Arbeiterpartei. Die Haltung des Likud unter Ministerpräsident Shamir war klar und eindeutig: keine Kompromisse in der Frage der israelischen Kontrolle über die besetzten Gebiete wegen deren essentieller Bedeutung für die israelische Sicherheit. Diese Politik bedeutete aber auch, daß mit dem Festhalten an dem Status quo und an den besetzten Gebieten der Konflikt weitergehen würde. Die Arbeiterpartei unter Peres sprach sich hingegen für Verhandlungen und für eine friedliche Lösung unter Nutzung aller Möglichkeiten aus. Als Verhandlungspartner galten Jordanien und möglicherweise die Palästinenser in den besetzten Gebieten. Verhandlungen mit der PLO lehnte die Arbeiterpartei ebenfalls ab, desgleichen eine Rückkehr zu der sogenannten „grünen Linie", also den Grenzen von vor 1967.

Für die Wähler war die Politik der Arbeiterpartei nicht ganz eindeutig. Zwar war die Mehrheit für die Rückgabe der besetzten Gebiete im Tausch für Frieden, aber man war sich nicht sicher, ob eine solche Politik tatsächlich den erhofften Frieden bringen würde. Zudem bezweifelte man, daß Peres bei solchen Verhandlungen die Interessen Israels hart genug vertreten würde, wie man das z. B. von Shamir erwartete. Nachteilig wirkte sich für Peres auch der Beschluß Husains aus, die Bindungen zur West Bank zu lösen. Seine Option für bilaterale Verhandlungen mit Jordanien war danach nicht mehr praktikabel. Bereits während des Wahlkampfes zeichnete sich ab, daß Peres und mit ihm die Arbeiterpartei nicht die Stimmenmehrheit erlangen würde. Der Likud ging zwar wieder als stärkste Partei hervor, war aber allein nicht stark genug, um ohne andere Parteien regieren zu können. Um einen zu großen Einfluß der kleinen rechtsgerichteten Parteien zu verhindern, kam es wieder zur Bildung einer Koalition zwischen dem Likud und der Arbeiterpartei. Anläßlich der Unterzeichnung des Koalitionsvertrages sagte Premierminister Shamir, daß die politische Lage die äußerste Konzentration aller Kräfte erfordere und es notwendig mache zusammenzuarbeiten, um die Gefahren und Bedrängnisse zu überwinden. Beide Parteien standen zudem unter dem Eindruck der neuen Politik der US-Regierung, die zu Verhandlungen mit der PLO riet.

Shamir konnte seinen Standpunkt zum Nahostkonflikt und zu dessen Lösung sowie zur Beendigung des Aufstandes bei seinem Besuch in den USA Anfang April 1989 dem neuen Präsidenten darlegen. Bei dieser Gelegenheit bekräftigte er sein (dreifaches) Nein zu Verhandlungen mit der PLO, zur Errichtung eines palästinensischen Staates und zum Rückzug der israelischen Truppen aus den besetzten Gebieten.

4. Die amerikanische Nahostpolitik

Mit der Akzeptierung der PLO als Verhandlungspartner und der Aufnahme direkter Verhandlungen zwischen Vertretern der USA und der PLO wurde ein neues Kapitel in den Beziehungen zwischen der amerikanischen Regierung und der PLO begonnen. Die Regierung Reagan reagierte damit nicht nur auf die Kursänderung in der Politik der PLO, sondern auch auf den wachsenden Druck der amerikanischen Öffentlichkeit wegen des Aufstandes in den besetzten Gebieten sowie seiner arabischen Verbündeten, vor allem des ägyptischen Präsidenten Mubarak und des saudischen Königs, die auf eine amerikanische Initiative drängten und in der Aufnahme von Verhandlungen mit der PLO einen ersten wichtigen Schritt auf diesem Wege sahen.

Grundsätzlich änderte die amerikanische Regierung ihre Politik nicht. Seit 1975 hatte sie als Voraussetzung für die Aufnahme von direkten Gesprächen die Erfüllung von drei Bedingungen gefordert, nämlich die Anerkennung der Sicherheitsratsbeschlüsse 242 und 338, die Anerkennung des Existenzrechts Israels und die Einstellung aller Terroraktivitäten. Die PLO hatte diese Bedingungen jetzt erfüllt. In der US-Regierung war man sich jedoch nicht sicher, ob sich die PLO auch an ihr Versprechen, Terroraktionen einzustellen, halten würde. Daher drohte sie, die Kontakte wieder abzubrechen, falls weiterhin Terroranschläge durchgeführt würden.

Die Anerkennung der PLO durch Reagan hatte die Politik seines Nachfolgers in gewisser Weise festgelegt. Der neue Präsident war offenbar entschlossen, auf dem vorgezeichneten

Weg weiterzugehen. Die Vermutung liegt nahe, daß Reagan diesen Schritt mit dem Einverständnis von Bush tat.

Einem ersten Test wurde die Nahostpolitik von Präsident Bush Anfang April 1989 unterzogen, als zunächst der ägyptische Präsident Mubarak und anschließend der israelische Ministerpräsident Shamir nach Washington kamen. Beiden Besuchern ging es darum, wirtschaftliche und finanzielle Hilfe für die krisengeschüttelte Wirtschaft ihrer Länder zu sichern, dem neuen Präsidenten ihre Sicht des Nahostkonfliktes darzulegen und ihn möglichst für die eigenen Lösungsvorschläge zu gewinnen.

Bushs Äußerungen bei dem Besuch Mubaraks ließen darauf schließen, daß die neue Regierung zu weitergehenden Schritten entschlossen war. Bush sprach von den „legitimen politischen Rechten" der Palästinenser und, was noch mehr Aufmerksamkeit erregte, von der „Beendigung der Besatzung" Israels. Der Leiter der Informationsabteilung der PLO, Abd Rabbuh, nannte die Äußerungen Bushs „einen neuen Beitrag zur Beschleunigung des Friedensprozesses". Qaddumi, der Außenminister des Staates Palästina, bewertete die Erklärungen „vorsichtig optimistisch". Bush äußerte sich jedoch nicht eindeutig zur Einberufung einer internationalen Konferenz.

An dem Tag, an dem Mubarak die USA verließ, dem 5. April, traf der israelische Premierminister Shamir ein. Auf israelischer Seite empfand man die Bemerkung Bushs über die israelische Besatzung als Affront. Shamir hatte sich für seine wichtigen und schwierigen Gespräche mit dem neuen amerikanischen Präsidenten gut vorbereitet. Am Tag seiner Anreise wurden 430 inhaftierte Palästinenser freigelassen, womit Shamir vor der amerikanischen Öffentlichkeit seinen guten Willen beweisen konnte. Auch die Erwartungen der neuen amerikanischen Regierung bezüglich einer israelischen Initiative zur Beilegung des Palästinakonflikts und zur Beendigung des Aufstands konnte Shamir erfüllen. Er legte einen Vier-Punkte-Plan vor, dessen wichtigster Bestandteil die Abhaltung von Wahlen in den besetzten Gebieten war. Bush hieß diesen Plan gut und sagte seine Unterstützung bei dessen Durchführung zu. Er unterstrich gegenüber Shamir allerdings auch die Notwendigkeit israelisch-palästinensischer Gespräche, wobei er jedoch nicht ausdrücklich die PLO erwähnte. Nach Bushs Auffassung liege es im Interesse Israels, mit den Palästinensern ins Gespräch zu kommen. Der Status quo nutze keiner Seite, weder Israel noch den Palästinensern.

Shamir erklärte sich mit dem Ergebnis seiner Gespräche in Washington zufrieden. Er war weder zu direkten Verhandlungen mit der PLO noch zur Durchführung einer internationalen Friedenskonferenz gedrängt worden. Von palästinensischer Seite waren die Reaktionen unterschiedlich. In einer Rundfunksendung der PLO aus Algier vom 9. 4. 1989 hieß es, daß die amerikanisch-israelischen Gespräche die palästinensische Initiative zur Verwirklichung des Friedens in der Region auf den Nullpunkt zurückgeworfen hätten. Zugleich wurde jedoch betont, daß man weiterhin der Auffassung sei, daß die USA nicht die Ansicht Shamirs teilten.

Von arabischer Seite wurde Shamirs Plan als Manöver, Zeit zu gewinnen und die Palästinenser zur Aufgabe des Aufstands zu zwingen (Israel forderte als Bedingung für Wahlen die Einstellung des Aufstandes), zurückgewiesen. Innerhalb der PLO-Führung in den besetzten Gebieten wollte man die Abhaltung von Wahlen nicht von vornherein ausschließen. Allerdings war man mit der PLO-Führung in Tunis einer Meinung, daß Wahlen nur nach Abzug der israelischen Truppen stattfinden könnten und daß das Ziel die Gründung eines unabhängigen Staates Palästina sein müsse. Zudem müßten die Wahlen unter internationaler Aufsicht stattfinden.

Insgesamt bestand der Eindruck, daß sich Bush nicht von einer der beiden Konfliktparteien, Israel oder der PLO, eindeutig festlegen lassen wollte. Israel würde sicher nicht mehr mit so uneingeschränkter Unterstützung, wie das unter Reagan der Fall gewesen war, rechnen können. So hielt die Regierung Bush am Dialog mit der PLO fest trotz der Versuche Israels, sie unter Hinweis auf Terroraktionen seitens palästinensischer Gruppen zu einem Abbruch der Gespräche zu bewegen. Diese Aktionen gingen offensichtlich auf das Konto radikaler Gruppen aus Damaskus, für die Arafat nicht verantwortlich gemacht werden konnte.

5. Die Nahostinitiative der Sowjetunion

Nach der Regierungsübernahme durch Gorbatschow bemühte sich die sowjetische Außenpolitik verstärkt um Einflußnahme auf die nahöstliche Politik. Als ein neuer Aspekt der sowjetischen Politik wurde der Wunsch deutlich, auch zu den gemäßigten und prowestlichen Staaten wie Ägypten und den Golfstaaten die Beziehungen zu verbessern.

Im Nahostkonflikt zwischen Israel und den Arabern vertrat die Sowjetunion den arabischen Standpunkt, nach dem die Beilegung des Konfliktes im Rahmen einer Nahost-Friedenskonferenz erfolgen sollte. Nur im Rahmen einer internationalen Friedenskonferenz würde die Sowjetunion auf den Nahostkonflikt und die Möglichkeiten seiner Lösung Einfluß nehmen können. Die Sowjetunion hatte wesentlich dazu beigetragen, daß Arafat eine gemäßigtere Politik verfolgte und auf der 19. Sitzung des PNR im November 1988 in Algier die Resolution 242 und das Existenzrecht Israels akzeptierte. Indem die Sowjetunion auch die Beziehungen zu Israel verbesserte, wenn auch ohne Wiederaufnahme der diplomatischen Beziehungen, erhöhten sich ihre Chancen für eine Vermittlertätigkeit im Nahen Osten.

Mit dem Abzug der letzten sowjetischen Truppen aus Afghanistan am 15. Februar 1989 räumte die Sowjetunion das größte Hindernis aus dem Wege, das bis dahin das Verhältnis zu den gemäßigten und konservativen Staaten belastet hatte. Bereits zwei Tage später, am 17.2., reiste der sowjetische Außenminister Schewardnadse im Rahmen einer neuen Nahostinitiative in die Region. Der von Schewardnadse vorgelegte Friedensplan sah die Bildung eines vorbereitenden Komitees bestehend aus Mitgliedern der ständigen Vertretungen des Sicherheitsrates vor, um innerhalb von sechs bis neun Monaten Vorgespräche für die Einberufung einer Friedenskonferenz zu führen. Als wesentliche Voraussetzung für den Erfolg einer solchen Konferenz betrachtete die sowjetische Seite die Einigkeit unter den arabischen Staaten. Während seines Aufenthaltes in Damaskus (17.–19. 2.) betonte Schewardnadse die Notwendigkeit für die arabische Welt, ihre Gegensätze zu überwinden. Dies war offensichtlich an die Adresse Asads gerichtet, dessen Feindschaft zum PLO-Führer Arafat sowie gegenüber dem Irak die innerarabischen Beziehungen schwer belasten.

Während seines Aufenthaltes in Kairo vom 20. bis 23. 4. traf Schewardnadse neben Mubarak auch den israelischen Außenminister Arens und den PLO-Führer Arafat. Nach seinem Gespräch mit Schewardnadse erklärte Arafat seine Bereitschaft zu direkten Gesprächen mit Israel. Die Wiederaufnahme von Beziehungen zwischen Moskau und Tel Aviv machte der sowjetische Außenminister davon abhängig, daß Israel in einen Dialog mit der PLO trete und einer internationalen Friedenskonferenz zustimme. Dem hielt der isrealische Premierminister Shamir entgegen, daß die Sowjetunion ohne diplomatische Beziehungen mit Israel keine Rolle als Friedensvermittler im Nahen Osten spielen könne.

6. Neues Interesse der arabischen Staaten am Nahostkonflikt

Der Aufstand der Palästinenser führte den Arabern die Dringlichkeit des arabisch-isrealischen Konflikts erneut vor Augen. Mit Rücksicht auf die arabische Öffentlichkeit sahen sich die Regierungen deshalb zu einer offiziellen Stellungnahme zum Aufstand der Palästinenser und zur Politik Israels genötigt. Auf der sogenannten Konferenz zur Solidarität mit der Intifada vom 7. bis 9. Juni 1988 in Algier forderten die arabischen Staatschefs erneut die Einberufung einer internationalen Friedenskonferenz und die Beteiligung der PLO als gleichberechtigter Partner bei den Verhandlungen. Der PLO und den Palästinensern in den besetzten Gebieten sagten sie zusätzliche finanzielle Hilfe zu. Zugleich bestätigten sie die Rolle der PLO als alleiniger rechtlicher Vertreter der Palästinenser.

Am stärksten engagierte sich der ägyptische Präsident Mubarak in den Bemühungen um eine friedliche Regelung des arabisch-israelischen Konfliktes. Die ägyptische Führung war für diese Aufgabe besser geeignet als die anderen arabischen Regierungen, weil sie sowohl zur PLO als auch zur israelischen Regierung direkte Beziehungen unterhielt. Der ägyptische Präsident hatte entscheidenden Anteil daran, daß sich die PLO-Führung von ihren früheren Maximalforderungen distanzierte und schließlich auf der 19. Sitzung des PNR Anfang November 1988 in Algier die Beschlüsse 242 und 338 des Sicherheitsrates und das Existenzrecht Israels anerkannte. Mubarak handelte dabei durchaus im Interesse der ägyptischen Politik. Eine Beilegung des Konfliktes um Palästina mußte für ihn von vorrangiger Bedeutung sein, da der Aufstand nur im Rahmen einer allgemeinen Lösung beendet werden konnte. Hierzu bedurfte es zunächst der Zustimmung der PLO-Führung zu einer friedlichen Lösung. Die Intifada verstärkte indirekt den innenpolitischen Druck auf die Regierung in Ägypten. Mit Rücksicht auf den ägyptisch-israelischen Friedensvertrag, aber auch auf den amerikanischen Verbündeten, konnte Mubarak seine Kritik an dem gewalttätigen Vorgehen der israelischen Truppen gegen die Palästinenser nur sehr vorsichtig formulieren. Die Opposition, insbesondere die islamisch-fundamentalistischen Kräfte, erwartete hingegen eine uneingeschränkte und bedingungslose Unterstützung für die Intifada. Die Regierung geriet erneut in den Verdacht, unter dem Druck Israels und der USA die arabischen Interessen nicht genügend zu verteidigen. Dieser Verdacht wurde auch nach dem Besuch Mubaraks in Washington Anfang April 1989 geäußert. Hatte Mubarak vor der Reise davon gesprochen, daß er Bush von der Notwendigkeit einer internationalen Konferenz zur Lösung des Palästinakonfliktes überzeugen wolle, so sprach er nach der Begegnung mit Bush nur noch davon, daß man die Lage verbessern und geeignete Rahmenbedingungen schaffen müsse. Den israelischen Vorschlag zur Durchführung von Wahlen lehnte Mubarak ab, desgleichen war er nicht zu einem Treffen mit Shamir in Washington bereit.

Am unmittelbarsten und stärksten war König Husain von der Intifada betroffen. Husain war realistisch genug zu erkennen, daß sich die Intifada nicht nur gegen die israelische Besatzung richtete, sondern ebenfalls gegen eine jordanische Vorherrschaft. Er zog deshalb am 31. Juli 1988 die Konsequenzen und löste alle Bindungen zur West Bank. Wie er in seiner Erklärung sagte, respektiere er den Wunsch der PLO, als alleiniger legitimer Vertreter der Palästinenser nach Errichtung eines eigenen, unabhängigen Staates anerkannt zu werden.

Beide Seiten, die jordanische Regierung und die PLO, einigten sich bei Verhandlungen im August 1988 auf Maßnahmen, um eventuelle Härten aus dem jordanischen Beschluß für die Bevölkerung zu vermeiden.

Hinter Husains Schritt stand auch die Befürchtung, daß die Intifada auf Jordanien selbst, wo rund 60 Prozent der Bevölkerung Palästinenser sind, übergreifen könnte. Außerdem wollte Husain möglichen Ansprüchen der Palästinenser auf das jordanische Gebiet vorbeugen. Wie in Israel so gibt es auch unter den Palästinensern Stimmen, die Jordanien als einen palästinensischen Staat definieren, der den Ausgangspunkt eines zukünftigen gesamtpalästinensischen Staates, in dem die Gebiete östlich und westlich des Jordans vereinigt würden, bilden könnte.

Während Ägypten und Jordanien im Interesse einer friedlichen Lösung des Palästinaproblems zu Konzessionen, z. B. in der Frage der Grenzziehung oder von Teillösungen, bereit waren, beharrt Syrien weiterhin auf seinem Standpunkt, jeden Kompromiß abzulehnen und als Bedingung für eine Beilegung des Konfliktes den vollständigen Rückzug Israels aus allen 1967 besetzten Gebieten, also auch des syrischen Golans, zu fordern. Auch die Beziehungen Syriens zur PLO blieben gespannt. Nach dem Treffen Arafats mit Asad am 25. April 1988 anläßlich der Beisetzung Abu Jihads in Damaskus kam es nicht, wie erhofft, zu einer Beendigung des seit 1983 andauernden Streits zwischen der syrischen Führung und der PLO unter Arafat.

Der Vorschlag des israelischen Premierministers Shamir, in den besetzten Gebieten Wahlen durchzuführen, bestimmte im weiteren Verlauf die Diskussion um die Möglichkeiten zu einer Lösung des Nahostproblems. Obwohl die arabischen Reaktionen in der Öffentlichkeit ablehnend waren, wurde der Plan Shamirs nicht grundsätzlich zurückgewiesen. Die PLO forderte als Vorbedingung den Abzug der israelischen Truppen und eine internationale Beaufsichtigung der Wahlen. König Husain erklärte nach seinem Besuch bei Präsident Bush am 19. April, daß er alle amerikanischen Bemühungen um eine Regelung des Konfliktes unterstütze. Er hoffe, daß Israel den Notwendigkeiten des Friedens Rechnung tragen und die legitimen Rechte der Palästinenser anerkennen werde. Von amerikanischer Seite wurde erklärt, man habe den Eindruck gewonnen, daß der König der Idee von Wahlen nicht ablehnend gegenüberstehe. Die von Mubarak in der Öffentlichkeit geäußerte Zurückweisung des Vorschlags zur Durchführung von Wahlen schwächte der ägyptische Außenminister Abd al-Majid ab. In einer Erklärung gegenüber der Nachrichtenagentur Mena sagte er am 1. Mai, daß Ägypten die Idee von Wahlen grundsätzlich nicht zurückgewiesen habe. Die Wahlen seien aber kein Ziel, sondern ein Schritt zur Erreichung der Rechte der Palästinenser. Anläßlich seines Besuches in Paris am 2. und 3. Mai machte Arafat im Interesse einer Lösung des Palästinakonflikts erneut eine wesentliche Konzession, indem er erklärte, daß die PLO-Charta von 1964, in der die gewaltsame Zerstörung Israels gefordert wird, überholt und nicht mehr gültig sei. Von israelischer Seite war die Aufrichtigkeit des Friedenswillens der PLO und Arafats mit dem Hinweis auf diese Passage in Frage gestellt worden.

Thomas Koszinowski (Deutsches Orient-Institut, Hamburg)

Literaturhinweise

Flores, Alexander, Intifada. Aufstand der Palästinenser, Berlin 1988.
Lübben-Pistofidis, Ivesa/Jans, Käthe, Kinder der Steine, Reinbek 1988.

Pakistan zwischen Militärherrschaft und Zivilregierung

Am 2. Dezember 1988 wurde Benazir Bhutto als erste Frau in einem islamischen Land als Premierministerin vereidigt. Aus den Wahlen am 16. November war ihre Partei PPP mit 92 von 205 Sitzen als Siegerin hervorgegangen, die Parteihochburg lag in der Provinz Sind. Bhuttos Gegenspieler Nawaz Sharif, der sich auf die politisch einflußreichste Provinz Punjab stützte, gewann nur 55 Sitze mit seiner konservativen Koalition *Islamic Democratic Alliance* (IDA), die von Militär, Establishment und Geistlichkeit bevorzugt wurde. Von den 27 beteiligten Parteien gelang nur acht Parteien der Einzug in das Parlament. Darunter war überraschend die neue Partei *Mohajir Quaumi Movement* (MQM) mit 13 Sitzen. Als Mohajirs werden die indischen Immigranten von 1947/48 bezeichnet. Die Mohajirs hatten sich in den Städten der Provinz Sind niedergelassen, waren nicht in das ethnische Gefüge Pakistans integriert worden und seit Mitte der 80er Jahre in ethnisch-sozio-ökonomische Unruhen im Sindhi-Wirtschaftszentrum Karachi und in Hyderabad verwickelt.

Der Wahltermin war noch von General Zia festgelegt worden, nachdem er am 29. Mai 1988 seinen Premierminister Junejo und dessen Kabinett entlassen hatte. Zias Anordnung, die Wahlen ohne Beteiligung von Parteien abzuhalten, war von der PPP unmittelbar vor Zias Flugzeugabsturz am 17. August 1988 beim Obersten Gerichtshof angefochten worden. Das mit großer Spannung erwartete Urteil ließ am 2. Oktober die Parteien wieder zu und gab damit das Startsignal für gewaltfreie demokratische Wahlen.

Im folgenden sollen diejenigen strukturellen Zwänge beleuchtet werden, die Benazir Bhuttos demokratisches Experiment erheblich belasten: das chronische Versagen des demokratischen Entscheidungsprozesses, die Tradition einer Militärherrschaft und die Bedeutung von Zias Islamisierungspolitik für die Entwicklung einer „pakistanischen Staatsidentität".

1. Militärherrschaft als Regelfall

Den sensationellen Charakter der Nationalwahlen vom November 1988 und der Einsetzung einer zivilen Regierung verdeutlicht der Rückblick auf die politische Geschichte des 1947 entstandenen Staates. Daß eine zivile Regierung lediglich die Ausnahme von der Regel war, zeigt sich daran, daß während seines 41-jährigen Bestehens der Staat 25 Jahre lang von Militärs beherrscht wurde. Nur 16 Jahre konnten sich (teilweise recht schwache) Zivilregierungen halten. Nationale Wahlen nach demokratischen Spielregeln wurden sogar nur dreimal abgehalten, doch lösten sie – vorerst mit Ausnahme der letzten Wahl – jeweils ein unerwartet folgenschweres Nachspiel aus.

Die ersten nationalen Wahlen fanden im Dezember 1970 statt, erst 23 Jahre nach der Staatsgründung. Das Wahlergebnis enthüllte schlagartig die latent gewachsene Polarisierung zwischen dem dominierenden Westteil und dem „intern kolonisierten" ostbengalischen Teil. Wahlsieger mit der Mehrheit der Parlamentssitze wurde Mujibur Rahman, der Führer der ostbengalischen „Awami Liga", der aber *keine* Mandate im Westteil errungen hatte. Zweitstärkster Politiker wurde Zulfikar Ali Bhutto, dessen „Pakistan People's Party" (PPP) die Mandate *ausschließlich* im Westteil gewonnen hatte.

Der Machtkampf zwischen den drei Rivalen – Militärdiktator General Yahya Khan (ein Pathane), Bhutto (ein Sindhi) und Mujibur Rahman – provozierte einen Sezessionskrieg des Ostteils gegen den Westteil. Der Krieg endete im Dezember 1971 – infolge des Eingreifens der indischen Armee – mit der Abspaltung des Ostteils, der unter dem Namen Bangladesh seine Souveränität erklärte. Im westpakistanischen Reststaat, dem heutigen Pakistan, war der Militärdiktator durch das Kriegsdesaster derart diskreditiert, daß er die Regierungsgewalt an den zivilen Politiker Bhutto abtreten mußte. Die Ablösung der seit 1948 bestehenden Militärherrschaft durch eine Zivilregierung wurde mit einem hohen Preis erkauft: der Halbierung des Staatsterritoriums. Die wichtigste außenpolitische Folge des Krieges bestand darin, daß sich das Kräfteverhältnis zwischen den beiden regionalen Rivalen Pakistan und Indien unwiderruflich zugunsten Indiens verschoben hatte.

Die zweiten nationalen Wahlen vom März 1977 fanden zwar in einer innenpolitisch angespannten Lage statt, doch deutete während des Wahlkampfes nichts darauf hin, daß die Wahlen den Auftakt zu einer erneuten langen Periode der Militärdiktatur darstellen sollten. Premierminister Bhutto hatte sich seit 1972 als geschickter Außenpolitiker erwiesen, der die zutiefst gedemütigte Bevölkerung mit neuem Selbstbewußtsein erfüllt, dem Staat internationales Ansehen zurückgewonnen und mit dem Simla-Abkommen vom Juli 1972 nicht nur die Beziehungen zum Kriegsgegner und „Erzfeind" Indien normalisiert, sondern auch die Fixierung der Außenpolitik auf die „indische Gefahr" reduziert hatte.

Innenpolitisch konnte Bhutto allerdings keine vergleichbare Erfolgsbilanz vorweisen. Langfristig bestehende Rivalitäten zwischen den vier Volksgruppen – Punjabis, Sindhis, Pathanen und Belutschen –, Kritik an Bhuttos „sozialistischer" Wirtschaftspolitik und wachsender Unmut über seinen autokratischen Regierungsstil ließen seine innenpolitische Machtbasis zusehens schwinden. Die von Bhutto selbst eingeführte Verfassung von 1973 sah Wahlen für das Jahr 1977 vor, ein für Bhutto durchaus günstiger Termin, da er vorläufig noch die Oberhand über seine innenpolitischen Gegner hatte. Um jedoch kein Risiko einzugehen, setzte Bhutto Bürokratie und Polizei für Wahlmanipulationen ein, so daß seine PPP eine Zweidrittelmehrheit errang.

Damit entzündete Bhutto eine Lunte, die das Pulverfaß der aufgestauten innenpolitischen Spannungen explodieren ließ. Die Bekanntgabe von Bhuttos manipuliertem Wahlerfolg provozierte Massendemonstrationen und Streiks, in den beiden wichtigsten Provinzen Punjab und Sind wurde das öffentliche Leben lahmgelegt, so daß Bhutto im April das Kriegsrecht über drei große Städte verhängte. Als Ende Juni Verhandlungen zwischen Bhutto und der islamisch-fundamentalistisch dominierten Oppositionskoalition scheiterten, riß General Zia ul Haq am 5. Juli 1977 in einem unblutigen Militärputsch die Macht an sich. Zia galt bis dahin als loyaler Offizier und war von Bhutto persönlich 1976 zum Oberkommandierenden des Heeres befördert worden.

Zunächst rechtfertigte Zia die neuerliche Militärherrschaft damit, daß er lediglich die innere Sicherheit bis zu Neuwahlen garantieren wollte. Doch statt die Rückkehr einer Zivilregierung in die Wege zu leiten, festigte er seine Militärdiktatur. Neuwahlen wurden vom Oktober 1977 auf November 1979 verschoben, dann endgültig abgesagt und gleichzeitig alle politischen Parteien verboten und eine strikte Zensur verhängt. Erst sieben Jahre später, mit dem Referendum vom 19. Dezember 1984, begann Zia, seinem Militärregime einen pseudo-zivilen Anstrich zu geben. In dem Referendum ließ er seine Macht auf weitere fünf Jahre absichern. Im Februar 1985 folgten parteilose Wahlen, im April ernannte Zia Mohammed Khan Junejo zu seinem Premierminister, und am 30. Dezember 1985 hob Zia das Kriegsrecht nach mehr als acht Jahren auf. Auch legte er den militärischen Titel „Kriegsrechtsadministrator" ab, den er seit dem Putsch trug, und betonte fortan den zivilen Titel „Präsident", den er seit 1978 zusätzlich angenommen hatte. Trotzdem blieb faktisch der militärische Charakter seines Regimes bis zu seinem Tod bestehen.

Erst die dritten nationalen Wahlen am 16. November 1988, die – ebenso wie die von 1970 – als frei von Manipulationen charakterisiert wurden, leiteten den Prozeß der Redemokratisierung ein. Angesichts der geringen demokratischen Erfahrung und eines fehlenden gewachsenen Parteiensystems trifft die Vorsilbe „Re-" kaum zu. Vielmehr handelt es sich um einen neuen Versuch, ein demokratisches System einzuführen und demokratische Organe und Institutionen aufzubauen – historisch gesehen in einem besonders günstigen Moment, aber dennoch mit ungewissen Erfolgschancen.

2. General Zia und die Bhutto-Familie

Bereits die Tatsache, daß die neue Premierministerin die Tochter des von Zia entmachteten und am 4. April 1979 gehängten Zulfikar Ali Bhutto ist, verleiht Zias damaliger Verfolgung der Bhutto-Familie neue Relevanz. Zunächst ist natürlich der persönliche Faktor zu berücksichtigen, daß Benazir Bhutto den Tod ihres Vaters rächen wollte. Bis zu Zias Flugzeugabsturz bestand ihr zentraler Agitationspunkt darin, den Mörder ihres Vaters zu stürzen.

So verständlich das familiäre Vergeltungsstreben war, so wären Benazir und ihre Mutter Nusrat kaum auf so große Resonanz unter Bhuttos ehemaligen Parteianhängern, insbesondere aber in breiteren Bevölkerungskreisen gestoßen, wenn die Weitergabe des politischen Erbes an andere Familienmitglieder (gerade auch an Frauen) nicht gesellschaftlich akzeptiert worden wäre. Die Bhutto-Frauen in Pakistan sind nur das jüngste Beispiel für eine in Südasien schon mehrfach eingetretene Verbindung von dynastischer Erbfolge und demokratischer Wahl. Sowohl Sirimavo Bandaranaike in Sri Lanka als auch Indira Gandhi in Indien (und neuerdings ihr Sohn Rajiv) wurden zunächst allein in ihrer Rolle als familiäre Erbträgerin des ermordeten oder verstorbenen Familienpatriarchen gewählt. Doch beide Frauen wuchsen zu Politikerinnen in ihrem eigenen Namen heran, bestätigt durch demokratische Wiederwahl.

Das Wohlwollen, das Benazir und Nusrat in der Bevölkerung auch Jahre nach Bhuttos Hinrichtung entgegengebracht wurde, rührte nur bedingt aus Bhuttos eigener Beliebtheit. Für die nach seiner Hinrichtung einsetzende Glorifizierung als „Märtyrer-Vorsitzender", die von den Bhutto-Frauen agitatorisch gefördert wurde, waren in erster Linie von Zia selbst verursachte Faktoren verantwortlich: (I) die politische Willkür, die den über ein Jahr dauernden Prozeß gegen ihn prägte, (II) die entwürdigenden Haftbedingungen, denen Bhutto unterworfen war, (III) politische Manipulation der Richter und das knappe Richtervotum von 4:3 zugunsten einer Verurteilung, (IV) Bhuttos Hinrichtung, die trotz weltweiter Proteste und Gnadenappelle von Zia angeordnet wurde. Ein lebender Bhutto, im Gefängnis oder im Exil, wurde von Zia als unkalkulierbares Risiko gewertet, so daß es für ihn nur eine Lösung gab: Hängt den Schuft!

Fatalerweise schuf Zia gerade damit die psychologischen Voraussetzungen für die emotionale Kampagne der Bhutto-Frauen. Seine Einschätzung der beiden Frauen schien ambivalent gewesen zu sein. Einerseits hielt er sie für so gefährlich, daß er sie ab Dezember 1977 unter Hausarrest stellte oder inhaftierte (Benazir zeitweise in Einzelhaft), zunächst keine Ausreiseerlaubnis für beide schwer erkrankten Frauen erteilte, dann aber Benazir exilierte (von Januar 1984 bis April 1986).

Andererseits schien Zia Benazir nicht als ernsthafte Rivalin einzustufen, offenbar aufgrund ihres Geschlechtes, ihrer Jugend (geb. 1953), ihrer mangelnden politischen Erfahrung und des undisziplinierten Zustands ihrer Partei.

Um ganz sicher zu gehen, beabsichtigte Zia, Benazir auf verfassungsmäßigem Weg auszuschalten, erntete damit aber heftigen öffentlichen Protest. Die von Zia eingesetzte *Ansari Kommission* empfahl Ende 1983 eine Verfassungsänderung, die das Alter von männlichen Wahlkandidaten auf mindestens 25 Jahre festlegen sollte, das von weiblichen Kandidaten dagegen auf mindestens 50 Jahre. Außerdem sollten Kandidatinnen das schriftliche Einverständnis ihrer Ehemänner vorlegen. Benazir war damals 30 Jahre alt und unverheiratet!

Es ist müßig darüber zu spekulieren, wie ein direktes Duell zwischen Zia und Benazir verlaufen wäre. In jedem Fall unterschätzte Zia (I) das persönliche Durchhaltevermögen beider Frauen, (II) desgleichen Benazirs Fähigkeit, unter den Belastungen von Hausarrest, Gefängnis und Exil persönlich zu reifen, und (III) vollends entging Zia Benazirs tiefe Entschlossenheit, das Erbe ihres Vaters weiterzuführen. Nicht nur in ihrer Autobiographie, sondern auch bei anderen Anlässen hatte sie ihre politische Aufgabe melodramatisch legitimiert: In seiner erbärmlichen Gefängniszelle das Schlimmste ahnend, habe Bhutto Benazirs Hand ergriffen: „Meine Tochter, sollte mir etwas zustoßen, versprich mir, daß du meine Mission fortsetzen wirst."

3. Zias Islamisierungspolitik und die Legitimationskontroverse

Heftige Kritik entzündete sich an Zias Maßnahmen, Staat und Gesellschaft „zu islamisieren". In vier Teilbereichen erließ Zia Gesetze und Vorschriften, die die geltenden säkularen Richtlinien durch islamische Normen ersetzen: (I) Wirtschaftsreformen glichen die Steuer- und Zinspolitik den Vorschriften des Koran an; (II) im Gerichtswesen wurden islamische Gerichtshöfe neben den weltlichen geschaffen, so auf nationaler Ebene der „Federal Shariat Court", auf Provinz- und Distriktebene die „qazi"-Gerichte, und ein nationaler Ombudsmann (Mohtasib) wurde ernannt; (III) ein islamischer Strafgesetzkodex wurde eingeführt, in dessen Rahmen das umstrittene „Law of Evidence" die Zeugenaussage von *zwei* Frauen der Aussage *eines* Mannes gleichsetzte; (IV) die neue Erziehungspolitik führte den Koranunterricht als Pflichtfach an Schulen ein, mit Urdu als Unterrichtssprache, Lehrbücher wurden „islamisiert" und getrennte Ausbildungsstätten für Mädchen und Studentinnen mit einem deutlichen Schwerpunkt auf „weiblichen" Fächern (Hauswirtschaftslehre, Gesundheitswesen, Lehrerausbildung) gefördert.

So kontrovers jede der Maßnahmen im einzelnen war, so war es die gesamtgesellschaftliche Tragweite der Islamisierungspolitik, die die eigentliche Kritik provozierte. Zias Maßnahmen hatten die alte Kontroverse, ob Pakistan ein säkular-demokratischer oder ein islamisch-theokratischer Staat sein sollte, erneut entfacht. Dadurch hatte sich die Kluft zwischen den gegnerischen ideologischen Lagern vertieft, die Gesellschaft war zum Zeitpunkt von Zias Tod 1988 stärker polarisiert als bei seiner Machtübernahme 1977.

Mit dieser Kontroverse verbunden war ein ganzes Bündel an prinzipiellen Problemen: der durch die Zwei-Nationen-Theorie verursachte „ideologische Geburtsfehler" Pakistans, die Stärkung des Staatsapparates unter Vernachlässigung des gesellschaftlichen Zusammenwachsens und das Versagen demokratischer Institutionen beim Aushandeln eines politischen Interessenausgleichs.

Das zentrale Problem Pakistans lautete 1947, 1971 und auch heute noch: Wie läßt sich Einvernehmen über die Definition einer „pakistanischen Staatsidentität" erzielen? Der Rückblick auf die Legitimationskontroverse zeigt, daß Zias Islamisierungspolitik ein erneuter Anlauf war, das grundsätzliche Problem zu lösen. Als das britisch-indische Imperium 1947 aufgelöst wurde, legitimierte Muhammed Ali Jinnah, Pakistans Gründungsvater, die Abtrennung Pakistans mit der Zwei-Nationen-Theorie. Die Theorie besagte, daß Moslems und Hindus zwei getrennte „Nationen" bildeten und daß deshalb die moslemische Bevölkerung des indischen Subkontinents ein Recht auf eine eigenständige politische Heimat besäße.

Den darin liegenden ideologischen Widerspruch „übersah" Jinnah aus taktischen Gründen. Die damalige politische Situation zwang ihn zu einer religiös-politischen Argumentation, obwohl er persönlich eine „säkular-modernistische" Auffassung vertrat. Fatalerweise bestärkte seine Argumentation die Forderung der islamischen Fundamentalisten, Pakistan zu einem „islamistischen Staat" mit theokratischem Charakter zu machen. Die politisch einflußreichste Partei des fundamentalistischen Lagers war die Jamaat-i-Islami, mit der später Zia zusammenarbeiten sollte.

Nach der Gründung Pakistans hielt Jinnah formal die Zwei-Nationen-Theorie aufrecht, bezog sie faktisch aber nur auf den islamischen Charakter der *Nation.* Den *Staat* betreffend betonte er dessen säkularen Charakter, trat für eine Trennung von Staat und Religion ein und begann, ein demokratisches System aufzubauen. Damit war die ideologische Konfrontation zwischen „Fundamentalisten" und „Säkularisten" unvermeidbar geworden, die Kontroverse über die Legitimation des Staates spaltete fortan die Gesellschaft. Dank Jinnahs beherrschender Autorität behielt vorerst das säkularistische Lager die Oberhand, versäumte aber, die Muslim Liga (Jinnahs Partei) zu einer überlebensfähigen, nationalen Partei mit Basiseinheiten in allen Provinzen auszubauen.

Die demokratischen Gehversuche wurden schnell gestoppt, als Jinnah 1948 starb, sein Premierminister Liaquat Ali Khan 1951 ermordet wurde, und die Muslim Liga in rivalisierende Flügel zerfiel. Das zweifache politische Vakuum (Staatsführung und nationale Partei) hatte verheerende Folgen. Die Verfassungsgebende Versammlung bot das geeignete Forum für die gegnerischen Lager, den Kampf um die Staatsideologie nun offen auszutragen. Das nachfolgende Chaos ebnete den Weg für die erste Militärherrschaft unter Ayub Khan (1958–1969). Der erste Anlauf, politische Partizipation und einen demokratischen Interessenausgleich zu institutionalisieren, war gescheitert, die ideologische Kontroverse blieb weiterhin ungelöst.

Mit der Abspaltung Bangladeshs 1971 brach die aus der Zwei-Nationen-Theorie abgeleitete Legitimation, so fiktiv sie auch gewesen sein mochte, endgültig zusammen. Zudem traten nun die Gegensätze zwischen den vier verbliebenen Volksgruppen mit ihren jeweils eigenen Sprachen verschärft zutage, provoziert durch die Dominanz des Punjabs über die drei Minderheitsgruppen der Sindhis, Pathanen und Belutschen. In einer großen Kreisbewegung, zusätzlich gedemütigt durch den verlorenen Krieg, war man an den Ausgangspunkt zurückgekehrt: Wie ließ sich in dieser Konfliktsituation ein nationaler Konsens über eine „pakistanische Identität" erzielen?

Angesichts des Dilemmas entwarf Bhutto ein breitgefächertes Konzept, das Reformen in allen Bereichen des Staates einschloß, von einem säkular-modernistischen Ansatz geprägt war und die Kluft zu den fundamentalistischen Widersachern durch islamische Slogans (z. B. „islamischer Sozialismus") zu überbrücken suchte. Lediglich die von Bhutto eingeleitete außenpolitische Neuorientierung fand ungeteilte Zustimmung. Die veränderte geostrategische Lage legte es nahe, sich von dem durch das hinduistische Indien dominierten Südasien ab- und dem islamischen Westasien zuzuwenden. Damit festigte Bhutto den nationalen Konsens über die islamische Grundorientierung, ohne die Gretchenfrage nach dem spezifischen Systemtyp – säkular oder theokratisch – zum Streitpunkt zu machen.

Die Meinungen über Bhutto variierten stark, sie reichten von der Verehrung für den populistischen Führer bis zu scharfer Kritik an seinem arroganten Auftreten und persönlichen Machtstreben. Je nach dem Maßstab, nach dem man seine Regierung bewertete, wurden seine Leistungen und Defizite unterschiedlich gewichtet. Gemessen an der verheerenden Lage, in der sich Staat und Gesellschaft zum Zeitpunkt von Bhuttos Regierungsantritt befanden, bestand sein Verdienst darin, daß er den Staat vor der vollständigen Auflösung bewahrte und mit der Wiederherstellung des internationalen Ansehens die Basis für die neuerliche Identitätssuche legte. Gemessen dagegen an dem Anspruch, einen demokratisch-partizipatorischen Entscheidungsprozeß einzuführen, versagte er als nationale Integrationsfigur. Kritik an seiner Person, seinem Regierungsstil und seiner nationalen Reformpolitik begünstigte den Rückfall auf ethnische Sonderinteressen, unterband also das Hineinwachsen der Punjabis, Sindhis etc. in eine übergeordnete „pakistanische Identität".

Entgegen Bhuttos eigenen Bestrebungen ebnete seine Politik letztlich den Weg für seine ideologischen Widersacher. Bedrängt durch eine heterogene Widerstandsfront, die politisch unterschiedlich motiviert und organisatorisch von verschiedenen Gruppen getragen wurde, suchte Bhutto in seinen beiden letzten Regierungsjahren seine Machtposition durch zwei Strategien abzusichern.

Die eine Strategie bestand darin, den Staatsapparat als Instrument der Machterhaltung zu stärken. So zentralisierte Bhutto die Entscheidungskompetenz in der Staatsspitze, nationalisierte Schlüsselindustrien, Banken und Versicherungen, verpflichtete sich untere Verwaltungsränge durch die populistische Maßnahme deutlicher Lohnerhöhungen und beschnitt zugleich den Einfluß der privilegierten Kader der verschiedenen Verwaltungssysteme durch die Einführung einer integrierten Verwaltungsstruktur. Der Einfluß der PPP wurde ausgeweitet mit dem Ziel, sie zu der einzig maßgeblichen Partei (und dem alleinigen Pfründenverteiler) zu machen. Als besonders verhängnisvoll erwies sich die Maßnahme, die Sicherheitsorgane zur Überwachung und Bekämpfung der ethnischen Unruhen einzusetzen. Bhutto baute eine Sondereinheit der Polizei auf (Federal Security Force) und schuf einen Präzedenzfall, als er die Armee zur Niederschlagung des belutschischen Aufstandes einsetzte. Damit rehabilierte er die Armee als innenpolitisches Sicherheitsorgan – eine Rolle, die die Armee wenig später bereitwillig übernahm, diesmal gegen Bhutto selbst gerichtet.

Die andere Strategie betraf die Staatsideologie und die Legitimation der Regierung. Um die wachsende Polarisierung zu stoppen, rang sich Bhutto zu immer mehr Konzessionen an seine gefährlichsten Gegner, die Fundamentalisten, durch. Die Jamaat-i-Islami hatte Bhuttos Regierung von Anfang an als „unislamisch" und „unmoralisch" gebrandmarkt. Um ihr Wohlwollen buhlte Bhutto, indem er die Ahmediya-Sekte per Verfassungsänderung zu einer religiösen Minderheit hinabstufte, die Freitagsgebete rituell aufwertete und den staatlichen Feiertag vom (christlich-westlichen) Sonntag auf den (islamischen) Freitag verlegte.

In der Ideologiekontroverse schlug das Pendel immer stärker zugunste der islamischen Fundamentalisten aus. Sie waren dann auch die treibende Kraft der politischen Unruhen nach den manipulierten Wahlen 1977 und gingen eine Allianz mit den politisch rehabilitierten Militärs ein, um Bhutto zu stürzen.

Weder Zias Islamisierungspolitik noch seine autoritäre Militärherrschaft kamen also aus heiterem Himmel. Die Gesellschaft war ideologisch eingestimmt und der Staatsapparat bereits erheblich zentralisiert. Daß Zia beide Prozesse verstärken konnte, wurde durch mehrere Faktoren begünstigt. Erstmals bekannte sich ein Militärdiktator aufgrund seiner persönlichen Glaubensüberzeugung ausdrücklich zur fundamentalistischen Ideologie und rechtfertigte seine Herrschaft mit einem göttlichen Auftrag.

Auch kam ihm zugute, daß die Wahlmanipulation einen demokratischen Interessenausgleich im Rahmen eines Mehrparteiensystems diskreditiert hatte. Innenpolitische Konflikte hatten sich nicht nur an ideologischen, sondern auch an ethnischen und sozio-ökonomischen Interessenrivalitäten entzündet, so daß eine Vielzahl kleinerer und größerer Parteien höchst unterschiedliche Anliegen vertrat. Statt die Interessengegensätze zu kanalisieren, unterband Zia prinzipiell eine offene Diskussion, indem er die Parteien für „unislamisch" erklärte und verbot. Selbst als er ab 1985 sein Regime „zivilisierte", hielt er strikt am Parteienverbot fest. Seine Präsidentschaft verstand er als ein nationales, über Sonderinteressen stehendes Amt. In den Bestrebungen seines Premierministers Junejo, der sich durch die Wiederbelebung der Muslim Liga eine persönliche Parteibasis schaffen wollte, witterte Zia eine Gefährdung seiner nationalen Herrschaftslegitimation.

Schließlich profitierte Zia von den politischen und ideologischen Rückwirkungen des Widerstands der islamischen Mujahedin im benachbarten Afghanistan. Indem er die Mujahedin generell und innerhalb der Widerstandsgruppen speziell den fundamentalistischen Flügel unter Hekmatyar unterstützte, traf er mehrere Fliegen mit einer Klappe. Durch den Gerichtsprozeß und die Erhängung Bhuttos war Zias Image innen- und außenpolitisch Ende 1979 sehr angeschlagen. Die sowjetische Intervention in Afghanistan wertete seine Position schlagartig auf. Die Carter-Administration „vergaß" die Menschenrechtsverletzungen, setzte sich über Bedenken gegen Pakistans kontroverse Nuklearpolitik hinweg und erhob Pakistan in den Status eines anti-kommunistischen Frontstaates. Dadurch eröffnete sich Zia ein so großer Verhandlungsspielraum, daß er außergewöhnlich hohe Wirtschafts- und Militärkredite von den USA erwirkte, mit der Folge, daß er sich innenpolitisch als effizienter Anwalt der nationalen Interessen darstellen konnte.

Die Begünstigung des fundamentalistischen Mujahedin-Flügels löste eine außen- und innenpolitische Wechselwirkung aus. Konservative islamische Staaten, voran Saudi-Arabien, unterstützten Zia politisch und finanziell großzügig, was wiederum innenpolitisch Zias Interessenallianz mit dem fundamentalistischen Lager festigte. Islamisierung erwies sich Anfang der 80er Jahre als nützliche Ideologie. Pakistans Staatsidentität als Verteidiger der moslemischen *Ummah* (supranationale islamische Gemeinschaft) wurde konsolidiert, und mit der Projektion als „islamischer Herrscher" legitimierte Zia seine Militärherrschaft.

Der innenpolitische Konsolidierungsprozeß erreichte im Sommer 1983 seine entscheidende Wendemarke. Um es bildlich auszudrücken: Zias Militärregime glich einem Drucktopf, in den die Gesellschaft mit ihren vielfältigen Konflikten hineingezwängt und mit dem islamistischen Deckel unter Verschluß gehalten wurde. Da Zia das Druckventil verstopft hatte, explodierte der aufgestaute Dampf in Gestalt der Sind-Unruhen 1983.

Anlaß für die Massendemonstrationen in der Heimatprovinz des Bhutto-Clans waren Zias Vorschläge für eine Verfassungsänderung. Organisatorisch getragen wurden die Unruhen von der neu gegründeten Acht-Parteien-Allianz, dem *Movement for the Restauration of Democracy* (MRD), dessen wichtigstes Mitglied die (formal verbotene) PPP war. Interessanterweise beteiligten sich auch herausragende *Pirs* (geistliche Führer) mit einer riesigen Sufi-Anhängerschaft an den Demonstrationen, da sie Zias Einführung einer einheitlichen *Shariat*-Struktur als Verstoß gegen die im Islam vorhandene Vielfalt der religiösen Praktiken kritisierten. Die an das Zia-Regime gerichteten Forderungen waren inhaltlich heterogen, das gemeinsame Kennzeichen war prinzipieller Natur: der Ruf nach einem offenen Willensbildungsprozeß und einer partizipatorischen Entscheidungsstruktur.

Analysiert man Zias Islamisierungsmaßnahmen im einzelnen, so wird ein Widerspruch sichtbar. Erweckten Zias Ankündigungen den Eindruck, daß sich Pakistan bereits in einen theokratischen Staat transformierte, so enthüllte die Umsetzung an der Basis, daß die einzelnen Verordnungen entweder nur halbherzig verwirklicht wurden oder mit zu geringen finanziellen Mitteln ausgestattet oder schlicht anachronistisch waren. Dies nährte ein grundsätzliches Mißtrauen gegen die Islamisierungspolitik: Meinte Zia die Islamisierung ernst, oder schob er sie nur als ideologische Legitimation für sein Militärregime vor?

Zias persönliche Motivation wird wohl umstritten bleiben. Auch ist die Ideologiekontroverse durch Zias Tod „entpersonifiziert" worden. Seit den 1988er Wahlen schlägt das Pendel weit zugunsten des demokratisch-säkularistischen Lagers aus, doch die gegnerischen Zugkräfte bleiben stark. Das islamische Fundament der „pakistanischen Identität" betont auch Benazir Bhutto. Doch wird es ihr gelingen, den nationalen Konsens über die säkulare Systemstruktur zu stabilisieren?

4. Benazir Bhuttos Erbe

Zia hat eine Vielzahl struktureller Probleme hinterlassen, die Benazir Bhutto den demokratischen Neuanfang erschweren. Zwar wird die Existenz des Staates und der Zusammenhalt der Nation nicht grundsätzlich in Frage gestellt, doch Erfahrungen in der demokratischen Praxis fehlen völlig. Die bislang befriedigenden Wachstumsraten täuschen nicht darüber hinweg, daß das Wirtschaftssystem dringend umstrukturiert werden muß.

Die enorme politische Macht des Militärs schränkt Bhuttos Handlungsspielraum in mehrfacher Hinsicht ein. Zum einen wird die Armee sofort wieder intervenieren, wenn das demokratische Experiment zu innenpolitischem Chaos führt. Zum anderen besteht die Armeeführung auf außenpolitischer Kontinuität, in der USA-Politik wie in der komplexen Afghanistan-Politik, und schätzt die indische Gefahr unvermindert hoch ein trotz der persönlichen Sympathie zwischen den beiden generationsgleichen Regierungschefs.

Schließlich sieht die Armee die nationale Sicherheit durch eine Kürzung des Verteidigungsetats gefährdet, der infolge des Afghanistan-Konfliktes auf über 34% des jährlichen Haushalts gestiegen ist. Dadurch sind Bhuttos finanzielle Mittel zu knapp, um sozio-ökonomische Reformprogramme einzuleiten. Die ihr auferlegten Beschränkungen können eine gefährliche Kluft verursachen zwischen den hochgeschraubten Erwartungen, die an ihre zivile Regierung gestellt werden, und den engen Grenzen, in denen sie Reformen verwirklichen kann.

Zias Pseudo-Zivilisierung hatte das politische System deformiert. Formale Wahlprozeduren wurden mehrfach durchgeführt: im Dezember 1984 das nationale Referendum mit dem fragwürdigen Junktim zwischen Befürwortung der Islamisierungspolitik und Bestätigung von Zias Präsidentschaft; im Februar 1985 Provinz- und Nationalwahlen; im November 1987 „lokale Wahlen". In den Lokal-, Provinz- und Nationalwahlen wurden nicht Parteien mit einem zumindest grob umrissenen Programm gewählt, sondern lokal einflußreiche Persönlichkeiten, die keiner Parteidisziplin und keiner öffentlichen Rechenschaft verpflichtet waren. Wie abhängig von Zias Wohlwollen sich profilierende Politiker tatsächlich waren, demonstrierte Junejos Entlassung im Mai 1988.

Zwar hatte Zias Verbot die Parteien als verfassungsmäßige Organe ausgeschaltet, nicht aber ihr informelles Weiterbestehen verhindert. Das hatte zur Folge, daß die Parteien weder eine innerparteiliche Konsensbildung praktizierten noch eine über ihre Sonderinteressen hinausgehende Verantwortung für nationale Belange entwickelten. Aufspaltungen in Flügel, Abspaltungen einzelner Gruppen, Neugründungen durch eine prominente Persönlichkeit mit einer Handvoll Anhänger begünstigten eine sich ständig verändernde Parteienvielfalt. Charakteristisch war, daß die Parteien extrem personenbezogen waren. Persönliche Ausstrahlung des Führers oder die Aussicht auf Vergünstigungen, Jobs etc. begründeten eine oftmals primär an persönlichen Interessen orientierte Scheinloyalität.

Selbst Benazir Bhuttos PPP stand in dem Ruf, wenig diszipliniert und von Machtrivalitäten zwischen einflußreichen Beratern erschüttert zu sein. Neue innerparteiliche Spannungen provozierte sie mit ihrem taktischen Schritt vor den Wahlen, auch Persönlichkeiten des Establishments und des Großgrundbesitzes als Parteikandidaten aufzustellen. Ihre Taktik zahlte sich aus, doch auf Kosten der jugendlichen Parteiaktivisten, die jahrelang die Kärrnerarbeit geleistet hatten.

Die mangelnde Erfahrung aller Parteien, im nationalen Interesse Kompromisse einzugehen, macht einen „demokratischen Lernprozeß" unerläßlich. Mit Betroffenheit ist registriert worden, daß die neue PPP-Regierung noch keine nennenswerte Parlamentsvorlage eingereicht hat. Soll der sich im Militär- und Verwaltungsapparat verselbständigte Entscheidungsprozeß rückgängig gemacht werden, so muß die PPP-Regierung das Parlament demonstrativ aufwerten.

Das wirtschaftliche Erbe war mit einer schweren Hypothek belastet, die Zias Finanzexperten zwar erkannten, deren Konsequenzen aber in der Öffentlichkeit noch nicht wahrgenommen wurden. Die volkswirtschaftlichen Indikatoren spiegelten ein günstiges Bild wider. Während Zias Regierungszeit verzeichnete die Volkswirtschaft mit jährlich 6,7% realem Zuwachs des Bruttosozialprodukts eine für Entwicklungsländer gute Wachstumsrate. Die Inflationsrate war einstellig und lag seit 1986 unter 5%. Das jährliche Bevölkerungswachstum betrug 3%, das Wachstum des Pro-Kopf-Einkommens 3,4%. Mit einem statistischen Pro-Kopf-Einkommen von 390 US Dollar gehörte Pakistan in die mittlere Einkommenskategorie der Entwicklungsländer und übertraf Indien und die anderen südasiatischen Staaten.

Bei genauerer Betrachtung trübte sich allerdings der erfreuliche Gesamteindruck. Der private Wohlstand rührte teilweise aus instabilen oder illegalen Quellen: offizielle und heimliche Heimüberweisungen der pakistanischen Gastarbeiter aus Westasien, internationale Entwicklungskredite, Profite aus Korruption und dem Heroin- und Waffenschmuggel (dank des afghanischen Krieges). Das Staatssäckel für Sozialaufwendungen wie Erziehung, Gesundheitswesen und öffentliche Dienstleistungen war dagegen leer. Pro Kopf der Bevölkerung gemessen belegte Pakistan unter den Entwicklungsländern einen der untersten Ränge. Die Kluft zwischen Arm und Reich hatte sich stetig geweitet.

Das Grundübel war die niedrige Sparquote von nur 6% pro Jahr, eine der niedrigsten unter den Entwicklungsländern. Um die Differenz zwischen nationaler Spar- und Investitionsquote (1987: 6%) zu schließen, erhöhte Zias Regierung nicht die einheimischen Steuereinnahmen, sondern holte internationale Entwicklungskredite ins Land. Betrug die externe Verschuldung 1977 noch 6,5 Mrd. US Dollar, so stieg sie unter Zia auf 15 Mrd. US Dollar an. Entsprechend wuchs die Tilgungslast, 1987 wurden mehr als 70% des Bruttozuflusses an Entwicklungshilfe durch Schuldentilgung aufgezehrt.

Problematisch war auch das alljährliche Budgetdefizit (1987: 7,6% des Bruttosozialprodukts), das erhebliche interne Kreditaufnahmen nötig machte und dadurch in Konkurrenz zur privatwirtschaftlichen Kreditnachfrage trat. Etwa 70% des Staatsbudgets entfielen auf die beiden unproduktiven Sektoren Verteidigung und Verwaltung, so daß für staatliche Entwicklungsaufgaben zu wenig Mittel übrig blieben.

Andererseits hielten politische Erwägungen die Zia-Regierung von einer Verbreiterung der Steuerbasis ab. Lediglich 25–30% der geschätzten besteuerbaren Einkommen wurden tatsächlich steuerlich belastet. Der Agrarsektor, der 26% zum Bruttoinlandsprodukt beitrug, wurde steuerlich ausgespart, weil der politische Einfluß der Großgrundbesitzer zu groß war. Benazir Bhutto, die aus der gleichen sozialen Schicht stammt, dürfte psychologisch und politisch erhebliche Schwierigkeiten haben, die fiskalpolitische Fehlentwicklung zu korrigieren.

Die ererbte Zahlungsbilanzstruktur zwingt die Bhutto-Regierung zu unpopulären Sparmaßnahmen. 1986/87 betrug das Zahlungsbilanzdefizit 1,62 Mrd. US Dollar. Exporterlöse, obwohl tendenziell steigend, lassen sich nicht wesentlich erhöhen, da sich die Exporte zu einem erheblichen Anteil aus Agrarprodukten und Textilien zusammensetzen. Verpflichtungen aus alten internationalen Krediten wurden durch zwei neue, noch von Bhuttos Vorgänger abgeschlossenen Krediten erhöht. 1986 vereinbarten Pakistan und die USA ein neues sechsjähriges Militär- und Wirtschaftshilfepaket (Beginn: Oktober 1987) über 4 Mrd. US Dollar, dessen Entwicklungshilfeanteil Junejo immerhin auf 57% hochdrücken konnte. Unmittelbar vor Bhuttos Regierungsübernahme bewilligte der Internationale Währungsfonds einen Kredit über 1,3 Mrd. US Dollar unter der Auflage einer strikten Sparpolitik, der auch die Bhutto-Regierung verpflichtet ist.

Ein weiteres Zahlungsbilanzproblem erwächst der neuen Regierung aus dem bereits spürbaren Rückgang der offiziellen Heimüberweisungen der in Westasien tätigen Gastarbeiter. 1982/83 erreichten die Heimüberweisungen ihren höchsten Stand mit 2,9 Mio US Dollar und sanken bis 1984/85 auf 2,45 Mio. Noch 1984/85 bezifferten sich die Heimüberweisungen auf 50% der gesamten Deviseneinträge und deckten 75% des Handelsdefizits. Die ungewisse Arbeitskräftenachfrage in den arabischen Ölstaaten und der hohe Anteil an ungelernten Arbeitern (80%) an der pakistanischen Gastarbeiterschaft lassen auf eine weitere Reduzierung der Heimüberweisungen schließen. Dadurch muß die Bhutto-Regierung eine doppelte Belastung einkalkulieren: instabile Entwicklung des wichtigsten Devisenbringers und potentielles Anwachsen der ungelernten Arbeitslosen.

Abschließend muß noch auf die unter dem Strich ungünstigen Auswirkungen der jüngsten Entwicklung im Afghanistan-Konflikt hingewiesen werden. Der Abzug der sowjetischen Truppen am 15. Februar 1989 mindert das globale strategische Interesse der amerikanischen Regierung an Pakistan, so daß mit einer Überprüfung von Washingtons Pakistan-Politik zu rechnen ist. Geblieben sind der Bhutto-Regierung aber (I) die finanzielle Unterhaltslast der über drei Millionen afghanischen Flüchtlinge, (II) die sozio-ökonomischen Auswirkungen des Konkurrenzkampfes zwischen afghanischen Billigstlohnarbeitern und pakistanischen Arbeitsuchenden, (III) die sozialen Folgen der gefährlich gestiegenen Heroinabhängigkeit in der pakistanischen Bevölkerung und (IV) die Belastungen infolge der anhaltenden Kämpfe zwischen den Mujahedin und dem Najibullah-Regime.

Citha D. Maaß (Freising)

Literaturhinweise

Khan, Khushi M., Pakistan – wirtschaftlicher Fortschritt und gesellschaftliche Rückständigkeit. In: Aus Politik und Zeitgeschichte, B 23/87, 6.6. 1987, S. 34–46.
Maaß, Citha D., Pakistan nach dem Tod von Zia ul Haq. In: Europa-Archiv Folge 19/1988, S. 553–558.
Noman, Omar, Pakistan and General Zia: era and legacy. In: Third World Quarterly, vol. 11, No. 1, Jan. 1989, S. 28–54.
Ziring, Laurence, Public Policy Dilemmas and Pakistan's Nationality Problem. In: Asian Survey, Vol. XXVIII, No. 8, 1988. S. 795–812.

Chronik

1906	Muslim Liga wird gegründet
1940	Muslim Liga beschließt Bildung Pakistans
1947	Unabhängigkeit
1948	M. A. Jinnah stirbt
1951	Liaquat Ali Khan wird ermordet
1958–69	Militärherrschaft unter General Ayub Khan
1969–71	Militärherrschaft unter General Yahya Khan
Dez. 1970	1. Nationalwahlen
März–Dez. 1971	Krieg in Ostpakistan/Bangladesh
Dez. 1971–Juli 1977	Zivilregierung unter Z. A. Bhutto
März 1977	2. Nationalwahlen
5. Juli 1977	Militärputsch durch General Zia
1977–1988	Militärherrschaft unter Zia
4. April 1979	Bhutto wird gehängt
Dez. 1984	nationales Referendum
Febr. 1985	parteilose Wahlen, Junejo wird Premierminister
Dez. 1985	Kriegsrecht wird aufgehoben
April 1986	Benazir Bhutto kehrt aus Londoner Exil zurück
14. April 1988	Genfer Afghanistan-Abkommen werden unterzeichnet
29. Mai 1988	Junejo wird abgesetzt
17. Aug. 1988	Zia stirbt bei Flugzeugabsturz
16. Nov. 1988	3. Nationalwahlen, Sieg der PPP
2. Dez. 1988	Benazir Bhutto wird als Premierministerin vereidigt

Birma: Das Ende des Sozialismus

Am 18. September 1988 gab in Rangun ein „Rat für den Wiederaufbau von Recht und Ordnung im Staat" eine „Erklärung Nr. 1/88" heraus, in der er mitteilte, um der Verschlimmerung der Lage allenthalben im Land Einhalt zu gebieten, hätten mit Wirkung vom selben Tage die Streitkräfte die Gewalt im Staate übernommen.

Mit diesem dritten Regierungswechsel innerhalb weniger, von starken politischen Unruhen erfüllter Monate fand eine Entwicklung ihr Ende, die mehr als 26 Jahre zuvor begonnen hatte: In den frühen Morgenstunden des 2. März 1962 hatte ebenfalls das Militär geputscht, und auch damals aus seinem Selbstverständnis heraus, den „sich stark verschlechternden Verhältnissen" begegnen zu müssen – d. h. für ein stabiles Staatswesen verantwortlich zu sein.

Nur war nach dem Staatsstreich von 1962 aufgebaut worden, was durch den von 1988 endgültig wieder beseitigt wurde: ein sozialistisch ausgerichtetes System.

1. Ideologie und Machtstruktur 1962–1988

Die Verwirklichung sozialistischer Vorstellungen ist sicher nicht typisch für das Militär – auch in kommunistischen Staaten nicht, wo ja die Machtübernahme in der Regel gegen die Streitkräfte oder durch Unterstützung von außen erfolgt ist und erst danach das Militär auf die Verteidigung des neuen Systems umgestellt wurde.

Birmas Abweichung von diesem Schema geht auf seine jüngere Geschichte zurück: Die Kolonialmacht Großbritannien, die in drei Kriegen, von 1824 bis 1886, das Land schrittweise unter ihre Kontrolle brachte, bevorzugte in der Verwaltung und auch in ihren einheimischen Truppenkontingenten Angehörige ethnischer Minderheiten gegenüber dem Mehrheits-

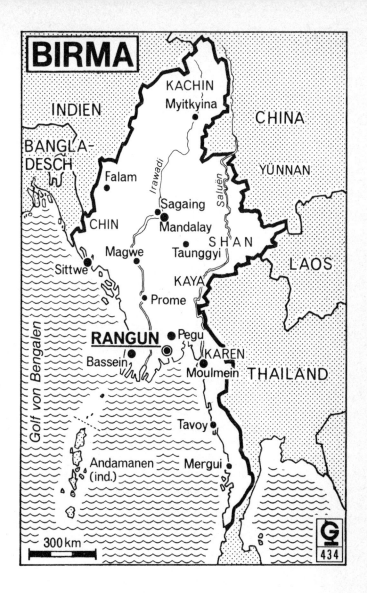

volk der Birmanen; in der Wirtschaft hatten (neben Weißen) vor allem Inder eine Vorrangstellung. Für die Birmanen, die auf diese Weise über die bloße koloniale Unterwerfung hinaus noch zusätzlich benachteiligt waren, verband sich mit ihrem Kampf um die Unabhängigkeit (am 4. 1. 1948) daher häufig auch das Verlangen nach sozialer Gleichheit und Gerechtigkeit, welche der in den 1920er Jahren ins Land getragene Marxismus-Leninismus versprach. Politiker und Militär arbeiteten im Kampf um ein souveränes Birma eng zusammen – zeitweise unter einheitlicher Führung des 1947 ermordeten Nationalhelden General Aung San –, so daß neben den politischen Kräften auch die Soldaten mit der ausländischen Ideologie in Kontakt kamen.

Darüber hinaus spielten in der birmanischen Politik noch andere Faktoren eine wichtige Rolle, so der Buddhismus, eine Religion, die in Birma in ihrer ursprünglicheren Form verbreitet und besonders durch Toleranz und ein realistisches Verständnis für das menschliche Leben gekennzeichnet ist. Bis heute ist sie fest im Denken eines großen Teils der Bevölkerung, darunter auch vieler Militärangehöriger, verwurzelt.

Vor diesem Hintergrund kombinierte das Militär, das 1962 unter seinem damaligen Kommandeur General Ne Win die Macht übernahm, marxistisch-leninistisches und buddhistisches Gedankengut und entwickelte damit einen eigenen „birmanischen Weg zum Sozialismus".

Er geht im Kern davon aus, daß im Verlauf der Entwicklung auch ein Wirtschaftssystem entstehen kann, das nicht den Interessen der menschlichen Gesellschaft der jeweiligen Zeit entspricht und daher durch menschliches Eingreifen über eine „soziale Revolution" geändert werden muß. Dabei müssen die menschlichen Veranlagungen, die prinzipiell sowohl zum Guten wie auch zum Bösen hin vorhanden sind, so unter Kontrolle gehalten werden, daß sie in eine sozial nützliche und konstruktive Bahn münden. Auf diese Weise soll eine „sozialistische" Gesellschaft mit allgemeinem Wohlstand und frei von Ausbeutung und Unterdrückung einzelner Mitglieder durch andere entstehen.

In der Praxis muß dazu der Abstand zwischen Reich und Arm verringert – aber, da sowohl körperliche als auch geistige Unterschiede zwischen den Menschen bestehen, nicht völlig aufgehoben – werden, was durch Erhöhung des Lebensstandards und Beseitigung der Arbeitslosigkeit geschehen soll. Auf dem Wege dahin sollen Landwirtschaft, Industrieproduktion, Warenverteilung, Nachrichtenübermittlung und Außenhandel unter staatliche Kontrolle gebracht und die parlamentarische Demokratie (die nach Ansicht des Militärs versagt hatte) durch eine „sozialistische Demokratie" mit „demokratischem Zentralismus" ersetzt werden.

Dieses Denkmodell unterscheidet sich in wesentlichen Punkten grundlegend vom Marxismus-Leninismus: Anders als dieser sieht es Sozialismus als Endziel und nicht als Zwischenstufe auf dem Wege zum Kommunismus an, und ebenfalls anders als bei diesem soll das Ziel nicht über Klassenkampf und eine „Diktatur des Proletariats", sondern durch wohlwollende staatliche Lenkung von oben erreicht werden. Gemeinsam ist beiden Ideologien jedoch, daß sie nicht davon ausgehen, daß die bestehende Gesellschaft den Sozialismus freiwillig übernimmt.

In aktuelle Politik nach dem – nahezu unblutigen – Putsch von 1962 umgesetzt, bedeutete dies, daß das Militär unter General Ne Win zunächst ein straff zentralistisches Herrschaftssystem einrichtete. Die im Juli 1962 gegründete „Birmanische sozialistische Programmpartei" (BSPP) war ab März 1964 einzige zugelassene politische Partei und blieb zunächst eine Elite-Partei (mit einer sehr geringen Zahl von Vollmitgliedern); erst zu Beginn der 1970er Jahre, in Vorbereitung auf die Wiedereinführung eines parlamentarischen Systems 1974, erfolgte ihre Umwandlung in eine Massenpartei. Auch dann verbot jedoch die Verfassung jedwede andere Partei, so daß trotz nomineller Volksvertretung keine wirkliche Demokratie bestand, sondern eine „parlamentarische Diktatur".

Ende März 1988 hatte die BSPP fast 2,9 Mio. Vollmitglieder und „Kandidaten" (= nicht stimmberechtigte Mitglieder). Hinzu kamen Mitglieder von Kinder- und Jugendorganisationen der Partei in einer ähnlichen Größenordnung und zahlreiche (1985: über 1,2 Mio.) organisierte „Freunde der Partei".

Schon allein diese Zahlen bedeuteten einen erheblichen Anteil an den 1988 insgesamt etwa 38 Mio. Einwohnern Birmas. Darüber hinaus wirkte die BSPP über Doppelmitgliedschaften in – ebenfalls unter staatlicher Aufsicht gegründete – Massen- und Fachorganisationen hinein. So gehörten etwa Ende Januar 1985 von den 7,5 Mio. Mitgliedern des „Bauernverbandes" 11,2% und von den 1,8 Mio. Mitgliedern des „Arbeiterverbandes" rund 21% gleichzeitig der BSPP an. Ganz besonders eng war die Verknüpfung mit der zweiten Säule der Macht des Regimes, dem Militär: Geht man von 186 000 Mann regulären Soldaten aus (offizielle Angaben zur militärischen Gesamtstärke werden nicht gemacht), so waren von diesen mehr als 91% gleichzeitig Mitglieder der Einheitspartei.

Den oberen Teil dieser politischen Machtpyramide bildete das (ab Juni 1985 280köpfige) „Zentralkomitee" der BSPP. Führungsgruppe innerhalb des Zentralkomitees war der (1985 17köpfige) „Zentrale Exekutivausschuß" – vergleichbar dem Politbüro in anderen Parteien; dessen Vorsitzender und damit Parteivorsitzender war bis zu seinem (soweit bekannt freiwilligen) Rücktritt kurz vor Ende Juli 1988 U Ne Win, der „starke Mann" Birmas.

In der Wirtschaft wurden die Zielvorstellungen von Verstaatlichung und Vergenossenschaftlichung bei weitem nicht erreicht. Immerhin trug aber im Haushaltsjahr 1987/88 nach den vorläufigen offiziellen Zahlen der private Sektor nur noch 55,6% zur Entstehung des Bruttoinlandsproduktes (BIP) bei, der staatliche bereits 37,2% und der genossenschaftliche 7,2%. Einzelne Bereiche waren der Privatwirtschaft dabei völlig verschlossen (so das Geld- und Kreditwesen), in anderen war die Privatwirtschaft noch relativ gut vertreten (so im verarbeitenden Gewerbe), in einigen sogar stark (so in der Landwirtschaft).

2. Ursachen für den Niedergang des sozialistischen Regimes

Es ist nicht zu bestreiten, daß die Einführung des eigenen birmanischen Sozialismus für Teile der Bevölkerung zunächst Verbesserungen brachte und die sozialen Unterschiede verringerte. Spätestens, als die materielle Lage schlechter wurde und damit der „Ausgleich" für die Einschränkung der persönlichen Entfaltungsmöglichkeiten entfiel, hatte die zentralistische Lenkung von Politik und Wirtschaft aber keinen starken Rückhalt in der Bevölkerung mehr. Es bedurfte nur noch geeigneter äußerer Umstände, ihr ein Ende zu setzen.

Wo die Wirtschaft 1988 stand, mögen einige wenige Zahlen verdeutlichen. Das Wirtschaftswachstum – gemessen am Bruttoinlandsprodukt – war bereits im Haushaltsjahr 1986/87 negativ und lag im anschließenden Rechnungsjahr 1987/88 bei real −4,1%. Verbunden damit war eine hohe – jedoch nicht genau bekanntgegebene – Inflationsrate. Auch die Außenwirtschaft befand sich, bedingt durch die unzureichende Produktion im Inland, eine gewisse Abkapselung gegenüber dem Ausland und eine für Birma recht ungünstige Entwicklung von Weltmarktpreisen, in einer Krise: Das Handelsvolumen schrumpfte, das Defizit in der Handelsbilanz wuchs. Da es teilweise durch Kreditaufnahme im Ausland abgedeckt werden mußte, stieg die Auslandsverschuldung rasch, so daß 1986/87 bereits 59% der Exporteinnahmen allein zur fälligen Schuldentilgung benutzt werden mußten, und dies trotz des bereits erheblichen Handelsbilanzdefizites. Die Devisenreserven beliefen sich im Dezember 1988 auf ganze 17 Mio. US$ im Vergleich zu einer Auslandsschuld, welche im Frühjahr 1989 auf 4,9 Mrd. US$ beziffert wurde.

Hinzu kamen bloße wirtschaftspolitische Fehlentscheidungen, wie das folgende Beispiel zeigt. In der Landwirtschaft wurden Grund und Boden bereits in den 1960er Jahren verstaatlicht, doch durften die Bauern „ihr" Land lebenslang bewirtschaften. Auf diese Weise kamen 1987/88 90% der gesamten Produktion in der Landwirtschaft (ohne Tierzucht) nominell von Privatbetrieben. In der Praxis mußten die Bauern jedoch von der Regierung ausgearbeitete Planvorgaben bei der Bewirtschaftung ihrer Felder einhalten und darüber hinaus den größten Teil der Ernte zu staatlich festgesetzten Preisen, die zuletzt teilweise nicht mehr die Produktionskosten deckten, an den Staat verkaufen, der auf diese Weise die übrige Bevölkerung preisgünstig mit Nahrungsmitteln versorgen konnte. 1987 wurde der Zwangsverkauf zunächst auf die gesamte Reisernte ausgedehnt, womit die Möglichkeit für die Bauern, einen kleinen Teil ihres Ertrages zu weitaus höheren Preisen auf dem florierenden Schwarzmarkt abzusetzen, entfiel, dann aber plötzlich völlig abgeschafft. Dies hätte eigentlich zu einem Überangebot auf dem Markt und sinkenden Preisen führen müssen; da aber am 5. September 1987 völlig unerwartet die drei höchsten Geldnoten ersatzlos entwertet wurden – womit nach ausländischen Schätzungen ca. 65 bis 80% des gesamten Bargeldes aus dem Umlauf gezogen wurden –, trat das Gegenteil ein: Aus Furcht vor einer weiteren Geldentwertung belieferten Produzenten den Markt zurückhaltend, die Preise stiegen erheblich an.

BSPP-Generalsekretär U Aye Ko legte auf dem Parteitag und der folgenden Parlamentssitzung offen dar, wohin 26 Jahre autoritärer Herrschaft geführt hatten: Landesweit hätten sich ein moralischer Niedergang und mangelndes Engagement ausgebreitet, in den verschiedenen Staatsorganisationen und Behördenstellen gebe es zuviele Schwächen in der Pflichtausübung, Zweckentfremdung öffentlicher Mittel und öffentlichen Eigentums, aktive und passive Bestechung und Protektion seien verbreitet. Privatkapital werde zunehmend für Schwarzmarkt- und andere Handelsgeschäfte benutzt, der größere Teil der arbeitenden Bevölkerung sei (für seine Zusatzversorgung) vom Schwarzmarkt abhängig.

3. Unruhen 1988 und Militärputsch

In dieser Situation löste ein winziger Funke einen Flächenbrand aus, der schließlich zum Ende des Sozialismus in Birma führte.

Am Abend des 12. März 1988 entspann sich zwischen einigen Studenten und ortsansässigen Jugendlichen in einer Teestube in Rangun ein tätlicher Streit über die Lautstärke von Kassettenmusik. Er nahm am folgenden Tag, da beide Seiten „Verstärkung" erhielten, größere Ausmaße an, richtete sich aber, als Ordnungskräfte eingriffen, gegen diese und eskalierte weiter. Bis zur Wiederherstellung der Ruhe eine Woche später gab es mehr als 40 Tote; 625 Personen wurden verhaftet, überwiegend nach kurzer Zeit allerdings wieder auf freien Fuß gesetzt.

Als am 13. Juni Studenten in Rangun eine Gedenkfeier für zwei am 13. März umgekommene Kommilitonen veranstalteten, griffen erneut die Ordnungskräfte ein. Es begann eine Serie von Zusammenstößen, die sich auch im Juli fortsetzte und auf einige andere Städte übergriff. Selbst banale persönliche Auseinandersetzungen kehrten sich immer wieder gegen anrückende Ordnungskräfte; außer Studierenden waren immer mehr andere Zivilisten beteiligt. Auf beiden Seiten gab es Tote und Verletzte, Mobs zerstörten öffentliches und privates Eigentum. Versuche der Regierung, durch baldige Wiederfreilassung Festgenommener eine Beruhigung der Lage herbeizuführen, blieben letztlich erfolglos.

Obwohl eine konkrete Gefährdung des Regimes nicht erkennbar war, erklärte am 23. Juli auf einem Sonderparteitag der BSPP der 77jährige, aber rüstige Parteivorsitzende U Ne Win völlig überraschend seinen Rücktritt und schlug eine Volksabstimmung über die Wiedereinführung eines Mehrparteiensystems vor. Das Rücktrittsgesuch U Ne Wins (und mehrerer anderer Spitzenpolitiker) wurde angenommen, der Vorschlag einer Volksabstimmung nicht. Parteitag und wenige Tage später das Parlament beschlossen jedoch prinzipiell eine Re-Privatisierung der Wirtschaft und eine Beendigung der wirtschaftlichen Abkapselung gegenüber dem Ausland.

Neuer BSPP-Vorsitzender und Präsident Birmas wurde Ex-General U Sein Lwin, bisher Nr. 3 in der Staatshierachie, enger Vertrauter U Ne Wins und Repräsentant eines unnachgiebigen Kurses. Die legale, in der Masse um diese Zeit noch nicht organisierte Opposition, die sich damit um die Hoffnung auf größere Veränderungen beim Abtreten U Ne Wins gebracht sah, setzte die Proteste verstärkt fort. Am 8. August breiteten sie sich schlagartig auf eine Anzahl weiterer Städte aus, was auf eine Koordinierung hindeutete. U Sein Lwin ließ Militär gegen die Demonstranten vorgehen. Es gab zahlreiche Tote – nach ausländischen Presseberichten zwischen 1000 und 3000; von birmanischer Seite wurde für Rangun eine Zahl von 112 Toten und 267 Verletzten bestätigt.

Trotz einer gewissen Beruhigung der Lage gab der Staatsrat am 12. August unerwartet den Rücktritt U Sein Lwins bekannt. Ihm folgte am 19. August der 63jährige Zivilist U Maung Maung nach – ein 1962 in Yale promovierter Jurist, der ebenfalls bereits dem Zentralen Exekutivausschuß des ZK der BSPP angehörte, aber als gemäßigt galt und auf Verständigung setzte. Obwohl am 22. August ein von der Opposition ausgerufener Generalstreik begann, zog er am 23. August die Ordnungskräfte aus dem Weichbild der Städte zurück und hob am 24. August Ausgangssperren und Kriegsrecht, die lokal während der Massendemonstrationen verhängt worden waren, wieder auf.

Für den 12. September wurde ein BSPP-Sonderparteitag, für den 13. September eine Sondersitzung des Parlaments einberufen; beide sollten darüber entscheiden, ob eine Volksabstimmung über die Einführung eines Mehrparteiensystems durchgeführt werden solle oder nicht. Für den Fall einer Ablehnung kündigte U Maung Maung in einer Rundfunkansprache seinen Austritt und den aller übrigen Mitglieder des Zentralen Exekutivausschusses aus der BSPP an. Für den Fall ihrer Zulassung und die anschließende Durchführung einer Parlamentswahl jedoch, daß dann er und alle übrigen Mitglieder der fünf staatlichen Spitzengremien (Staatsrat, Ministerrat, Rat der Volksrichter, Rat der Volksanwälte, Rat der Volksinspektoren – nach der geltenden Verfassung ausschließlich aus Parlamentsabgeordneten gebildet) nicht mehr für ein Abgeordnetenmandat kandidieren, d. h. praktisch aus der aktiven Politik ausscheiden würden.

U Maung Maung kam schrittweise allen wesentlichen Forderungen der legalen Opposition nach, außer der nach Übergabe der Regierungsgeschäfte an eine „Interimsregierung", welche ohne vorherige Wahlen aus Oppositionsangehörigen gebildet werden und für einen nicht genannten Zeitraum amtieren sollte. Dies bezeichnete er zu Recht als verfassungswidrig. Der BSPP-Sonderparteitag und das Parlament, die früher als angekündigt bereits am 10. bzw. 11. September zusammentraten, verzichteten nun sogar auf die Volksabstimmung und beschlossen direkt die Abhaltung einer Parlamentswahl mit Mehrparteiensystem. Der Staatsrat setzte sofort eine Wahlkommission zur konkreten Vorbereitung ein. Am 16. September machte U Maung Maung ein weiteres Zugeständnis: Er ordnete an, daß mit Wirkung vom selben Tage kein Angehöriger des öffentlichen Dienstes mehr der Regierungspartei BSPP angehören dürfe, womit deren wesentlichste Machtbasis beseitigt war.

Ob trotz oder wegen dieses Entgegenkommens: Die kurze Ära Maung Maung war gekennzeichnet durch einen starken Verfall der Regierungsgewalt: Die Ministerien arbeiteten z. T. kaum noch, Lokalverwaltungen setzten ihre Tätigkeit aus, Plünderungen waren häufig, Bürger in Städten sahen sich gezwungen, zum Schutz gegen kriminelle Banden und Einzeltäter selbst Sperren einzurichten und Patrouille zu gehen. Der Verkehr war vielfach lahmgelegt, die Nahrungsmittelversorgung wichtiger Städte teilweise unterbrochen.

Anfang September kursierten offiziellen Angaben zufolge auf den 12. September datierte Flugblätter mit der Überschrift „24-Stunden-Vorauswarnung" und den gefälschten Unterschriften des Kommandeurs der birmanischen Luftwaffe und des Kommandeurs der birmanischen Kriegsmarine, nach denen das Staatsratsgebäude, das BSPP-Hauptquartier in Rangun u. s. w. bombardiert werden würden, falls nicht die Regierung bis spätestens 13. September um 13 Uhr über Rundfunk und Fernsehen bekanntgebe, das Parlament sei aufgelöst und alle Regierungsgewalt an eine Interimsregierung übergeben worden.

Angesichts des sich ausbreitenden Zerfalls der staatlichen Autorität putschte dann am 18. September das Militär. Noch am selben Tag wurden das Parlament, der Staatsrat, der Ministerrat und einige andere Führungsgremien für aufgelöst erklärt; über das ganze Land wurde eine nächtliche Ausgangssperre sowie ein Verbot von Demonstrationen und öffentlichen Versammlungen von mehr als fünf Personen verhängt. Die Macht übernahm ein „Staatsrat für Recht und Ordnung" („State Law and Order Council", SLORC). Er bestand aus 19 Offizieren unter Führung des bisherigen Verteidigungsministers und Kommandeurs der Streitkräfte, General Saw Maung. Am 20. September wurde ein Kabinett gebildet, das sich, von dem zivilen Gesundheitsminister abgesehen, ebenfalls aus Offizieren zusammensetzte; General Saw Maung übernahm darin zusätzlich das Amt des Premiers und des Außenministers. Für die regionale und lokale Ebene wurde ebenfalls die Bildung von „Räten für Recht und Ordnung" mit einem Offizier an der Spitze angeordnet. Obwohl die Verfassung formell nicht für ungültig erklärt wurde, übernahm der SLORC neben exekutiven Funktionen de facto auch die gesetzgebende Gewalt.

Als Ziele des Putsches gab der SLORC formell bekannt, Recht und Ordnung wiederherzustellen, Unterkunft, Nahrungsmittelversorgung u. ä. für die Bevölkerung wieder zu gewährleisten und eine Parlamentswahl mit Mehrparteiensystem vorzubereiten. Damit sieht er sich, wie auch danach immer wieder öffentlich hervorgehoben wurde, nur als Regierung für eine kurze Zwischenphase.

4. Die Politik der Militärregierung

Es hat Spekulationen gegeben, der Ablauf der Ereignisse im 2. Halbjahr 1988 sei insgeheim von U Ne Win und seiner Umgebung geplant worden, um die Führer der Opposition aus der Reserve zu locken, um der Bevölkerung vor Augen zu führen, daß ohne das Militär Chaos herrschen würde, u. s. w. Was wirklich im Hintergrund vorging, wird erst die Zukunft zeigen, aber gegen eine solche Version spricht eine ganze Reihe von Argumenten. Vor allem hätten die Ereignisse, wären sie geplant gewesen, ja dazu gedient, das bisherige Regime zu festigen, während es in Wirklichkeit – die noch ausstehende Durchführung einer Parlamentswahl vorausgesetzt – abgeschafft wurde.

Schon Ende September 1988 erließ der SLORC ein streng demokratisches Parteiengesetz, das u. a. allen Angehörigen des öffentlichen Dienstes – wiederum einschließlich Polizei und Militär – die Mitgliedschaft in politischen Parteien verbietet, die Inanspruchnahme öffentlicher Mittel, öffentlicher Gebäude und sonstigen öffentlichen Eigentums durch Parteien untersagt und Parteien für unzulässig erklärt, die von Religion für politische Zwecke Gebrauch machen. Auf der Grundlage dieses Gesetzes wurden bis zum Eintragungsschluß Ende Februar 1989 insgesamt 233 Parteien registriert. Die alte Regierungspartei BSPP besteht nicht mehr.

Anfang März 1989 wurde der Entwurf eines Wahlgesetzes veröffentlicht und zur allgemeinen Diskussion gestellt, das ebenfalls strikte Demokratie vorsieht (so besitzen Angehörige des gesamten öffentlichen Dienstes nur ein aktives Wahlrecht, dürfen aber nicht selbst kandidieren), und gleichzeitig ein Zeitplan bekanntgegeben, der von einer Durchführung der Wahl spätestens um Anfang Mai 1990 ausgeht. Sozialismus als Ideologie ist offiziell abgeschafft und „Sozialistische Republik" auch aus dem Staatsnamen gestrichen worden.

Die Ende Juli 1988 beschlossene Änderung der Wirtschaftspolitik ist vom SLORC inzwischen gesetzlich verankert und darüber hinaus teilweise bereits in die Tat umgesetzt worden. Bis auf einige genau angeführte Bereiche – Bergbau, Teakholzeinschlag, Luft- und Schienenverkehr, Bankwesen etc. – dürfen überall wieder Privatunternehmen tätig sein (in der Praxis z. T. in Konkurrenz zu Staatsunternehmen und Genossenschaften). Ausländische Firmen dürfen, soweit auch für Birma von Nutzen, wieder investieren, und dies zu sehr liberalen Bedingungen; denn sowohl Kapital als auch moderne Technologie werden dringend benötigt.

Die Verkehrssituation hat sich unter dem SLORC erheblich verbessert, wenn nicht normalisiert. Die Nahrungsmittelversorgung ist nach einer guten Ernte mengenmäßig wieder voll gewährleistet – Reis kann in größerem Umfang wie üblich exportiert werden –, doch hat der freie Handel zu einem starken Anstieg der Preise für Grundnahrungsmittel geführt; Versorgungsengpässe bestehen für die ärmere Bevölkerungsschicht unter finanziellen Gesichtspunkten, werden aber mit Preissubventionen für „Wohlfahrtsläden" u. a. angegangen.

5. Ausblick

Die Ziele, die er beim Putsch im September 1988 verkündete, hat der SLORC somit in erheblichem Umfang schon verwirklicht. Als Voraussetzung für eine faire Parlamentswahl müssen allerdings noch Restriktionen wie das Verbot öffentlicher Versammlungen aufgehoben werden. Damit sind, auch abgesehen von der Wirtschaft, die Probleme Birmas aber keineswegs gelöst.

Ferner ist ein Ende des Bürgerkrieges, der das Land schon seit lange vor dem Putsch von 1962 schwer belastet, nicht konkret in Sicht. Die Aufständischen lassen sich in drei „Kategorien" einteilen: Angehörige ethnischer Minderheiten, die größere interne Autonomie oder (offenbar zum geringeren Teil) einen eigenen Staat anstreben; die verbotene Kommunistische Partei („Burmese Communist Party", BCP), in der es allerdings im Frühjahr 1989 zu einem heftigen internen Konflikt mit möglichem Anschluß eines erheblichen Teils der Mitglieder an die ethnischen Minderheiten kam; und Gruppierungen, die ganz oder vorwiegend durch bloßes Macht- oder Geldstreben motiviert sind. Die Gesamtstärke der Aufständischen wird auf mehr als 30 000 Vollzeitkämpfer und eine ähnliche Zahl von Teilzeitkämpfern geschätzt.

Die größere der beiden Dachorganisationen bei den ethnischen Minderheiten, „National Democratic Front" (NDF), hat sich im November 1988 mit 12 anderen illegalen Oppositionsorganisationen zu einer „Democratic Alliance of Burma"

(DAB) zusammengeschlossen. Wie schon vorher eine durch den Kachin-Führer Brang Seng repräsentierte Mehrheit in der NDF, ist auch die DAB zu Verhandlungen mit der Regierung bereit. Die Militärregierung, die 1989 eine der wichtigsten NDF-Mitgliedsorganisationen, die „Karen National Union", möglicherweise militärisch weitgehend zerschlagen konnte, hat dies in der Vergangenheit strikt abgelehnt, sich aber im Mai 1989 zumindest grundsätzlich zu Gesprächen bereit erklärt. Die Fronten sind jedoch nach den jahrzehntelangen Kämpfen auf beiden Seiten sehr verhärtet.

Die nähere Zukunft Birmas wird daher wesentlich von drei Fragen bestimmt werden: Kommt es zu dem angestrebten wirtschaftlichen Aufschwung? Wird die Parlamentswahl eine politisch stabile Regierung bringen? Wird das Land endlich durch Beilegung des Bürgerkrieges inneren Frieden erhalten?

Eines aber ist schon jetzt nahezu sicher: Sozialismus ist nicht mehr gefragt.

Günter Siemers (Institut für Asienkunde, Hamburg)

Literaturhinweise

Fleischmann, Klaus, Die Kommunistische Partei Birmas. Von den Anfängen bis zur Gegenwart. Hamburg 1989.
Siemers, Günter, Birmas neue Wirtschaftspolitik. In: Südostasien aktuell 89/2, S. 163–171.
Siemers, Günter, Regierungswechsel in Rangun: Ein birmanischer Weg zur Demokratie? In: Asien, Jan. 1989, S. 60–88.
Taylor, Robert, The State in Burma. London 1987.

Chronik

849–1287	Pagan-Dynastie
1444	Nicolo de Conti besucht als erster Europäer das Gebiet des heutigen Birma
1486–1752	Toungoo-Dynastie
1752–1885	Konbaung-Dynastie
1824–1826	1. Krieg mit England; Verlust von Gebietsteilen
1852	2. Krieg mit England; weitere Gebietsverluste

1885–1886	3. Krieg mit England; Eingliederung Birmas in Britisch-Indien
1937	Birma separate britische Kolonie
1942–1945	Japanische Besetzung (ab 1.8. 1942 nominelle Unabhängigkeit)
1945	Erneute Besetzung durch Großbritannien
19. Juli 1947	Ermordung des Führers und Hauptorganisators des Unabhängigkeitskampfes, General Aung San
14. Jan. 1948	Birma wird unabhängiger Staat
1958–1960	Eineinhalb Jahre „Interimsregierung" durch das Militär unter General Ne Win; nach Parlamentswahl wieder U Nu Ministerpräsident
2. März 1962	Putsch des Militärs unter General Ne Win; in der Folge Schaffung eines sozialistischen Systems
1974	Wiedereinführung eines parlamentarischen Systems, jedoch nur eine Partei zugelassen; U Ne Win Präsident
1981	U San Yu erhält Präsidentenamt; U Ne Win bleibt Parteivorsitzender
23. Juli 1988	U Ne Win erklärt Rücktritt vom Parteivorsitz; danach kurze Zeit U Sein Lwin und U Maung Maung an Staats- und Parteispitze
18. Sept. 1988	Militärputsch; General Saw Maung an der Spitze der neuen Regierung

Die Dekolonisation Namibias

Nach mehr als einem Jahrhundert kolonialer Fremdherrschaft soll das Territorium Namibias – das mit einer Fläche von ca. 824 000 qkm etwa die dreieinhalbfache Größe der Bundesrepublik Deutschland hat, in dem dagegen mit ungefähr anderthalb Millionen Menschen weniger Einwohner als in Westberlin leben – endlich die formale Unabhängigkeit erlangen. 1884 vom Deutschen Kaiserreich offiziell zum „Schutzgebiet" Deutsch-Südwestafrika erklärt, erlitten die kolonisierten Menschen eine der härtesten Formen europäischer Unterwerfung. 1904 bis 1907 wurden einzelne Bevölkerungsgruppen durch die deutschen „Schutztruppen" in einem völkermordähnlichen Vernichtungsfeldzug fast ausgerottet, nachdem sie sich der Kolonialherrschaft mit Gewalt widersetzten. Danach wurden in der Siedlerkolonie „Deutsch-Südwest" die Grundpfeiler einer Gesellschaftsstruktur rassistischer Herrschaft aufgebaut, die später unter dem südafrikanischen Begriff Apartheid bekannt wurde. In Namibia aber – wie das Land von der Mehrheit seiner Bewohner seit Mitte der 60er Jahre genannt wird – war die geschaffene Apartheid ursprünglich eine deutsche Erfindung.

Südafrika, das diese Apartheidstrukturen ausbaute, erhielt die Verwaltungshoheit über Namibia durch ein C-Mandat des Völkerbundes übertragen, nachdem die deutschen Kolonien gemäß des Versailler Vertrages als Treuhandschaftsgebiete zur weiteren Verwaltung an die Siegermächte fielen. Mit dem C-Mandat war die Pflicht verbunden, das Land und seine Bewohner zu deren Wohl zu entwickeln und auf die Unabhängigkeit vorzubereiten. Doch Südafrika dachte nicht daran, das an lukrativen Bodenschätzen wie Diamanten, Uran und strategisch wichtigen Mineralien reiche und geostrategisch günstig gelegene Treuhandschaftsgebiet freiwillig wieder herauszurücken. Während die Dekolonisierungswelle der 50er und 60er Jahre den meisten Ländern des afrikanischen Kontinents eine zumindest formale Unabhängigkeit bescherte, wurde Namibia de facto zur fünften Provinz des südafrikanischen Staates.

Die kolonisierte Bevölkerung war damit keineswegs einverstanden: 1960 gründete sich mit der *South West African People's Organisation (SWAPO of Namibia)* eine nationale Befreiungsbewegung, die schließlich 1966 den bewaffneten Kampf gegen das Besatzungsregime aufnahm und sich nicht zuletzt deshalb innerhalb weniger Jahre zur einzig repräsentativen Vertretung der Bevölkerungsmehrheit entwickelte. Ebenfalls 1966 wurde Südafrika von den Vereinten Nationen das Mandat über Namibia entzogen. Die Unrechtmäßigkeit der südafrikanischen Anwesenheit in Namibia bestätigte der Internationale Gerichtshof in Den Haag in einem Urteil 1971. Dennoch wurde das Land als „veruntreutes Pfand" weiterhin illegal besetzt gehalten.

Nach nunmehr über 20 Jahren Krieg sieht es so aus, als ob das Jahr 1990 die wenigstens formale, international anerkannte Unabhängigkeit Namibias und die Proklamierung einer eigenständigen Regierung nach dem Willen der Bevölkerungsmehrheit gemäß einer Übergangsregelung der Vereinten Nationen bringen wird. Hintergründe, Verlauf und Perspektiven des aktuellen Dekolonisierungsprozesses werden nachfolgend dargestellt.

1. Namibia im Kontext der Regionalentwicklung seit Mitte der 70er Jahre

Bis zum 25. April 1974 war die koloniale Welt in der Region des Südlichen Afrika noch weitgehend intakt. Dann erhielt das Bollwerk weißer Minderheitsregime mit dem erfolgreichen Putsch in Portugal irreparable Risse. Denn als Folge der innenpolitischen Machtveränderungen im portugiesischen Kolonialstaat wurde die Unabhängigkeit der „Überseeprovinzen" relativ plötzlich zur Realität. Aus südafrikanischer Sicht drohten mit der FRELIMO in Mosambik und der MPLA in Angola nationale Befreiungsbewegungen die Regierungsgewalt zu

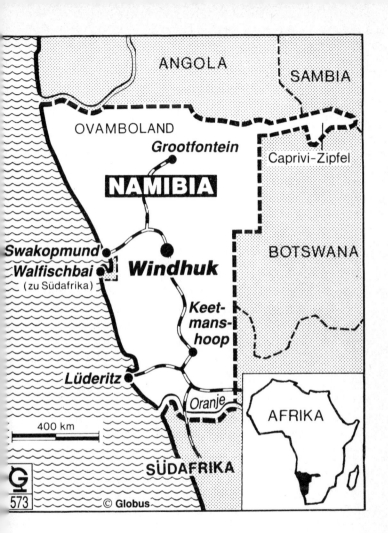

übernehmen, die als vielbeschworenes Schreckgespenst die Vision schürten, daß nun der „Weltkommunismus" zum Sprung auf das Kap ansetze.

In Angola, wo neben der pro-sowjetischen MPLA noch die CIA-gestützte FNLA und die vom Westen und der VR China unterstützte UNITA um die Regierungsmacht kämpften, versuchten die Südafrikaner aus der internen Konfliktsituation Nutzen zu ziehen: Als die angestrebte Zusammenarbeit zwischen den drei Gruppierungen zur Bildung einer gemeinsamen Regierung im November 1975 aufgrund der fortdauernden Rivalitäten scheiterte und sich im Gefolge der Machtkämpfe eine militärische Überlegenheit der MPLA abzeichnete, ergriff die südafrikanische Armee mit einer Offensive im Oktober 1975 die Initiative, um eine Machtübernahme der MPLA zu verhindern. Diese Intervention hatte ein Engagement Kubas zur Folge, das Anfang November 1975 mit einer massiven Truppenhilfe für die MPLA reagierte. Während die MPLA dank der Kontrolle der Hauptstadt Luanda trotz fortdauernder Kämpfe im November 1975 die Unabhängigkeit Angolas proklamierte und eine Volksrepublik ausrief, blieb eine Regierung der Gegenkoalition zwischen UNITA und der FNLA ohne jegliche internationale Anerkennung. Statt dessen lehnten Senat und Repräsentantenhaus der USA zum Jahreswechsel 1975/76 eine weitere US-Hilfe für FNLA und UNITA ab. Die Südafrikaner, die bei ihrer militärischen Offensive auf die Unterstützung der USA gerechnet hatten, zogen sich daraufhin im Februar 1976 nach Südangola zurück, wo sie bis 1988 das namibisch-angolanische Grenzgebiet kontrollierten. Seit Februar 1976 stand damit fest, daß Angola zumindest offiziell von der MPLA regiert wird. Die zur Unterstützung ins Land verbrachten internationalistischen Brigaden aus Kuba blieben anwesend.

Während die ursprünglich von Zaire aus operierende FNLA unter Holden Roberto innerhalb kurzer Zeit bedeutungslos wurde, gelang es der UNITA unter Jonas Savimbi vom südlichen und südöstlichen Angola aus mit massiver Hilfe insbesondere Südafrikas und der USA in den darauffolgenden Jahren zum permanenten Störfaktor einer friedlichen Entwicklung in Angola zu werden.

Mit der formalen Unabhängigkeit Angolas unter der MPLA-Regierung eröffnete sich für den Befreiungskampf in Namibia jedoch eine neue Perspektive. Fortan hatten die Einheiten der *People's Liberation Army of Namibia (PLAN)*, dem bewaffneten Flügel der SWAPO, einen direkten Zugang zum Territorium Namibias. Entsprechend nahm die Häufigkeit militärischer Konfrontationen zwischen PLAN-Einheiten und der südafrikanischen Besatzungsarmee im Nördlichen Namibia – dem bevölkerungsreichsten Teil des Landes – zu, das von Anfang der 70er Jahre bis zu Beginn des Jahres 1989 als Kriegsgebiet unter dem militärischen Ausnahmezustand stand.

Mit der Unabhängigkeit Zimbabwes 1980 veränderte sich die Situation ein weiteres Mal zuungunsten Südafrikas. Der Schutzgürtel angrenzender weißer Minderheitsregime war gänzlich dahin. Es blieb nur noch das Faustpfand Namibia. Doch auch dort war die „heile Welt" des Kolonialismus spätestens seit Mitte der 70er Jahre in Unordnung geraten und zum Anachronismus geworden. Der Aufbau veränderter politischer Strukturen wurde notwendig, um die längerfristige Interessensicherung zu wahren.

Südafrika reagierte auf die veränderte Lage mit einer militärischen Destabilisierungsstrategie gegen die unabhängigen Nachbarstaaten. Gemeinsam mit der UNITA wurde in Angola eine Politik der verbrannten Erde praktiziert. Mit dem Aufbau der RENAMO wurde Mosambik ebenfalls systematisch und durchaus nicht ohne Erfolg unregierbar zu machen versucht. Auch finden immer wieder Überfälle südafrikanischer Militärkommandos auf Botswana statt, das Flüchtlinge aus Südafrika beherbergt. Die Regierung Lesothos wurde – als sie nicht mehr genehm war – durch einen von Südafrika aus inszenierten Putsch gestürzt und ein freundschaftlich verbundenes Regime an die Macht gehievt.

Die Anpassungsversuche an die neuen Realitäten fanden in Namibia ihren Ausdruck in der von 1975/76 bis 1977 betriebenen „Turnhallen-Konferenz" – so benannt nach dem Tagungsort, einer renovierten Turnhalle aus der deutschen Kolonialzeit in Windhoek. Die daran Beteiligten rekrutierten sich aus allen Bevölkerungsgruppen im Lande und sollten unter Aufsicht Südafrikas die Verfassung für ein selbstverwaltetes Namibia erarbeiten. Damit sollte die SWAPO gezielt durch eine Unabhängigkeit von Südafrikas Gnaden ausgeschaltet werden. Doch die Vertreter der ethnischen Gruppen hatten – mit Ausnahme derjenigen der weißen Siedlerschaft – so gut wie keine Legitimationsgrundlage. Sie galten als handverlesene Kollaborateure, die sich für ihre Vasallendienste gut bezahlen ließen. Unter der schwarzen Bevölkerung fand die Turnhallen-Konferenz keine positive Resonanz. Statt dessen trug sie zur endgültigen Konsolidierung der SWAPO als grundsätzlicher gesellschaftlicher Alternative bei. Dessen ungeachtet sollte die Inszenierung mit der Ausrufung einer Übergangsregierung 1977 ihren Höhepunkt finden. Dies wäre auf eine einseitige Unabhängigkeitserklärung ähnlich wie durch das weiße Rhodesien 1965 hinausgelaufen. Eine Intervention seitens der westlichen Mitgliedsstaaten des UNO-Sicherheitsrates (s. u.) verhinderte diese Entwicklung im letzten Moment. Statt dessen wurde ein südafrikanischer Generaladministrator eingesetzt, der seither als verlängerter Arm Pretorias Kontrolle und Verfügungsgewalt ausübt. Eine Übergangsregierung von Südafrikas Gnaden wurde dadurch nur aufgeschoben: Tatsächlich wurde sie schließlich mit zeitlicher Verzögerung zu Mitte der 80er Jahre doch noch errichtet.

Es läßt sich aber festhalten, daß sich die koloniale Ordnung auch in Namibia allmählich dem Ende zuneigte. Künftig versuchte Südafrika der neuen Situation durch eine zweigleisige Strategie Rechnung zu tragen: Neben der militärischen Destabilisierung der Frontstaaten wurde zur Sicherung der Hegemonie auch versucht, durch eine veränderte politische Struktur in Namibia die Kontrolle aufrechtzuerhalten. Das rassisch exklusive System wurde durch die Integration einer kleinen Minderheit in die Herrschaftsstrukturen abgelöst, um eine Alternative zur drohenden SWAPO-Regierung aufbauen zu können. Aus den Reihen der Turnhallen-Konferenz bildete sich schließlich die *Demokratische Turnhallen-Allianz (DTA)*, die bis heute als am Status quo orientiertes Bündnis die organisierte Gegenmacht zur SWAPO darstellt und neben der massiven Unterstützung durch Pretoria auch auf das Wohlwollen und die Hilfe seitens einflußreicher Kreise in den westlichen Staaten rechnen kann. Hierzu gehören auch erhebliche Teile der bundesdeutschen Regierungsparteien.

2. Resolution 435 (1978): Zur Geschichte des UNO-Lösungsplans

Bereits 1976 wurde vom UNO-Sicherheitsrat einstimmig mit Resolution 385 eine verbindliche Formel für die Unabhängigkeit Namibias verabschiedet. Diese verlangte den sofortigen Rückzug Südafrikas und die Machtübergabe an die UNO. Danach sollten in landesweiten, allgemeinen und freien Wahlen die Vertreter der Bevölkerung für die Erarbeitung eines Verfassungsentwurfs zu einem unabhängigen Staat Namibia ermittelt werden. Für den Fall, daß Südafrika dies nicht akzeptiere, sah Resolution 385 die Verhängung bindender Sanktionen vor. Doch Südafrika zeigte sich davon unbeeindruckt. Statt dessen wurde von Pretoria im Zuge der inszenierten Turnhallen-Konferenz das Bemühen weiterverfolgt, einer Marionetten-Regierung die Pseudo-Unabhängigkeit zu verleihen. Als daraufhin ein Resolutionsentwurf mit den entsprechenden Sanktionsmaßnahmen dem Sicherheitsrat vorgelegt wurde, verhinderten die USA, Großbritannien und Frankreich als ständige Mitglieder des Rates mit ihrem Veto die Annahme.

Bemüht um einen Weg aus der Pattsituation fanden sich die westlichen Ratsmitglieder (neben den drei ständigen waren dies seinerzeit noch Kanada und die Bundesrepublik Deutschland) zur *Kontaktgruppe* zusammen. Diese – der auch die wenig schmeichelhafte Bezeichnung als „Fünferbande" zuteil wurde – wollte u. a. den sich abzeichnenden südafrikanischen Alleingang einer einseitigen Unabhängigkeitserklärung durch die Turnhallenallianz verhindern, da ein solcher Schritt die Polarisierung noch verschärft hätte und keinerlei Chance auf internationale Anerkennung besaß. In diesem Sinne konnte die Initiative der Kontaktgruppe zugleich auch als eine Art Schadensbegrenzungsversuch bewertet werden, der angesichts der Konstellation in erster Linie die Eingrenzung des sowjetischen Einflusses anstrebte. Die Aufrechterhaltung eines wie auch immer beschaffenen Verhandlungsprozesses jedenfalls konnte verhindern, daß Südafrika in eine noch stärkere Isolation gedrängt würde. Auch die Verhängung bindender Sanktionen gemäß Kapitel VII der UNO-Charta ließ sich seitens der westlichen Mitgliedsstaaten im UNO-Sicherheitsrat ohne vollständigen Gesichtsverlust durch den Verweis auf die laufenden Verhandlungen verhindern. Die USA und Großbritannien machten davon in der Folgezeit denn auch regelmäßig Gebrauch, wenn von seiten insbesondere der blockfreien Staaten aus der Dritten Welt die Sanktionsfrage in Form von Entschließungsanträgen auf dem Tisch des Sicherheitsrates lag.

Nach intensiven Verhandlungen mit Südafrika und der SWAPO legte die Kontaktgruppe schließlich im April 1978 dem UNO-Sicherheitsrat als Lösungsvorschlag Dokument S/12636 vor. Kernstück der Empfehlungen bildete ein detaillierter Zeitplan für eine einjährige Übergangsphase. Während dieser sollten allgemeine Wahlen für eine Verfassungsgebende Versammlung unter Aufsicht der Vereinten Nationen stattfinden. Dabei handelte es sich um einen Kompromiß von weitreichender Bedeutung, denn die südafrikanische Präsenz im Lande blieb für den Übergangsprozeß bestehen. Indem sich sowohl Südafrika wie auch die SWAPO zur Annahme des Vorschlags prinzipiell bereit erklärten, konnte die Pendeldiplomatie der Kontaktgruppe einen Erfolg verbuchen. Am 27. Juli 1978 verabschiedete daraufhin der UNO-Sicherheitsrat Resolution 431. Darin wird in Ziffer 1 der UNO-Generalsekretär ersucht, „einen Sonderbeauftragten für Namibia zu ernennen, um die baldige Unabhängigkeit Namibias durch freie Wahlen unter Aufsicht und Kontrolle der Vereinten Nationen zu gewährleisten". Ferner sollte der Generalsekretär einen Bericht vorlegen, der die Durchführung einer Regelung gemäß Resolution 385 empfiehlt. Die Verabschiedung der

Entschließung erfolgte bei Stimmenthaltung der CSSR und der Sowjetunion.

Am 28. September erfolgte mit Dokument S/12869 eine ergänzende Stellungnahme. Darin stellt der Generalsekretär klar, daß – abweichend von Resolution 385 – die hauptsächliche Verantwortung für die Aufrechterhaltung von Recht und Ordnung während der Übergangsphase in Namibia bei dem bestehenden südafrikanischen Polizeiapparat liege. Die Aufgabe der Vereinten Nationen bestehe in der Überwachung und Kontrolle des gesamten Wahlprozesses. Ein UNO-Sonderbeauftragter habe sich zu vergewissern, daß die geschaffenen Bedingungen freie und allgemeine Wahlen zuließen.

Am 29. September 1978 wurden mit Resolution 435 diese Dokumente – der Vorschlag der westlichen Kontaktgruppe sowie die Stellungnahmen des Generalsekretärs – vom Sicherheitsrat billigend verabschiedet. Resolution 435 beschließt unter Ziffer 3, „eine Unterstützungseinheit der Vereinten Nationen für die Übergangszeit *(United Nations Transitional Assistance Group, UNTAG)* für einen Zeitraum von maximal 12 Monaten zu schaffen, die den Sonderbeauftragten des Generalsekretärs bei der Erfüllung des ihm mit Ziffer 1 von Sicherheitsratsresolution 431 (1978) erteilten Auftrags unterstützt, d. h. der Gewährleistung der baldigen Unabhängigkeit Namibias durch freie Wahlen unter der Aufsicht und Kontrolle der Vereinten Nationen". Zum Sonderbeauftragten für Namibia war bereits gemäß Resolution 431 der finnische Diplomat Martti Ahtisaari ernannt, der sich schon im August 1978 in Namibia aufgehalten hatte, um vor Ort die Möglichkeiten zur Umsetzung des geplanten Beschlusses zu prüfen. Seine Empfehlungen dienten als Grundlage für den Bericht des Generalsekretärs.

3. Hindernisse bei der Verwirklichung des UNO-Lösungsplanes

Resolution 435 (1978) wurde als Gesamtpaket fortan zum Kürzel für eine international anerkannte Unabhängigkeitsregelung für Namibia. Doch obgleich es hinsichtlich ihrer wesentlichen Kernstücke keinen offenen Dissens zwischen den beteiligten Konfliktparteien SWAPO und Südafrika gab, kennzeichneten den Vertragsrahmen von Anfang an in wesentlichen Punkten bewußte Unklarheiten und die Ausklammerung sensibler Fragen. So wurde u. a. der südafrikanische Anspruch auf die Enklave Walfish Bay überhaupt nicht thematisiert und die Einrichtung von SWAPO-Basen im Lande während der Übergangszeit offen gelassen. Das Vertragswerk nötigte als Kompromiß damit insbesondere der SWAPO weitgehende Zugeständnisse ab, zu denen nicht zuletzt auch der Verzicht auf die von der UNO-Generalversammlung 1973 verliehene Anerkennung als einzig legitime Vertretung des namibischen Volkes gehörte. Auch erklärte sich die SWAPO mit einer Neutralitätsverpflichtung der UNO einverstanden. Dies geschah jedoch unter der Voraussetzung, daß es zum baldmöglichsten Zeitpunkt zur Anwendung dieser Resolution und damit zu freien und allgemeinen Wahlen komme, deren Ergebnis die SWAPO nicht zu fürchten brauchte. Doch sollte schließlich mehr als ein Jahrzehnt verstreichen, bevor der Sonderbeauftragte Ahtisaari tatsächlich zur Verwirklichung der Resolution 435 (1978) nach Namibia reisen konnte, denn der prinzipiellen Einverständniserklärung Südafrikas folgten jahrelange Verzögerungen zur Klärung angeblich regelungsbedürftiger Details. Erst der inzwischen amtierende UNO-Generalsekretär Javier Perez de Cuellar konnte als Nachfolger Kurt Waldheims im November 1985 mit Dokument S/17658 den Sicherheitsrat davon unterrichten, daß mit einer Einigung in der Frage des Wahlverfahrens der letzte strittige Punkt mit den Südafrikanern einvernehmlich geklärt worden sei. Vorher hatten sich jenseits der internen Abstimmungsprobleme schon längst Hindernisse von weitreichenderer Bedeutung aufgetürmt, die die Anwendung der Resolution 435 (1978) blockierten.

Bereits 1981 sollte der UNO-Lösungsplan endgültig zur Anwendung gelangen. Auftakt dazu sollte im Januar 1981 eine von der UNO einberufene *„Pre-Implementation-Conference"* in Genf bilden, für die von der SWAPO das Angebot zum Waffenstillstand auf dem Verhandlungstisch lag. Doch zwei Ereignisse des Jahres 1980 beeinflußten die weitere Haltung Südafrikas derart nachhaltig, daß die so greifbar nahe Unabhängigkeit für Namibia erneut in weite Ferne rückte.

Dies war zum einen das Wahlergebnis in Zimbabwe. Der kaum vorhergesagte, sensationell eindeutige Wahlerfolg der ZANU unter Robert Mugabe hatte in eindrucksvoller Weise klar gemacht, daß auch „einfache Schwarze" wissen, was sie wählen, wenn sie dürfen. Für die Regierung in Pretoria war dieses Wahlergebnis ein Schock. Für freie und allgemeine Wahlen unter Aufsicht einer UNO-Instanz in Namibia – so der unweigerliche Schluß aus dem Zimbabwe-Lehrstück – mußte also ein ähnliches Desaster aus der Sicht Pretorias zu befürchten sein.

Zum anderen war unmittelbar vor der Genfer Konferenz in den USA ein neuer Präsident gewählt worden. Mit der Ära Reagan wurde nun die außenpolitisch weiche Linie der Carter-Administration durch eine neue „roll-back Strategie" abgelöst. Sowohl dieser politische Wechsel in den USA wie auch der bereits zuvor vollzogene Machtwechsel in Großbritannien mußten dazu führen, daß sich Südafrika eine Erweiterung des eigenen Handlungsspielraums versprechen konnte. Diese Einschätzung erwies sich als zutreffend, denn es war die neue US-Administration, die den Südafrikanern für die weitere illegale Besetzung Namibias mit dem „Junktim" ein jahrelang wirksames Instrument in die Hand spielte: Die Anwendung der Resolution 435 (1978) wurde nunmehr an die Vorbedingung geknüpft, daß die Kubaner aus Angola abziehen. Damit wurde die innenpolitische Angelegenheit eines souveränen Staates mit der Lösung der Namibia-Frage verknüpft. Da gleichzeitig sowohl die USA wie auch Südafrika durch ihre massive Unterstützung die UNITA zu einer ernsthaften Bedrohung für die angolanische Regierung hochpäppelten, war relativ einfach zu kalkulieren, daß eine solche Vorbedingung nur schwerlich ohne weitreichende Sicherheitsgarantien für die MPLA erfüllt werden konnte. Damit wurde eine Pattsituation programmiert, die eine Aufrechterhaltung des Status quo sicherte. Für die westliche Kontaktgruppe bedeutete dies faktisch ihre Auflösung. Durch die Führungsrolle, die seitens der USA unter Reagan wieder verstärkt beansprucht wurde, wuchsen die internen Differenzen. Frankreich suspendierte offiziell seine Mitgliedschaft in der Gruppe, deren diplomatische Initiativen zu Mitte der 80er Jahre praktisch ganz eingestellt wurden.

Ausgestattet mit der Zustimmung der USA konnte Südafrika nun in aller Ruhe innerhalb Namibias einseitige Maßnahmen ergreifen, die die gesellschaftspolitischen Grundlagen und Strukturen nachhaltig beeinflußten und zu langfristigen Konsequenzen – auch im Hinblick auf die Unabhängigkeit – führten. Dazu gehörte u. a. der Ausbau einer afrikanischen Klientel. Diese wurde politisch über die Turnhallen-Konferenz rekrutiert. Parallel dazu wurde auch im ökonomischen Bereich eine kleine Schicht privilegierter Schwarzer gefördert, die dadurch ein Interesse am Erhalt des bestehenden Systems bekommen sollte. Hinsichtlich der politisch-administrativen Strukturen wurden ethnisch-regionale Regierungsinstanzen mit relativ weitreichender Verwaltungsautonomie ausgebaut, deren („Stammes"-)Bürokratien hohe Beamtengehälter und zusätzliche Bereicherungsmöglichkeiten erhielten. Mit Billigung Pretorias rief diese Klientel im Juni 1985 eine „Übergangsregierung der nationalen Einheit" aus, die einzig von Südafrika anerkannt wurde und seitens der UNO die sofortige Ächtung als „null und nichtig" erfuhr. Unter der Kontrolle des südafrikanischen Generaladministrators, der die höchste Instanz im Lande blieb, unternahm diese „Übergangsregierung" den Versuch einer neokolonialen Weichenstellung.

Die Namibianisierung des Konfliktes wurde in Ergänzung hierzu auch mittels einer verstärkten Militarisierungsstrategie betrieben. 1979 wurde die Polizei-Sondereinheit *„Koevoet"* (wörtlich: Kuhfuß, d. h. Brechstange) gegründet, die sich auf die Bekämpfung der SWAPO vor allem im nördlichen Namibia mit brutalsten Terrormaßnahmen gegen die Zivilbevölkerung spezialisierte. Ebenso wie die seit 1980 geschaffenen ethnischen Bataillone der *„South West African Territorial Force" (SWATF),* für die eine Wehrpflicht unter der afrikanischen

Bevölkerung eingeführt wurde, setzt sich Koevoet überwiegend aus Schwarzen Namibias zusammen.

Südafrika vermochte so den Zeitgewinn von mehr als einem Jahrzehnt bis zur tatsächlichen Umsetzung der Resolution 435 (1978) für diverse Maßnahmen zu nutzen, deren Langzeitwirkung auch während und nach der Durchführung von Wahlen nicht unterschätzt werden sollte.

4. Faktoren einer regionalen Neuordnung

Folgt man der Einschätzung des in London publizierten Nachrichtendienstes *„Africa Confidential"*, so wurde mit den Verhandlungen des Jahres 1988 eine neue Aufteilung von Interessenssphären der Großmächte in Afrika begonnen, die in ihrem Ausmaß nur mit den Ergebnissen der Berliner Afrika-Konferenz von 1884/85 vergleichbar sein soll. Ungeachtet solcher Spekulationen läßt sich zumindest feststellen, daß es eine unverkennbare Entschärfung regionaler Konfliktherde gibt und sich diese Entspannungsinitiative auch im Südlichen Afrika nachhaltig äußert. Während die Sowjetunion offensichtlich ihre guten Beziehungen zu Angola und Kuba nutzte, um auf eine Einlenkung im Sinne des Abzugs der Kubaner zu drängen, machten die USA den Südafrikanern deutlich, daß es bei einer Regelung in Angola auch gelte, den zweiten Teil des Junktims – also die Durchführung der Resolution 435 (1978) für Namibia – in Angriff zu nehmen. Ergänzend zur großmachtpolitischen Wetterlage ergaben sich jedoch auch aus südafrikanischer Sicht durchaus neue Faktoren, die einen Rückzug aus Angola und die Inangriffnahme einer international anerkannten Regelung für Namibia als sinnvoll erscheinen ließen.

Ironischerweise war es – entgegen den Zielen des Junktims – zuerst einmal die Verstärkung des kubanischen Engagements in Angola, die seit Ende 1987 Bewegung in die verhärteten Fronten geraten ließ. So konnte ab Anfang 1988 der Luftraum Angolas erstmals von den angolanisch-kubanischen Streitkräften kontrolliert werden. Fehlschläge der letzten südafrikanischen Offensive in Südangola führten Anfang 1988 auch dazu, daß Truppeneinheiten und Material in erheblicher Größenordnung eingeschlossen wurden. Eine Fortsetzung der Kriegshandlungen hätte so zu einem Desaster für das ohnehin angeschlagene Image des südafrikanischen Militärapparates werden können. Denn in Südafrika selbst ist die Kritik an der Kriegsführung im Ausland beständig gewachsen. Selbst Anhänger der regierenden Nationalen Partei, z. B. Vertreter der burisch-calvinistischen Kirche, begannen öffentlich darüber nachzudenken, ob die Verteidigung der Apartheid-Gesellschaft außerhalb der eigenen Landesgrenzen noch zu rechtfertigen sei. Nicht zuletzt aufgrund des militärischen Dauereinsatzes in fremdem Territorium befand sich die Armee in einem beklagenswerten Zustand: Fahnenflucht, Sabotage, Befehlsverweigerung, Drogenkonsum, Disziplinlosigkeit und schwindende Moral erinnerten in ihrem Ausmaß an den Zustand der US-Truppen in der Endphase des Vietnam-Kriegs. Auch war längst schon die trotz drastischer Strafen ständig steigende Zahl weißer Kriegsdienstverweigerer zu einem gewichtigen innenpolitischen Faktor geworden.

Gründe genug also, daß ein Rückzug aus Angola in dieser Konstellation akzeptabel, wenn nicht gar notwendig wurde, zumal mit dieser Entscheidung die nicht unberechtigte Erwartung verknüpft werden konnte, damit drohende weitere Sanktionsmaßnahmen abzuwenden und die Südafrika-Lobby innerhalb der internationalen Szene bei der Stange halten zu können. Und dies hatte Südafrika angesichts der Wirtschaftslage dringend nötig: Der Verfall der südafrikanischen Währung Rand hat chronische Züge angenommen, die Inflation galoppiert mit jährlich zweistelligen Raten. Auch die bislang noch relativ bescheidenen Sanktionen zeigten bereits schmerzhafte Konsequenzen, so u. a. in einer deutlichen Verschlechterung der Leistungsbilanz. Verringerte Exporte und eine erhebliche Verteuerung der Importe lassen die notwendigen Deviseneinkünfte schwinden. Dabei ist Südafrika zur Bedienung der Auslandsschulden von rund 23 Mrd. US Dollar auf einen hohen Handelsüberschuß angewiesen. Zunehmende Zahlungsschwierigkeiten zeichneten sich ab, zumal sich die Inlandsverschuldung gegenüber Anfang der 80er Jahre fast verdreifacht hat. Schließlich sind die Goldreserven bis Ende 1988 auf knapp 1,5 Mrd. US-Dollar zusammengeschrumpft, ungefähr der Betrag, der für die jährlichen Kriegskosten in Angola aufgewendet werden mußte.

Angesichts einer ökonomischen Krise dieses Ausmaßes galt es für die Regierung, sich auf die wesentlichen Aspekte der Machterhaltung im eigenen Land zu besinnen. Die Fortsetzung des Kriegs in Angola wurde unter dem Gesichtspunkt einer nicht nur ökonomischen Kosten-Nutzen-Analyse zu einem nicht mehr gerechtfertigten Abenteuer. Ähnliches mochte auch für die weitere Besetzung Namibias gelten, das in letzter Zeit durch Massenstreiks einer erst in den 80er Jahren erstarkten Gewerkschaftsbewegung und umfassende Schulboykotte von Jugendlichen zunehmend unregierbarer wurde. Als relativ kostspielig hatten sich auch die Aufwendungen für die „Übergangsregierung" und insbesondere die Investitionen in die institutionalisierten Strukturen der „getrennten Entwicklung" erwiesen. Diese galten dem administrativen Bereich der sogenannten Zweite-Ebene-Regierungen auf ethnisch-regionaler Grundlage. Die Finanzierung politischer Infrastruktur ist möglicherweise unter der Voraussetzung unrentabel geworden, daß auch ein formal unabhängiger Staat Namibia die wirtschaftlichen Beziehungen zum südafrikanischen Nachbarn nicht abzubrechen in der Lage sein wird.

Für Pretoria könnte sich so das lohnenswerte Kalkül ergeben haben, Namibia zu annehmbaren Konditionen abzustoßen – insbesondere dann, wenn im Gegenzug hierfür die westlichen Verbündeten zu weiteren Konzessionen bereit sind, was das unmittelbare Überlebensinteresse des Regimes am Kap betrifft. Und nicht nur dies scheint Pretoria in Aussicht zu haben: Alle Anzeichen der neueren sowjetischen Außenpolitik zum Südlichen Afrika deuten darauf hin, daß auch Moskau eine grundlegende Revision der Südafrika-Politik vorgenommen hat und in dem weißen Minderheitsregime nunmehr eine Regionalmacht anerkennt, mit der es auch zu verhandeln gilt.

Für Südafrika könnte dies hinsichtlich der Überlebensperspektive des eigenen Systems weißer Vorherrschaft unter veränderten Bedingungen längerfristig von lebenswichtiger Bedeutung und den Preis des Rückzugs aus Namibia allemal wert sein. Dennoch bleibt abzuwarten, wie groß die Durchsetzungsfähigkeit solch relativ aufgeklärten Politikverständnisses unter der weißen Wählerschaft im eigenen Land ist. Die Falken innerhalb des südafrikanischen Machtapparates jedenfalls haben sich wohl unfreiwillig der Entscheidung beugen müssen, den Rückzug aus Angola an- und in ernste Verhandlungen über die Unabhängigkeit Namibias einzutreten. Nicht nur für hartgesottene Militärs, sondern auch für die Mehrheit innerhalb der weißen Südafrikaner dürfte es nach wie vor schwer vorstellbar sein, daß in Windhoek eine SWAPO-Regierung Einzug halten könnte. Kein geringerer als der südafrikanische Verteidigungsminister General Magnus Malan erklärte noch Ende August 1988 in einer Parlamentsdebatte kategorisch, daß sich die Regierung mit einem SWAPO-Wahlsieg nicht abfinden würde. Zu diesem Zeitpunkt wurden bereits die Pläne für einen Rückzug der Kubaner aus Angola und die Vorbereitung der Wahlen gemäß UNO-Resolution 435 in Namibia diskutiert.

5. Ergebnisse der Verhandlungen seit 1988

Innerhalb von sieben Monaten, zwischen Anfang Mai und Anfang Dezember 1988, vermochten intensive diplomatische Verhandlungen zwischen Kuba, Angola und Südafrika den entscheidenden Durchbruch zu erzielen. Die offiziell anerkannte Vermittlerrolle wurde hierbei den USA übertragen, die Sowjetunion war durch einen ständigen Beobachter beteiligt. Am 3./4. Mai 1988 wurden die Gespräche in London aufgenommen, am 24./25. Juni in Kairo fortgesetzt und schließlich mit der Verabschiedung eines Prinzipienkatalogs im Rahmen einer Zusammenkunft vom 11. bis 13. Juli in New York abgeschlossen. Darin wird in 14 Punkten der Rahmen für alle relevanten Aspekte definiert, die in den darauffolgenden Verhandlungen geklärt werden sollten.

Darauffolgende Verhandlungen in Genf vom 2. bis 5. August führten in einem ersten dreiseitigen Abkommen zu einem Waffenstillstand zwischen Südafrika und Angola/Kuba, der zum 8. August in Kraft trat und den Rückzug der südafrikanischen Truppen aus Angola bis zum 1. September festlegte. Es folgten drei weitere Gesprächsrunden zwischen Ende August und Ende September jeweils in Brazzaville sowie Verhandlungen in New York vom 7. bis 9. Oktober. Zähe diplomatische Rangeleien und hartes Ringen um Kompromisse führten dabei mehrfach zu einer Aufschiebung der anvisierten Termine für den Beginn der Übergangsregelung in Namibia gemäß Resolution 435 (1978). Insbesondere die zeitliche Festlegung des kubanischen Abzugs aus Angola erwies sich als schwierig. Vom 11. bis 15. November einigten sich die Parteien schließlich in Genf auf einen Vertragsentwurf, der die vollständige Rückführung der Kubaner innerhalb von 27 Monaten nach Beginn der Umsetzung von Resolution 435 (1978) vorsieht. In Brazzaville fand vom 1. bis 3. Dezember die Schlußrunde der Verhandlungen statt. Am 22. 12. 1988 konnte dann in New York das dreiseitige Hauptabkommen zwischen Kuba, Angola und Südafrika unterzeichnet werden, nachdem zuvor noch auf Druck Südafrikas die Einrichtung einer gemeinsamen Überwachungskommission *(Joint Monitoring Commission)* beschlossen wurde. Dieser gehören als Vollmitglieder die drei vertragsunterzeichnenden Staaten sowie zu einem späteren Zeitpunkt die Regierung des unabhängigen Namibia an, mit Beobachterstatus außerdem die USA und die Sowjetunion.

Zur Überwachung des kubanischen Abzugs aus Angola wurde außerdem auf Wunsch Angolas und Kubas vom UNO-Sicherheitsrat mit *Resolution 626* die Einsetzung einer UNO-Verifizierungstruppe *(United Nations Angola Verification Mission, UNAVEM)* am 20. 12. 1988 gebilligt. Die UNAVEM nahm am 3. Januar 1989 mit 70 Militärbeobachtern aus zehn Ländern ihre auf 31 Monate terminierte Tätigkeit auf. Gemäß der Festlegung der Verwirklichung von UNO-Resolution 435 (1978) in Namibia auf den 1. April 1989 durch das New Yorker Abkommen soll sie den Abzug der kubanischen Truppen aus Angola nach vereinbarten Etappen bis zum 1. Juli 1991 kontrollieren.

Die Verwirklichung der UNO-Resolution 435 (1978) in Namibia ab dem 1. April 1989 sieht einen Zeitplan mit zahlreichen Einzelmaßnahmen vor, demzufolge die Wahlen zu einer Verfassungsgebenden Versammlung vom 1. bis 7. November 1989 durchgeführt werden sollen. Die gewählten Repräsentanten der Bevölkerung Namibias haben dann auf Grundlage eines vom UNO-Sicherheitsrat erarbeiteten Prinzipienkatalogs die Verfassung für ein unabhängiges Namibia zu erarbeiten und mit einer Zwei-Drittel-Mehrheit zu verabschieden. Bis zum 1. April 1990 soll sich dann die Regierung des unabhängigen Namibia bilden.

Die neben dem zivilen UNTAG-Personal für den Übergangsprozeß von einem Jahr vorgesehene UNO-Friedenstruppe sollte ursprünglich eine Stärke von 7500 Mitgliedern haben. Seitens der ständigen Mitgliedsstaaten im Sicherheitsrat wurden jedoch Anfang 1989 Kostengründe geltend gemacht, aufgrund derer eine Reduzierung der Blauhelme für wünschenswert erachtet wurde. Trotz entschiedener Proteste nicht nur seitens der SWAPO und des namibischen Kirchenrates sowie der Frontstaaten, sondern auch der Bewegung der Blockfreien, wurde die Verringerung der Friedenstruppe auf 4650 Personen Ende Februar 1989 im Sicherheitsrat mit der Maßgabe beschlossen, im Bedarfsfalle zur ursprünglichen Stärke zurückzukehren. Symptomatisch für die neuen Allianzen im Rahmen der veränderten politischen Großwetterlage war es, daß dieser Beschluß mit den Ja-Stimmen auch der Sowjetunion und der VR China verabschiedet werden konnte.

6. Perspektiven für Namibia

Mit dem überraschenden Waffenstillstand zwischen Angolas MPLA-Regierung und der UNITA Ende Juni 1989 fanden die bisherigen Verhandlungen zu einer regionalen Neuordnung im Südlichen Afrika ihren vorläufigen Höhepunkt. Da sich eine Beteiligung der UNITA an der Zentralregierung in

Luanda abzeichnet, verheißen sie für das von Bürgerkrieg und Destabilisierung zerrüttete Land erstmals eine halbwegs friedliche Entwicklungsperspektive. Hinsichtlich der weiteren Etappen auf dem Weg zu einem unabhängigen Staat Namibia läßt sich wenig vorhersagen. Zu Optimismus allerdings gibt es bisher wenig Anlaß.

Seit Verabschiedung von Resolution 435 (1978) hat es erhebliche Positionsverschiebungen zugunsten Südafrikas gegeben. Während die SWAPO den UNO-Plan als Kompromißformel unter erheblichen Zugeständnissen in Kauf nahm und dabei im Glauben handelte, daß es zu einer schnellen Verwirklichung der Übergangsphase kommen würde, spielte Südafrika von Beginn an auf Zeitgewinn, um sich möglichst lange auf die Situation vorbereiten zu können. Nachhaltige Neuerungen wurden seither im Zuge der Errichtung einer südafrikanischen Vasallenstruktur im Lande eingeführt. Mit der Integration von kooperationswilligen Angehörigen der schwarzen Bevölkerung in Politik und Wirtschaft, dem Ausbau ethnischregionaler Machtzentren und einer Militarisierung der Gesellschaft wurde eine Namibianisierung des Konfliktes programmiert, die auch nach einer formalen Unabhängigkeit wirksam bleiben dürfte.

Für Südafrika ist der Prozeß bis zur Umsetzung von Resolution 435 in diplomatischer und strategischer Hinsicht ein voller Erfolg gewesen. Das schließt natürlich nicht aus, daß Manipulierungsstrategien von oben den Faktor Mensch nicht gänzlich im Griff haben. Trotz aller Unwägbarkeiten ist es letztendlich die Bevölkerung Namibias, die im Falle von Wahlen entscheiden kann, ob sie – wie bisher – mit deutlicher Mehrheit in der SWAPO ihre Interessen vertreten sieht und sie bei dieser ersten sich bietenden Gelegenheit deshalb auch wählt. Nicht zuletzt wird diese Entscheidung aber auch davon abhängen, wie wirksam den Einschüchterungsversuchen des noch immer allgegenwärtigen Besatzungsregimes Einhalt geboten werden kann. Resolution 435 erweist sich hierbei als ein wenig taugliches Werkzeug, zumal in nachträglichen Einzelvereinbarungen mit der Kontaktgruppe einige der darin festgelegten Maßnahmen noch verändert bzw. neu interpretiert wurden. Keine dieser Vereinbarungen wurde jedoch je offiziell vom Sicherheitsrat mittels Beschlußfassung angenommen.

Welch tödliche Konsequenzen ein solcher „Freiraum" in sich birgt, wenn er nur zielgerichtet mißbraucht wird, ließ der 1. April deutlich werden, der nicht den erwarteten Frieden sondern den Auftakt eines Vernichtungsfeldzugs der südafrikanischen Soldateska gegen Guerilleros der SWAPO brachte. Annähernd 300 PLAN-Kämpfer mußten in der ersten Aprilwoche den vermeintlichen Waffenstillstand mit ihrem Leben bezahlen, Gefangene wurden praktisch nicht gemacht. Bereits lange vor dem 1. April hatten sich bewaffnete Verbände der PLAN im nördlichen Namibia befunden, wo sie seit über zwei Jahrzehnten im Schutze der Zivilbevölkerung operierten. Außerdem hatten sich PLAN-Einheiten größeren Umfangs von Angola aus unmittelbar vor und auch noch nach dem vereinbarten Waffenstillstand auf namibisches Territorium begeben, wo sie sich bei der UNTAG melden sollten, um in Basen verbracht zu werden. Für die Absicht einer militärischen Aggression gab es keinerlei Anzeichen.

Südafrika war über die Bewegung der PLAN-Einheiten genauestens informiert. Nicht dagegen die UNTAG, die zum 1. April noch gar nicht ihre Aufgaben wahrzunehmen imstande war. Südafrika hatte diese Situation offenkundig ins Kalkül gezogen und konfrontierte den UNO-Sonderbeauftragten mit einer ultimativen Forderung: Entweder er gestattet das militärische Vorgehen, oder der Übergangsprozeß platzt bereits wenige Stunden nach seinem Inkrafttreten. Eine Antwort wartete Südafrika im übrigen gar nicht erst ab, sondern mobilisierte gleichzeitig schon Koevoet und das ethnische Bataillon 101. Die Südafrikaner hatten damit kaltblütig die Gunst der Stunde genutzt, indem sie die PLAN-Bewegungen im Norden als Verstoß gegen die Bestimmungen des Waffenstillstands deklarierten. Resolution 435 aber enthält keine verbindlichen Details, die eine solche Schlußfolgerung zuließen. Dagegen wurden während der Verhandlungen ab Mitte Mai 1988 in der Tat zusätzliche Absprachen getroffen, an deren Zustandekommen die SWAPO nicht beteiligt war. So vereinbarte u. a. das Genfer Protokoll vom 5. August 1988 – auf das sich Südafrika im wesentlichen auch bezog – unter Ziffer 5 des Anhangs, daß Angola und Kuba nach Abschluß des vollständigen Rückzugs der südafrikanischen Truppen aus Angola und im Zusammenhang mit der Einstellung von Feindseligkeiten in Namibia von ihren Möglichkeiten Gebrauch machen werden, die SWAPO-Verbände nördlich des 16. Breitengrades zu stationieren. Es bedarf jedoch gewiß keiner detaillierten juristischen Kenntnisse, um Zweifel anzumelden, ob eine solche Formel eine hinreichende Grundlage für die südafrikanische Auslegung und das damit verbundene Massaker bietet.

Unter der Bevölkerung Namibias herrschte nach den traumatischen Erlebnissen der ersten Apriltage eine totale Desillusionierung hinsichtlich des vermeintlichen Friedensstifters UNTAG. Nach nahezu euphorischer Vorfreude auf den Schutz der internationalen Völkergemeinschaft hat die Angst vor der Unterdrückungsmaschinerie des südafrikanischen Machtapparates erneut um sich gegriffen.

Seit Anfang April wird unter der verbitterten Bevölkerung auch der Satz kolportiert: „Resolution 435 ist kein Friedensplan sondern ein Kriegsbeschluß". Wahrlich kein Kompliment für die Vereinten Nationen, die doch ihr langjähriges Engagement in Namibia für mehr Gerechtigkeit, Frieden und das Selbstbestimmungsrecht der Menschen aufgenommen hatten.

Henning Melber (Gesamthochschule Kassel)

Literaturhinweise

Baumhögger, Goswin, „Südliches Afrika" und „Namibia". In: Institut für Afrika-Kunde (Hrsg.), Afrika Jahrbuch 1988. Opladen 1989.

Tötemeyer, Gerhard/Kandetu, Vezera/Werner, Wolfgang (Hrsg.), Namibia in Perspective. Windhoek: Council of Churches in Namibia 1987 (eine deutschsprachige, aktualisierte Ausgabe erscheint Ende 1989 bei der Informationsstelle Südliches Afrika in Bonn).

Algerien: Auf dem Wege zur bürgerlichen Gesellschaft?

Die Streiks, Demonstrationen und Unruhen, die Algerien seit dem 5. Oktober 1988 erschütterten, werden das Land bei der Anpassung seiner Entwicklungsstrategie und beim Umbau seines politischen Systems entscheidend voranbringen. Sie waren vordergründig Ausdruck einer unzureichenden Güterversorgung. Ihr Ausmaß wäre ohne einen schweren Konflikt innerhalb der algerischen Staatsklasse über die zukünftige Wirtschaftspolitik unmöglich gewesen. Mit diesen Unruhen brach das auf Patronage gestützte System der Herrschaft der Staatsklasse zusammen. Die vom Staatspräsidenten geführte Fraktion setzt stärker auf Marktsteuerung im Wirtschaftsleben und will der Bevölkerung politische Mitwirkung in von der Staatsklasse unabhängigen Organisationen einräumen. Interessant ist an der algerischen Entwicklung nicht, daß auch hier die staatswirtschaftliche Entwicklungsstrategie trotz Betonung von sozialer Gerechtigkeit und Gleichheit bei der Überwindung von Unterentwicklung gescheitert ist. Genausowenig ist interessant, daß auch in Algerien eine Hungerrevolte und eine an den Zusammenbruch des Schahregimes erinnernde Modernisierungskrise auftrat. Wichtig ist vielmehr, daß diese Krise weder zu bloßer Repression und kurzfristigen Konzessionen an die Armen noch zu einem Zusammenbruch des Regimes führte. In Algerien sind gesellschaftliche Strukturen entstanden, die die Funktion von bürgerlicher Gesellschaft erfüllten, ohne daß in Algerien bürgerliche Gesellschaft, nämlich private Unternehmen im kooperativen Konflikt mit einer die Massennachfrage sichernden starken Arbeiterbewegung, entstanden wäre. Die durch diese Krise gegenüber anderen Gruppen gestärkte Fraktion ist offensichtlich bereit, diese neuen gesellschaftlichen Kräfte an der Macht zu beteiligen und damit Wirtschaftswachstum zu fördern. Wir beobachten in Algerien nach den Unruhen einen Prozeß der Öffnung einer bürokratischen Entwicklungsgesellschaft in Richtung auf etwas Neues, nämlich eine bürgerliche Demokratie und Marktwirtschaft ohne ein starkes, privates Unternehmertum verbindende politisch-ökonomische Struktur, die sich in den nächsten Monaten erst noch definieren muß.

Für die Unruhen waren ökonomische Ursachen von großer Bedeutung, reichen aber als Erklärung nicht aus. Seit Jahren gibt es in Algerien und auch in der Hauptstadt Demonstrationen des „Volkes". Vor allem in den Provinzstädten kam es regelmäßig zu Aufständen gegen bürokratische Mißwirtschaft und den Mangel an lebensnotwendigen Gütern. Diese Aufstände folgen stets einem ähnlichen Ritual. Die Aufständischen definierten sich als „das Volk", griffen die öffentlichen Gebäude und die staatlichen Läden an und verteilten die Güter, insbesondere Luxusgüter, die sie in den Büros und Wohnungen der Repräsentanten der staatlichen Ordnung fanden, an das Volk. Das Volk, und nicht eine einzelne Klasse, sieht sich von der Staatsklasse ausgebeutet und verteilt deren (insgesamt im Vergleich zu anderen Ländern der Dritten Welt) bescheidenen Reichtum. Als Volk bleiben die Aufständischen unorganisiert und unstrukturiert. Es gibt keine Organisation, deren Führer, gestützt auf den Aufruhr, die Macht übernehmen wollen.

Neu ist also nicht der Aufruhr, sondern sein Ausmaß und seine Folgen: Die Staatsklasse kann seit dem Wegfall eines erheblichen Teils der Öleinkommen nur durch die organisierte Beteiligung des Volkes den Kurs der Anpassung des Konsums an das begrenzte Produktionspotential und dessen Erweiterung durchsetzen. Sie finden allerdings hierfür offenbar eine ausreichende Unterstützung. In der Krise entsteht in Algerien die Möglichkeit zur Reform.

1. Der Konflikt zwischen zwei Entwicklungsmodellen

Unter den ökonomischen Gründen für die Krise sind der Verfall der Rohstoffpreise und die geringe Effektivität des staatlichen Sektors hervorzuheben, die wiederum auf politischer Ebene nicht nur zur Entladung des Volkszornes, sondern zu einem scharfen Konflikt innerhalb der Staatsklasse führten. Algeriens Exporterlöse hängen zu über 95% vom Preis für Erdöl und dem an diesen gekoppelten Preis für Erdgas ab. Deshalb sanken seit 1983 die Exporteinnahmen drastisch und mit ihnen die Importe um 34%, die Investitionen um 15% und die Kaufkraft der Bevölkerung um 13%.

Mit dem Fall der Exporterlöse schwand die für die Staatsklasse entscheidende ökonomische Basis, sowohl für die Kapitalbildung als auch für die Finanzierung von Verteilungsmaßnahmen zur Ruhigstellung der vom politischen Prozeß ausgeschlossenen Bevölkerung. Auch wenn ein erheblicher Teil der finanziellen Mittel für die Kapitalbildung aus der heimischen Produktion abgezweigt wurde, war das Land ab 1973 immer stärker von den Öleinkommen abhängig geworden. Die Landwirtschaft produzierte einen immer geringeren Teil der Nahrungsmittel für die rasch wachsende Bevölkerung. Die industrielle Entwicklung war über ehrgeizige Investitionspläne vom Import von Ausrüstungsgütern abhängig, selbst von Ersatzteilen. Trotz einer (insgesamt mäßigen) Umverteilung der Böden gelang es nicht, die landwirtschaftliche Produktion nachhaltig zu steigern, während sehr hohe Investitionen in der Industrie nur zu sehr begrenzten Produktionssteigerungen führten. Der Verzicht auf die Dynamisierung des durchaus wachsenden Produktionspotentials wurde ermöglicht durch die Existenz der Öleinkommen und durch die weitgehende Ausschaltung der politischen Beteiligung der Bevölkerung.

Die Gefahr der Abhängigkeit von der Rohstoffrente war schon Mitte der siebziger Jahre deutlich erkannt worden. Zwei Modelle zur Bewältigung dieser Abhängigkeit gab es in der algerischen Staatsklasse, nämlich den Ausbau der staatlichen Lenkung der Wirtschaft durch eine Radikalisierung der

Massen – also Abbau von Entscheidungsvorsprüngen der sich bildenden Staatsklasse durch stärkere Beteiligung sozialistisch ausgerichteter Massenorganisationen – und im Gegensatz dazu die Einführung von Dezentralisierung und Marktsteuerung. Die Planung sollte hier lediglich die großen Zielsetzungen angeben. Die staatlichen Unternehmen sollten zu Rentabilität über ihre Abhängigkeit vom Markt gezwungen werden, während gleichzeitig neben dem staatlichen Sektor auch der private, allerdings außerhalb der für die Beherrschung der Ökonomie entscheidenden Schlüsselbranchen, wachsen sollte.

Das erste Modell der Bewältigung der Abhängigkeit ist mit dem Namen des Staatspräsidenten Boumediene verbunden. Nach dem Tode Boumedienes (Dezember 1978) hatte die Armeeführung, die die Partei kontrollierte, gegen den „sozialistischen Flügel" in der Einheitspartei den heutigen Staatspräsidenten Chadli mit der Führung des Landes beauftragt.

In der Wirtschaftspolitik Chadlis lassen sich von allem Anfang an drei Themen feststellen: die Reform des öffentlichen Sektors, die Stärkung des privaten Sektors und die Förderung der Landwirtschaft. Dies sind Antworten auf die Gefahr des Verlustes der Ölrente. Die 1979 eingesetzte algerische Führung zeichnet sich durch einen deutlichen Kleinmut ihrer wirtschafts- und gesellschaftspolitischen Zielvorstellungen aus, die zu einer Politik der Bewahrung des Erreichten nach dem Muster der Umsichtigkeit eines guten Hausvaters führte.

Noch als die Ölpreise kräftig stiegen, nämlich 1979 bis 1981, warnte der Staatspräsident wiederholt vor einer zu großen Abhängigkeit vom Ölexport. So wurde die unter Boumediene kräftig gestiegene Neuverschuldung eingeschränkt und sogar (ab 1983) abgebaut. Auch durfte der staatliche Sektor nicht mehr durch den Hinweis auf einen langfristigen Beitrag für die Überwindung von Unterentwicklung betriebswirtschaftlich defizitär bleiben. Dieses Ziel wurde seit 1979 in zwei Wellen angestrebt. Zunächst wurden die staatlichen Mammutfirmen in kleinere Einheiten aufgelöst, die jeweils auf eine Gütergruppe oder ein Gut spezialisiert waren. Die lange Dauer dieses Prozesses (November 1979 Gründung der Ad-

Hoc-Kommission zur Erarbeitung eines Vorschlages zur Aufteilung der Unternehmen, 1983 erste Erfolge) macht Widerstände deutlich, weil bei der Gründung von 400 Unternehmen, die anstelle der 1979 bestehenden 50 Staatsunternehmen traten, geklärt werden mußte, wer und in welchem Umfang die Schulden der Vorgänger zu übernehmen hatte. Die Umstrukturierung mußte die Klärung der bisher nicht rentablen Leistungen in Hinsicht auf eine langfristige Überwindung von Unterentwicklung einschließen, d. h. die Bewertung aller am Markt nicht bewerteten Anstrengungen. Umstrukturierung bedeutete also eine Diskussion über die Aspekte des früheren Entwicklungsweges auf der Ebene der kostenwirksamen Detailmaßnahmen und ihrer Folgen für die Bilanzen der Unternehmen. Mit greifbaren Resultaten wurde nach Ablauf von drei bis vier Jahren gerechnet. Diese Erfolge traten allerdings nicht ein: Die Umstrukturierung hat nicht alle mit ihrer Durchführung erstrebten Wirkungen gezeigt. Die öffentlichen Unternehmen werden weiterhin von der Verwaltung zu stark gegängelt. Zwar sind ihre Aufgaben klargestellt worden, doch müssen sie in einer Umwelt voller Reglementierung und unklarer Anforderungen operieren. Eine auf ihre Kompetenzen eifersüchtige Verwaltung bevormundet sie weiter und versucht, die Rolle des Managements zu übernehmen.

Angesichts des Konflikts innerhalb der Staatsklasse mußte das Problem der Rentabilität zunächst als Problem der richtigen administrativen Organisation, also der richtigen Aufgabenzuweisung innerhalb der Staatsklasse, definiert werden, und eben nicht als Problem der richtigen Kombination zwischen Markt und Plan und des Rückzugs der Staatsklasse aus Detailregelungen des Wirtschaftsablaufs. Am deutlichsten wurde dies an der Trennung zwischen Vermarktung und Produktion, die bei der Umstrukturierung der Unternehmen zunächst festgelegt wurde, wodurch die Macht der Unternehmen, aber auch ihre Verantwortlichkeit gegenüber dem Markt eingeschränkt wurden.

Gestützt auf einen Teil der Kader, die die Staatsführung zu jährlichen Konferenzen über die Entwicklung – neben den staatlichen Institutionen und von der Verfassung nicht vorgesehen – in sogenannten nationalen Konferenzen zusammenführte, veranlaßte Chadli 1986 die zweite Welle der Reformen, deren Ziel die Autonomie der Unternehmen war, und die erst im Februar 1989 (also nach den Unruhen) für eine erste Gruppe von Staatsunternehmen verwirklicht wurde. Der Staat übertrug sein Eigentum an Fonds, die im wesentlichen Empfänger der Gewinne der Unternehmen sein sollen. Diese Fonds ernennen Verwaltungsräte: Das algerische Staatsunternehmen wird eine Aktiengesellschaft. Die Macht, die der Staat als hundertprozentiger Eigentümer ausüben könnte, wird bewußt dadurch verhindert, daß das staatliche Eigentum unter einer Vielzahl von Fonds aufgeteilt wird. Rentabilität in einem engen betriebswirtschaftlichen Sinn wird zur Richtlinie für das Verhalten der Betriebsleiter. Langfristige Zielsetzungen, die derzeit (noch) nicht am Markt bewertet werden können, deren „Nützlichkeit" sich aber aus dem langfristig angestrebten Modell einer integrierten Wirtschaft ergeben könnte oder die man aus diesem Modell begründen könnte, werden vernachlässigt.

Dies mußte zu einem Konflikt zwischen der Staatsführung und einem Teil der Betriebsleiter führen. Diese waren bisher aufgefordert, neben der betriebswirtschaftlichen Rentabilität eine Vielzahl anderer Ziele, insbesondere ein wachsendes Arbeitsplatzangebot, die Qualifizierung von Arbeitskräften, den Aufbau von Infrastrukturen und die Aufnahme von technologisch anspruchsvollen Produktionen zu verfolgen, die Kosten verursachten. Mit der Forderung nach größerer Rentabilität wurde die bisherige Doktrin der Überwindung von Unterentwicklung verworfen und gleichzeitig die Möglichkeiten begrenzt, banale Managementfehler und die Belegschaften privilegierende Umverteilung innerhalb der Betriebe zu verschleiern. Die Staatsklasse reagierte mit Unzufriedenheit. Chadli hat dieses Gefühl mit seiner Rede vom 19. September 1988 erheblich verstärkt, indem er diejenigen, die nicht in der Lage seien, ihre Verantwortung zu übernehmen, aufforderte, zurückzutreten.

Der Teil der Staatsklasse, der von Chadli geführt wurde, war in der Lage, den anderen seiner Interventionsmöglichkeiten zu berauben: Er schwächte das Planungsministerium und löste es 1987 auf. Für Planung notwendige Statistiken sind heute überhaupt nicht mehr verfügbar. Chadli war aber nicht in der Lage, anstelle des unter Boumediene entstandenen Planungsapparates ein neues Instrument zur Koordination der Wirtschaftssubjekte mit eigenen Kompetenzen zu setzen. Die Plandokumente der achtziger Jahre behandeln immer mehr nur einzelne Projekte und Ausgabenprogramme, nicht aber deren makroökonomische Einbettung in gesamtwirtschaftliche Entwicklungsstrategien.

2. Fortdauernde Schwäche des privaten Sektors

Den Verlust an Unterstützung innerhalb der Staatsklasse konnte Chadli durch die Förderung des privaten Sektors nicht ausgleichen, weil dieser keineswegs die Dynamik entfaltete, die von ihm erwartet wurde. Obwohl auch unter Boumediene dem privaten „nicht-ausbeuterischen" Eigentum ein Platz bei der Industrialisierung Algeriens eingeräumt worden war und 1966 sogar ein Instrumentarium zur Investitionsförderung geschaffen wurde, war das Wachstum der privaten Industrie in den siebziger Jahren vor allem Folge einer nicht befriedigten Konsumgüternachfrage: Der öffentliche Sektor verteilte mehr Einkommen als er Güter in den Wirtschaftskreislauf einspeiste. Mit Chadlis Präsidentschaft und der 1979 vorgenommenen Diagnose der Mängel im öffentlichen Sektor (die von den Gegnern Chadlis als vom Planungsminister Brahini bewußt manipuliert bezeichnet wird) setzte ab 1981 eine Politik der Förderung des privaten Sektors ein. Er erhielt einen Dachverband, wurde eine Massenorganisation und damit eine Stütze der Revolution, und erhielt Investitionsprämien und Steuerbefreiungen. Die Zahl der Investitionsanträge (1983–1986: 3541) zeigte allerdings gegenüber der Periode 1962–1982 (durchschnittlich 600 pro Jahr neugegründete Betriebe) keine nennenswerte Beschleunigung. Die Förderung des privaten

Sektors hat nicht zur Bildung einer selbstbewußten Klasse privater Unternehmer in Algerien geführt, weil diese Unternehmer hinsichtlich der Kapitalbildung letztlich von staatlichen Instanzen abhängig sind. Hier ist vor allem die Abhängigkeit bei der Belieferung mit Vorprodukten und bei der Belieferung mit Ausrüstungsgütern neben der Rolle der Staatsbetriebe und staatlicher Verwaltungen als Absatzmärkte bedeutsam.

Algerische private Unternehmer produzieren mit importierter Technologie. Die 1982 beschlossene Förderung ermöglicht ihnen vor allem den Zugang zu importierten Ausrüstungen. Eine staatliche Koordinationsinstanz für private Investitionen (OSCIP) gibt den Antragstellern im Fall der Bewilligung die Genehmigung, algerische Dinars zum offiziellen Wechselkurs für Investitionsgüterimporte zu tauschen. Angesichts des gescheiterten Aufbaus einer lokalen Investitionsgüterindustrie können private Unternehmer nur dann langfristig investieren, wenn sie diese Genehmigung erhalten. Weil der offizielle Dinarkurs deutlich überbewertet ist, bedeutet dieses Recht, daß der Begünstigte gegenüber Konkurrenten, die lokale technische Lösungen, z. B. angepaßte Technologie verwenden müssen, konkurrenzlos billig produzieren kann. Lokale Technologie wird von privaten Unternehmern nur in Branchen entwickelt und eingesetzt, wo eine sehr dringende kaufkräftige Nachfrage hohe Spielräume zur Überwälzung der Kosten erlaubt, wie im Bereich der Baumaterialien oder der Kraftfahrzeugersatzteile. Ein überhöhter Dinarkurs wird finanziert durch die Ölrente. Förderung der privaten Industrie durch Zugang zu Devisen bedeutet die Übertragung eines Teils dieser Rente auf die Unternehmen. Der Staat muß deshalb darauf achten, daß keine wirtschaftlich unsinnigen Investitionen getätigt werden, insbesondere daß keine Überkapazitäten entstehen. Solche staatliche Förderung verwandelt den begünstigten Teil der privaten Industrie in eine schmale Klasse von Monopolisten, die mit niedrigen Produktionskosten auf einem reservierten Markt alle nicht in das Förderungsprogramm aufgenommenen Unternehmer auf die Restnachfrage beschränken können. Die Bedingung für solche Wachstumsmöglichkeiten sind gute Kontakte zur Bürokratie.

Ähnlich macht das Außenhandelsmonopol und die starke Stellung der Staatsunternehmen bei der Produktion von Grundstoffen (z. B. Stoffen für Bekleidungsproduzenten) die Betriebe vom Wohlwollen von Staatsunternehmen und der Außenhandelsverwaltung abhängig. Algerische Unternehmen wären bereit, bis zum dreifachen des Preises der Vorprodukte zu bezahlen, wenn sie sich der kontinuierlichen Belieferung mit solchen Produkten zur von ihnen gewünschten Zeit sicher sein könnten. Solange allerdings die Möglichkeit, über die Bereitschaft zu höheren Preisen Versorgungssicherheit zu erreichen, verwehrt ist, bleiben die privaten Unternehmer von der Staatsklasse abhängig. Der Verfall der Rente vergrößert diese Abhängigkeit, weil über den Rückgang der privaten Konsumnachfrage die Erzielung wenigstens von Dinargewinnen noch eingeschränkt wird. Zur Dynamisierung des privaten Sektors hätte eine andere Form der Förderung eingeführt werden müssen, nämlich eine drastische Abwertung und eine Konzentration der staatlichen Entwicklungspolitik und -subventionierung auf die lokale Produktion von Technologie. Erfolgreicher bei der Förderung privater Initiative war die Agrarpolitik: Es gelang aber nur, die aus der Agrarrevolution entstandenen ineffizienten Großbetriebe nach wiederholten Reformversuchen zu zerschlagen, ohne private Initiative mit staatlich bereitgestellten neuen Vorprodukten und Ausrüstungen für die Steigerung der Hektarerträge zu kombinieren.

In den zehn Jahren Chadlischer Wirtschaftspolitik gelang die schrittweise Entmachtung des staatswirtschaftlichen Flügels, ohne daß ein neues Entwicklungsmodell über die Verallgemeinerung von Marktmechanismen hätte verankert werden können. Die Kritiker des Staatspräsidenten behaupten zu Recht, daß ihr ursprüngliches Projekt mit den seit 1979 erfolgten Entscheidungen vereitelt wurde. Genauso haben aber sie auch das alternative Projekt der wirtschaftlichen Entwicklung über Markt- und Privatinitiative nachhaltig behindert.

3. Erstarrung bürokratischer Strukturen

Politisch war die Entwicklung in Algerien unter Chadli durch eine zunehmende Sklerose der Organisationen gekennzeichnet. Man versuchte, alle sozialen Gruppen in Massenorganisationen und Berufsverbänden unter Führung der Einheitspartei zu erfassen. Leitungsfunktionen konnten in diesen Verbänden nur Mitglieder des FLN übernehmen, so daß die Partei die Kaderauswahl auch in den Massenorganisationen steuern konnte. Als 1985 eine algerische Menschenrechtsliga gegründet wurde, setzte die Partei erneut ihr Organisationsmonopol durch: Die Gründungsmitglieder wurden verhaftet und anstelle ihrer Organisation eine von der Regierung abhängige algerische Menschenrechtsliga gegründet.

Die staatliche Einheitsgewerkschaft UGTA stagniert seit Jahren und organisiert vor allem Arbeiter im staatlichen Sektor, die häufig die Mitgliedschaft brauchen, um an wohlfahrtsstaatlichen Vergünstigungen teilzuhaben. Die Beteiligung der Arbeiter an der sozialistischen Betriebsverwaltung beschränkt sich im wesentlichen auf diesen Bereich. Wilde Streiks waren die Folge. Dennoch erschienen die Betriebsorganisationen der Gewerkschaft der Partei nicht zuverlässig genug: Sie bildete eigene Zellen in den Betrieben zur besseren Kontrolle.

Der Bauernverband hat bei den Entscheidungsprozessen über die Auflösung der großen Agrarbetriebe keine sichtbare Rolle gespielt. Der Frauenverband ist notorisch schwach und hat sich bei der Regelung des Familienrechts nicht gegen islamische Tendenzen durchsetzen können. Der Jugendverband klagt regelmäßig über geringen Einfluß auf seine Zielgruppe.

Die Instrumente klientelistischer Einbindung wurden geschwächt, weil mit dem Rückgang der Ölrente die finanziellen Verteilungsspielräume schrumpften, durch die größere Gruppen innerhalb der verschiedenen sozialen Klassen als Brückenköpfe gewonnen werden konnten. Bei der Förderung der privaten Initiative mußten den Privaten wirtschaftliche Vorteile eingeräumt werden, die sich auch in einem höheren Konsumniveau niederschlagen und damit die über Patronage erzielbaren Vorteile entwerteten. Mit zunehmender Ungleichheit verlor die Ideologie nationaler Solidarität ihre Integrationskraft gegenüber der Aufwertung privater „egoistischer" Interessen.

Die Folge war, daß die von den Staatsklassen dominierten Organisationen die herrschaftsunterworfenen gesellschaftlichen Klassen nicht mehr einbinden konnten, sondern nur noch die Existenz konkurrierender eigenständiger Organisationen repressiv verhinderten. Es entstand ein organisatorisches Vakuum, eine atomisierte Gesellschaft, allerdings mit Ausnahme der islamischen Bewegung.

In Algerien sind Staat und islamische „Geistlichkeit" eng miteinander verbunden. Der Staat finanziert die Moscheen und die Imame, die sie betreuen. Gläubige können sich allerdings zusammenschließen und die Errichtung einer Moschee selbst finanzieren. Bis zu ihrer Fertigstellung bestimmen sie die Imame. Ende 1987 befanden sich 1620 Moscheen gegenüber 6160 bestehenden in dieser Phase. Die Moschee wurde zu einem Anziehungspol für oppositionelle Kräfte, insbesondere für die Jugend, für die es in Algerien ganz wenige Freizeiteinrichtungen gibt, so daß sie sich häufig in den Moscheen mit ihren Bildungsangeboten und Kommunikationsmöglichkeiten trifft.

Staatspartei und islamische Geistlichkeit konkurrieren miteinander über die Frage, wer besser grundlegende Werte wie soziale Gerechtigkeit verwirklichen kann. Mit der Öffnung der Wirtschaft für private Initiative und den wachsenden privaten Zugriffsmöglichkeiten von Mitgliedern der Staatsklasse auf die Rente nahm die Glaubwürdigkeit der Staatsklasse bei der Verteidigung von Gleichheit und Gerechtigkeit ab. Die Staatspartei konnte zwar auf ihr historisches Erbe als Verteidiger der Unabhängigkeit eines islamischen Algeriens verweisen, doch stand diesem Anspruch die wachsende Tolerierung einer neuen Klasse von Neureichen und die Knappheit der öffentlichen Finanzen entgegen. Die Staatsklasse konnte nicht mehr in gleichem Umfang wie bisher junge Menschen durch Einstellung in den staatlichen Sektor an sich binden, während sich ihr Konflikt mit den vielen kleinen Gewerbetreibenden, die im

Staat nur den steuereintreibenden Fiskus sehen, verschärfte. Der islamische Integrismus fand deshalb in den Provinzstädten und bei den Gymnasiasten und Studenten den größten Zulauf.

4. Blockierungen der Oppositionen im Oktober

Die Unruhen vom Oktober führten zum ungeplanten Zusammenwirken der gesellschaftlichen Kräfte, die sich durch den Verfall der Ölrente, die Stagnation der algerischen Wirtschaft und den Ausschluß von Möglichkeiten zur politischen Mitwirkung benachteiligt fühlten, nämlich die Jugend, die Arbeiter, die Arbeitslosen und die kleinen Gewerbetreibenden. Wahrscheinlich hat ein Teil des Parteiapparates und der Armeeführung die Unruhen zwar erwartet, in ihrem Ausmaß aber nicht richtig eingeschätzt und sie benützen wollen, um eine Kursänderung in Richtung auf Rückkehr zum staatswirtschaftlichen Kurs zu erzwingen. Nicht alle Zerstörungen gingen von Demonstranten aus. Das Eingreifen von Provokateuren ist belegt. Die Regierung wurde offenbar über die Stimmungslage der Bevölkerung vor Ausbruch der Unruhen falsch unterrichtet.

Auch die verschiedenen oppositionellen Kräfte haben das Ausmaß der Unruhen nicht richtig eingeschätzt. Die geduldeten Oppositionskräfte (berberistische Bewegung, kommunistische PAGS), aber auch die Integristen haben zunächst mit Vorsicht reagiert.

Die Woche der Unruhen war durch Spontaneität der Demonstranten und beklemmende Abwesenheit des staatlichen Apparates gekennzeichnet. Für eine revolutionäre Situation fehlte die Gegenorganisation, die die oppositionellen Kräfte koordinieren und in ihrem Namen die Übernahme der Macht fordern konnte. In dieser Hinsicht war die Strategie der Atomisierung möglicher Gegenkräfte durch die herrschende Staatsklasse erfolgreich gewesen. Der wesentliche Unterschied zur Situation im Iran 1978/79 liegt allerdings darin, daß die verschiedenen Oppositionen gegen das Regime nicht nur unkoordiniert sind, sondern sich auch nicht koordinieren wollen. Das Regime von Chadli ist nicht völlig illegitim geworden. Keine der wesentlichen Oppositionsströmungen will seinen Zusammenbruch um jeden Preis.

Die nicht nur an traditioneller Gerechtigkeit, sondern auch moderner Gleichheit und Freiheit orientierte städtische Opposition, die sich auf sozialistische und in der algerischen Revolution stets starke demokratische Werte beruft, will nicht die Rückkehr zur Scharia, sondern eine Demokratisierung. Am besten wird dies durch Gegensätze innerhalb der islamischen Opposition belegt. Ein Teil ihrer Führer hat erkannt, daß den Bedürfnissen dieser städtischen Bevölkerungsgruppen nach Modernität, insbesondere in der Frage der Stellung der Frau, Rechnung getragen werden muß. Neben islamischen Organisationen melden sich in ihrer Bedeutung schwer einschätzbare neue Parteien zu Wort, die sich unter Respektierung des Islams auf westliche Ideale von Demokratie und Gleichheit, häufig mit schwer definierbaren Bezügen auf „soziale Demokratie" melden.

Auch der Parteiapparat spielt noch eine wichtige politische Rolle. Ihm hat die Staatsführung vorgeworfen, durch Duldung von Nepotismus, Karrierismus und Privilegien und durch Ausschluß breiter sozialer Gruppen von der politischen Mitwirkung (nämlich um den Zugriff auf wirtschaftliche Vorteile für die eigenen Mitglieder zu reservieren) die Unruhen verursacht zu haben. Gerade die idealistischen Mitglieder von Partei- und Massenorganisationen sehen sich von der Staatsführung im Stich gelassen und getäuscht, da sie unpopuläre Praktiken und unpopuläre Maßnahmen häufig nur aus Solidarität mit übergeordneten Stellen in Partei und Staat geduldet hatten.

Der Staatspräsident dürfte zwar im Augenblick nur wenige überzeugte Anhänger in der Bevölkerung haben, doch verhalten sich die verschiedenen Oppositionen wegen ihrer unterschiedlichen Ziele abwartend. Der Staatspräsident hat die Situation wechselseitiger Blockierung zwischen den verschiedenen Oppositionen nicht nur kurzfristig, sondern auch mittelfristig für die Stabilität des Regimes durch Reformprozesse nützen können. Nachdem ihm durch eine eher altväterliche, in ihrer Wirkung aber gut dosierte Rede und deeskalierende Maßnahmen der Abbruch des allgemeinen Streiks gelungen war, hat er neben in solchen Situationen üblichen Umbesetzungen in Staat und Partei ein Programm der politischen Reformen eingeleitet, das die wirtschaftspolitischen Orientierungen der letzten Jahre ergänzt und ihnen zum Durchbruch verhelfen wird.

Noch im November wurden alle Bestimmungen der Verfassung revidiert, die den Staatspräsidenten an der Tagespolitik beteiligen. Hierfür ist nunmehr der dem Parlament verantwortliche Premier zuständig. Die Stellung des Staatspräsidenten ähnelt der des französischen Präsidenten der Fünften Republik, zum Teil bis in einzelne Formulierungen. Er kann sich trotz weiter Kompetenzen außerhalb der politischen Konflikte stellen.

Im Februar hat er sich mit seiner Forderung nach einer auf Staatszwecke verzichtenden Verfassung durchgesetzt. Der Hinweis auf den Sozialismus und auf die Einheitspartei fehlt. Die Verfassung regelt vor allem die Beziehungen zwischen den Verfassungsorganen.

Das Recht auf Gründung politischer Vereinigungen ist anerkannt worden. Diese können eigentlich nicht anders, als die Funktion von Parteien übernehmen. In einer heftigen Diskussion über die Rolle des FLN wurde diesem zunächst empfohlen, durch ein „Ressourcement" – ein unklares Kunstwort – einen engeren Kontakt zu den nicht vertretenen gesellschaftlichen Kräften zu suchen. Dann wurde die Möglichkeit erwogen, größere Repräsentation dadurch herzustellen, daß innerhalb des FLN wie während des Befreiungskriegs organisierte Tendenzen bestehen sollten, so daß neue Parteien nur dann am politischen Prozeß beteiligt worden wären, wenn sie als Tendenz des FLN anerkannt worden wären. Die weitere Entwicklung hat gezeigt, daß auch auf diese Form der Kontrolle verzichtet worden ist. Im Parteistatut wird der Artikel gestrichen, der die Ausübung eines Mandats in einer Massenorganisation von der Mitgliedschaft im FLN abhängig macht. Damit entfällt die Möglichkeit, auf die Auswahl der Repräsentanten solcher Organisationen Einfluß zu nehmen. Die UGTA wehrt sich noch gegen den Verlust ihres Organisationsmonopols mit dem Hinweis auf die Wichtigkeit einer Einheitsgewerkschaft. Studenten haben schon eine vom Jugendverband und vom FLN unabhängige Organisation gegründet. Aus dem Bereich der Bauern liegen keine Nachrichten vor.

Die Verfassung garantiert Bürger- und Menschenrechte und bricht damit mit der Vorstellung, daß Freiheitsrechte nur zur Unterstützung des Gemeinwohls ausgeübt werden dürfen. Schon vor den Unruhen deutliche Anstrengungen zu größerer Rechtstaatlichkeit werden verstärkt. Der Gerichtshof für Staatssicherheit wird aufgelöst, ein Verfassungsrat wird eingerichtet und die Unabhängigkeit der Justiz von der Exekutive nachdrücklich betont. Für die Bürger- und Menschenrechte folgen Ausführungsgesetze für (wie in allen Verfassungen übliche) Gesetzesvorbehalte.

Diese Maßnahmen sind keine Antwort auf die wirtschaftlichen Probleme, die zu den Unruhen führten. Kurzfristig gibt es für diese Probleme auch keine befriedigende Lösung. Vielmehr haben diese Maßnahmen zur Folge, daß an der Lösung der Probleme alle gesellschaftlichen Gruppen im Rahmen der Unterstützung, die sie bei der Bevölkerung finden können, mitarbeiten. Die Staatsklasse zieht sich – allerdings nur unter allergrößten Schwierigkeiten und mit vielen Nachhutgefechten – aus einem Teil der Verantwortung zurück. Die übrige Gesellschaft erhält Zugang zu den legalen Institutionen. Selbstverständlich kann ein so geführter Staat nicht mehr für alle Aspekte der Wirtschafts- und Gesellschaftspolitik verantwortlich sein. Die Reform des politischen Systems erzwingt auch auf Dauer die aus ganz anderen Gründen angestrebte relative Autonomie der Staatsunternehmen gegenüber dem Staat.

Noch sind die Kräfteverhältnisse zwischen den verschiedenen Gruppen, denen Mitwirkungsmöglichkeiten eröffnet wurden, unklar. Die Diskussionsvielfalt in der algerischen Presse hat zugenommen. Aber viele Gruppen haben keinen Zugang zu einer veröffentlichten Meinung. Flugblätter können Gewichtigkeit vortäuschen. Demonstrationen sind erfolgreich in Orten mit einer spezifischen gesellschaftlichen Struktur. Wer auf dem Land in der bäuerlichen Welt über Einfluß verfügt, ist unklar. Alle Gruppen bereiten sich auf Wahlen vor. Die Abwendung breiter Kreise der algerischen Bevölkerung von der herrschenden Staatsklasse hat nicht zu einer resignativen Abkehr von westlichen Werten geführt, die neben der Berufung auf Nationalismus, Zugehörigkeit zur arabischen Welt und zum Islam auch eine Grundlage der algerischen Revolution waren. Die miteinander um Einfluß ringenden Strömungen in Algerien werden in unterschiedlichen Ausprägungen dieses Erbe der bürgerlichen Revolution mit ihrer nationalen und religiösen Identität verbinden müssen. Daß ihnen dabei eher der von Rechtsstaat und formaler Demokratie geprägte Weg gelingen möge, bleibt Algerien zu wünschen.

Hartmut Elsenhaus (Universität Konstanz)

Literaturhinweise

Leggewie, Claus, Algerien. In: Udo Steinbach und Rüdiger Robert (Hrsg.), Der Nahe und Mittlere Osten Bd. 2, Opladen 1988.
Mattes, Hanspeter, Algerien. In: Nahost-Jahrbuch 1988, Opladen 1989.
Schütze, Walter, Ein neuer Unruheherd im Mittelmeerraum? In: Europa Archiv 43 (1988) 24.

Die „Lateinamerikanisierung" Venezuelas

Mit regelmäßigen Wahlen, einem Mehrparteiensystem und seinem Ölreichtum wurde Venezuela in den 70er Jahren zur stabilsten Demokratie in Lateinamerika. 1988 erinnerten Regierung und Parteien in Festveranstaltungen an das 30jährige Bestehen der Demokratie. Venezuela sei ein Beispiel für Lateinamerika und die freie Welt – so lautete der Tenor der Politiker auch im Wahlkampf 1988. Es waren die siebten freien Wahlen zum Präsidentenamt und Kongreß seit dem Niedergang der Diktatur 1958. Bereits mehrfach kam es gemäß wechselnder Mehrheitsverhältnisse zu einer reibungslosen Machtübergabe zwischen den beiden staatstragenden Parteien des Landes, der sozialdemokratisch ausgerichteten Acción Democrática (AD) und der christdemokratisch orientierten COPEI.

Wie in den anderen lateinamerikanischen Staaten hatte Ende der 70er Jahre eine wirtschaftliche Stagnation eingesetzt und später – im Zuge fallender Erdölpreise auf dem Weltmarkt – eine spürbare Rezession begonnen. „Das Fest ist vorbei", lautete damals der Titel eines Buches mit einem wehmütigen Rückblick auf die Jahre des schnellen Geldes während des Öl-Booms. Trotz sinkender Realeinkommen der Bevölkerung schien Venezuela mit seiner auslandsfreundlichen Wirtschafts- und Schuldenrückzahlungspolitik und seinen konfliktscheuen gesellschaftlichen Organisationen die Rezession besser zu verkraften als andere lateinamerikanische Staaten. Den internationalen Banken und den Industrienationen galt das Ölland wegen der pünktlichen Schuldenzahlungen ohnehin als Musterknabe.

Es war jedoch nur eine scheinbare Harmonie, auch wenn die meisten Venezolaner sowie viele der in- und ausländischen politischen Beobachter daran festhielten. Ende Februar, wenige Wochen nach den „Krönungsfeierlichkeiten" anläßlich der

Amtseinführung von Präsident Carlos Andrés Pérez, verabschiedete der als Dritte-Welt-Führer gefeierte Politiker ein wirtschaftliches Schockprogramm, das im Volksmund schnell den Namen „el paquetazo" („das kleine Paket") erhielt. Doch nicht nur das: Am 27. Februar, nach drastischen Preiserhöhungen der privaten Busunternehmer und Warenhortungen der Ladenbesitzer, kam es zu einem Aufstand der Armen in Caracas und anderen Städten. Der Volkszorn entlud sich in Plünderungen und im Abfackeln von Bussen. Nachdem die Polizei dem Aufruhr zunächst tatenlos zusah und bald nicht mehr gewachsen war, verhängte die Regierung den Ausnahmezustand und ließ Militär aus den Provinzen einfliegen. Die Angaben über die Zahl der Erschossenen schwankten zwischen 246, so die Regierung, und fast 1000 Toten, von denen unabhängige Gruppen sprechen. Schon heute wird der Ausbruch der Unruhen, der 27. Februar 1989, mit einem anderen Schlüsseldatum der Geschichte des Landes verglichen: Dem 23. Januar 1958, als ein breites Bündnis oppositioneller Kräfte die Pérez-Jiménez-Diktatur beendete. Denn die blutigen Tage im Februar bedeuteten nicht nur für die arme Bevölkerung, sondern auch für die Mittel- und Oberschicht ein böses Erwachen. Das reiche Venezuela, so signalisieren die Ereignisse, ist ein Land mehr im krisengeschüttelten Lateinamerika, und die Hoffnungen, mit Hilfe der Ölgelder die Schwierigkeiten der Nachbarländer umschiffen zu können, gehören der Vergangenheit an.

1. Die Grundlagen demokratischer Stabilität

Bis Anfang des 20. Jahrhunderts zählte Venezuela, das etwa viermal so groß ist wie das Gebiet der Bundesrepublik Deutschland, zu den ärmsten Ländern des amerikanischen Halbkontinentes. Gewaltsame Auseinandersetzungen zwischen rivalisierenden Provinz-Caudillos (regionalen Führern), wirtschaftliche Stagnation, Analphabetismus und Armut der Mehrheit der Bevölkerung kennzeichneten das 19. Jahrhundert. Venezuela hatte sich auf den Export von Kaffee und Kakao spezialisiert. Unter der zentralisierenden Diktatur von

Juan Vicente Gómez (1908–1935) wurden die regionalen Caudillos unterworfen, gleichzeitig erfolgte ein Ausbau der Infrastruktur des Landes. Seit den 30er Jahren begann das Öl eine zentrale Rolle für die weitere Entwicklung des Landes zu spielen. Es setzte ein rasanter Modernisierungs- und Verstädterungsprozeß ein mit dem Ergebnis, daß in vier Jahrzehnten das Land-Stadt-Verhältnis auf den Kopf gestellt wurde: 1920 lebten noch 80% der Venezolaner auf dem Lande; in den 60er Jahren wurden fast 80% zur städtischen Bevölkerung gezählt.

Mit der Urbanisierung wuchs die Opposition gegen autokratische Herrschaft und die Abhängigkeit von ausländischen Ölkonzernen. 1928 kam es an der Universität von Caracas zu Protesten gegen die Diktatur. In den 30er und 40er Jahren verstärkten zunächst im Exil und später im Lande die neugegründeten Parteien ihre Aktivitäten. Auf eine demokratische Zwischenphase von 1945 bis 1948 folgte die Herrschaft des Generals Pérez Jiménez bis 1958. Die nun einsetzende demokratische Periode beruhte vor allem auf zwei Faktoren:
– Einer übergreifenden Verständigung zwischen den großen Parteien und Interessengruppen des Landes, die in dem sog. „Pakt von Punto Fijo" (1958) auch formal besiegelt wurde. Damals einigten sich die wichtigsten Parteiführer und Vertreter von Interessenorganisationen auf gemeinsame demokratische Spielregeln zur Verteidigung der Regierung im Falle eines militärischen Staatsstreiches. Die enge Zusammenarbeit zwischen den beiden staatstragenden Parteien des Landes, der AD und COPEI, wird auch als „guanabana"-Politik bezeichnet. Guanabana ist eine tropische Frucht mit grüner Schale und weißem Fruchtfleisch: Grün ist die Parteifarbe der COPEI, weiß die der AD. In der venezolanischen politischen Öffentlichkeit wird immer wieder auf die Bedeutung dieser politischen Pakte für die Festigung der Demokratie hingewiesen. Allerdings besitzen sie auch negative Begleiterscheinungen. Sie begünstigen die beiden großen Parteien und benachteiligen kleinere Gruppierungen. Und sie verhindern durchgreifende gesellschaftliche Reformen, die zu Lasten der an den politischen Pakten beteiligten Wirtschaftsinteressen gehen würden.

– Die bis Anfang der 80er Jahre wachsenden staatlichen Öleinnahmen festigten das demokratische System: Zum einen erlaubten sie die Weiterleitung eines kleineren Teils der Öleinnahmen an die arme Bevölkerung, ohne den Besitzstand der Oberschicht anzutasten. Dies geschieht etwa in Form von Wahlgeschenken, staatlich subventionierten Preisen für einige Grundnahrungsmittel und einer Aufblähung des staatlichen Sektors. Zum anderen verliehen sie den großen Parteien eine herausragende Rolle im politischen Gefüge. AD und COPEI sind eng mit staatlichen und halb-staatlichen Einrichtungen verquickt, und in einigen Bereichen kam es zu quasi-proportionalen Ämterbestellungen. Die hohen Mitgliederzahlen von AD und COPEI, die je um eine Million Parteiaktivisten angeben (bei einer Gesamtbevölkerung Venezuelas von 18,5 Mio.!), lassen sich nicht zuletzt aus der ausgeprägten Patronagefunktion der venezolanischen Massenparteien erklären.

In den 60er Jahren wurde die Demokratie sowohl von rechts wie links bekämpft. Einige Offiziere versuchten, die gewählte Regierung zu stürzen. Eine größere Herausforderung stellte die Guerilla-Bewegung dar. Unter dem Eindruck der Revolution in Kuba (1959) spaltete sich die „Bewegung der revolutionären Linken" (MIR) von der damals regierenden AD ab und begann mit der Kommunistischen Partei (PCV) einen Guerilla-Kampf. Die ablehnende Haltung der Venezolaner gegenüber der Guerilla wurde 1963 deutlich, als MIR und PCV zum Wahlboykott aufriefen: Nur 9% der Wähler blieben den Urnen fern. Der christdemokratische Präsident Caldera (1969–1974) ermöglichte Ende der 60er Jahre durch seine „Pazifizierungspolitik", d. h. eine Art Amnestie für die Guerilleros, die Rückkehr von MIR und PCV in das politische System. Heute sitzen ehemalige Guerilla-Führer als Senatoren und Abgeordnete der „Bewegung zum Sozialismus" (MAS) und des MIR im Kongreß.

Mit Ausnahme der Guerilla-Periode hat es bis Anfang 1989 keine starken politischen Konflikte gegeben. Als eine Klassengesellschaft ohne Klassenkampf und Schönwetterdemokratie haben Sozialwissenschaftler Venezuela wegen den Wirkungen des „schwarzen Goldes" bezeichnet. Die Gewerkschaft CTV ist traditionell eng mit der AD und dem ölreichen Staat verbunden. Seit den 60er Jahren hat ein starker Konzentrationsprozeß im Parteiensystem stattgefunden. AD und COPEI vereinigen fast 90% der Erststimmen auf sich. Daneben hat sich als dritte politische Kraft die gemäßigte Linkspartei MAS festigen können.

Ein stabilisierendes Moment war bislang der „unheilbare Optimismus" der Venezolaner. Mit dem Öl-Boom haben auch Mitglieder armer Familien in den vergangenen zwei Jahrzehnten die Erfahrung sozialen Aufstiegs machen können. Erst in den letzten Jahren hat der Zukunftsoptimismus nachgelassen.

2. Ölrente und staatskapitalistische Entwicklung

Die Chancen und Risiken des Ölreichtums für die Gesellschaft sind frühzeitig erkannt worden. Es bestünde die Gefahr, warnte Arturo Uslar Pietri schon 1936, daß Venezuela sich in einen „Petroleumparasiten" verwandeln könne, „der auf einem momentanen und korrumpierenden Überfluß schwimmt und einer unaufhaltsamen Katastrophe entgegengeht". Demgegenüber betonte er die Notwendigkeit, den Reichtum zu investieren und beendete den Artikel mit der berühmt gewordenen Aufforderung: „Das Erdöl aussäen!"

In den meisten Parteiprogrammen und Entwicklungsplänen findet sich seitdem dieser Satz. Doch die guten Absichtserklärungen haben nicht verhindert, daß sich eine Art Rentiershaltung einzubürgern begann, die von der Vorstellung unbegrenzten Reichtums ausgeht. Aufgabe des venezolanischen Staates müsse es bloß sein, den nationalen Anteil an der Ölförderung zu erhöhen. Mit Hilfe der Petro-Dollars sei der Staat in der Lage, die Entwicklungs- und Armutsprobleme des Landes bald zu überwinden.

Diese Fortschrittseuphorie zeigte sich in krasser Form während der ersten Amtszeit des AD-Präsidenten Carlos Andrés Pérez (1974–1979). Nach der Vervierfachung des Ölpreises im Zuge der Ölkrise 1973 vermehrten sich die Staatseinnahmen schlagartig. Hinzu kam, daß Pérez – kurz CAP genannt – 1975/76 die Öl- und Eisenerzindustrie verstaatlichte. Diese Tat wurde als „zweite nationale Unabhängigkeit" gefeiert, denn er hatte damit eine historische Forderung nahezu aller Parteien eingelöst. CAP versprach, ein „Groß-Venezuela" aufzubauen, und setzte ehrgeizige Industrialisierungsvorhaben in Gang. Aufgrund des sehr hohen staatlichen Anteils an der Gesamtwirtschaft (60%) wurde von einem „staatskapitalistischen Entwicklungsmodell" gesprochen.

Der plötzliche Petro-Dollar-Segen führte zu einer allgemeinen Anhebung des Konsumniveaus. Die extrem ungleiche Einkommensverteilung hat sich in den 70er Jahren zwar nicht verändert, aber vorübergehend stiegen auch die Einkünfte der unteren Bevölkerungsschichten. Für lateinamerikanische Verhältnisse entstand eine breite Mittelschicht. Es war jedoch ein Reichtum auf Zeit mit starken Preisverzerrungen. In den Jahren des Booms wurde Caracas hinter Tokio zu einer der teuersten Metropolen der Welt, und Venezuela erreichte den weltweit höchsten Whisky-Konsum.

Der Gigantomanismus des „Fünften Entwicklungsplanes" (1974–1979) führte zu Problemen in der Verwaltung und bei der produktiven Verwendung der vorhandenen finanziellen Mittel. So ging ein großer Teil der Ölgelder ins Ausland, d. h. er diente entweder zur Bezahlung von (Luxus-)Importen oder verschwand als Kapitalanlage auf internationalen Finanzmärkten. Die wesentlich höheren Zinsen in den USA und das Mißtrauen in die wirtschaftlichen Fähigkeiten der eigenen Regierung regten den Kapitalabfluß an. Während also einerseits viel Kapital unter privatwirtschaftlichen Profitgesichtspunkten im Ausland angelegt wurde, forcierte der Staat andererseits die binnenwirtschaftliche Kapitalbildung durch die Aufnahme von Krediten bei ausländischen Banken. Eine wichtige Rolle spielten dabei die dezentrale Verwaltung und die sog. autonomen Institute, die neben der behäbigen zentralen Staatsverwaltung entstanden. Sie nahmen in eigener Regie Kredite bei ausländischen Banken auf, womit eine unkontrollierte Verschuldung und Veruntreuung öffentlicher Gelder einsetzte.

3. Von der Öl-Bonanza in die Krise

Am Ende der Regierungszeit von Pérez lag die gesamte, d. h. öffentliche und private Auslandsschuld bei ca. 17 Mrd. US-Dollar. Der 1978 gewählte christdemokratische Präsident Luis Herrera Campins (1979–1984) klagte anläßlich seiner Amtsübernahme darüber, daß er ein „verpfändetes Land" übernehmen müsse. Tatsächlich stieg die Auslandsverschuldung unter seiner Regierung noch schneller und lag 1983 bei 33 Mrd. US-Dollar.

Wo sind die Öl-Gelder geblieben? Nach den vor allem in den 70er Jahren getätigten produktiven Investitionen (Aufbau staatlicher Industrien, weiterer Ausbau der Verkehrswege, Stipendienprogramme) sowie einem Aufstieg der Sozialausgaben, ist viel Geld ins Ausland abgeflossen. In einer ersten Phase (1973–77) nahm vor allem das öffentliche Vermögen zu; in einer zweiten Phase (1976–82) begann die Verschuldung zu steigen und in einer dritten Phase (1979–81) wuchs das private Auslandsvermögen schneller als das öffentliche Vermögen. Erst in einer vierten Phase (nach 1981) stagnierte oder fiel das öffentliche Vermögen bei gleichzeitiger, starker Zunahme der privaten Auslandsguthaben (Wehrli u. a. 1986: 160).

Die Verschuldungskrise brach 1982 in Venezuela aus, als die staatlichen Unternehmen die Zinsen auf ihre kurzfristigen Auslandsschulden nicht mehr bezahlen konnten. Gerüchte über eine bevorstehende Abwertung des jahrzehntelang stabilen Bolívar förderten eine starke Kapitalflucht. Schätzungen über das Ausmaß der Kapitalflucht im Jahre 1982 reichen bis 7,4 Mrd. US-$. Damals und in den Jahren davor stiegen die venezolanischen Investitionen in Florida. Ende 1984 lag das gesamte Auslandsvermögen Venezuelas zwischen 39 Mrd. US-$ und 47 Mrd. US-$. Davon waren 17,7 Mrd. US-$ öffentliches Vermögen und zwischen 22–30 Mrd. US-$ Privatguthaben. Demnach besaß selbst die öffentliche Hand Auslandsguthaben, die etwa 50% der Verschuldung ausmachen. Auffällig ist, daß sich öffentliche Hand und private Investoren bei der Rückführung von Kapitalerträgen ähnlich verhalten.

Auch der öffentliche Sektor repatriierte einen großen Teil seiner Kapitalerträge nicht.

Am 18. Februar 1983 wurde der Bolívar schließlich gegenüber dem Dollar um ca. 300% abgewertet. Der Tag ist als der „schwarze Freitag": in die venezolanische Geschichte eingegangen. In der Folgezeit galt ein System unterschiedlicher Wechselkurse: Auf dem freien Devisenmarkt kostete der Dollar zwischen 35 und 40 Bolívares. Für den Import wichtiger Güter (Grundnahrungsmittel, Medikamente) gab es Dollars zum Präferenzkurs von 7,5 Bolívares. Und schließlich galt für die Einfuhr von Maschinen und Ersatzteilen ein Sonderkurs von 14,5 Bolívares je Dollar. Durch Re-Exportmanöver wurde die systematische Ausbeutung öffentlicher Finanzen möglich. Raul Matos Azocar, bis 1985 Planungsminister, bezeichnete die Schaffung von Präferenz-Dollars für die Bezahlung der externen Auslandsschulden privater Unternehmen einmal als „die größte Subvention der Geschichte einschließlich des Marshall-Plans". Die Zuteilung der begehrten Präferenzdollars vollzog die Devisenbehörde Recadi. Sie wurde im März 1989 aufgelöst und eine Untersuchung gegen die letzte Recadi-Direktorin sowie mehrere Minister aus dem Kabinett von Präsident Lusinchi eingeleitet. Bei der Vergabe von Dollars zum Vorzugskurs sollen durch Verfahrenstricks und Vetternwirtschaft mehr als 4 Mrd. Dollar veruntreut worden sein.

Während sich Teile der Mittel- und Oberschicht sowie der politischen Klasse des Landes bereichert haben, hat sich die soziale Lage der Bevölkerungsmehrheit in den letzten Jahren drastisch verschlechtert. Das Bruttosozialprodukt ist seit 1980 gesunken. Unter den demokratischen Regierungen entfielen zwar fast 50% der öffentlichen Ausgaben auf den sozialen Bereich, sie sind aber auf ineffiziente Weise und ungleich verteilt worden. Nach neueren Angaben (1988) ist die Kaufkraft des Venezolaners in den letzten fünf Jahren um 50% gesunken. 40% leben in einem Zustand „kritischer Armut", der auch durch den wachsenden informellen Sektor und familiäre Hilfestellungen nicht aufgefangen wird. Nach dem Bericht der „Kommission zur Staatsreform" (COPRE) von 1988 konsumieren die obersten 20% der Bevölkerung 60% des nationalen Einkommens, dagegen erhalten die untersten 20% nur 7%. Zwischen 1984 und 1988 ist die Zahl der armen Haushalte, die unter dem öffentlich berechneten Lebensmittelwarenkorb bleiben, von 944 000 auf 1 919 000 gestiegen.

Mit dem Nullwachstum und dem Absinken der Öleinnahmen in den 80er Jahren waren die Voraussetzungen für das bisherige *Entwicklungsmodell* mit einem enormen staatlichen Anteil nicht mehr gegeben. Seitdem erschallt der Ruf nach einer Entstaatlichung der Wirtschaft und nach einer Einschränkung der parteipolitischen Patronage. Zunächst haben die Unternehmer solche Forderungen erhoben und den Rotstift bei den sozialen Leistungen angesetzt. Bald verallgemeinerte sich jedoch die Vorstellung von der Notwendigkeit einer „Umwandlung des Rentenkapitalismus in einen normalen Industriekapitalismus". Die Zauberworte des erwünschten Wandels heißen Modernisierung, Effizienz und Demokratisierung. Sie tauchten in allen Regierungsprogrammen auf, und ihren institutionellen Ausdruck haben sie in der 1984 gegründeten „Kommission zur Staatsreform" (COPRE) gefunden. Der Abbau des Präsidentialismus, die Dezentralisierung und eine Wahlrechtsreform sollen zu mehr Wettbewerb und Partizipation führen. Solche Forderungen werden sowohl vom Unternehmerverband FEDECAMARAS als auch von den in den letzten Jahren entstandenen Bürgerinitiativen der städtischen Mittelschicht erhoben. Da es sich bei den beabsichtigten Veränderungen weitgehend um institutionelle Reformen handelt und soziale Umverteilungen bewußt ausgeklammert wurden, waren solche verbalen Übereinstimmungen möglich. Im Wahlkampf des Jahres 1988 gerieten diese Themen jedoch schnell in den Hintergrund gegenüber populistischen Versprechungen.

4. Die Wahlen vom 4. Dezember 1988

Die Wahlkämpfe in Venezuela gelten mit als die längsten und teuersten auf der Welt. Sie werden nach nordamerikanischen Mustern mit großem propagandistischen Aufwand geführt, während die inhaltlichen Aussagen gering sind. Die oberste Wahlbehörde (CSE) hatte vergeblich den Versuch unternommen, den Wahlkampf 1988 auf ein halbes Jahr zu begrenzen. Dem Wettbewerb um das Präsidentenamt geht ein interner Wahlkampf der Parteien voraus. Innerhalb der COPEI konnte sich der amtierende Generalsekretär Eduardo Fernández durchsetzen. Die COPEI-Strategen versuchten ihm ein angriffslustiges Image zu verleihen, indem sie ihm den Übernamen „El Tigre" verliehen. „Der Tiger ist der Wechsel", stand auf den Plakaten.

In allen Wahlen seit 1968 hat der Kandidat der Regierung verloren. Dieser Vorgang wird in Venezuela als „Gesetz des Pendelschlages" bezeichnet, wonach die Bürger die amtierende Partei bestrafen, weil sie die Wahlversprechen nicht eingehalten hat. Demnach hätte der „Tiger" Fernández die besten Chancen haben müssen, denn seit 1984 regierte Lusinchi von der AD. Trotz der erheblichen Einkommensverluste der meisten Venezolaner in den vergangenen fünf Jahren hatte Lusinchi jedoch eine gewisse Popularität bewahren können. Davon und von seinem eigenen Ansehen als charismatischer Führer konnte der AD-Präsidentschaftskandidat CAP profitieren. Spekulationen über das persönliche Vermögen von CAP, einem der Vize-Präsidenten der Sozialistischen Internationalen, liegen über eine Mrd. US-$. Sie haben aber seiner Popularität bei den unteren Bevölkerungsschichten und innerhalb der Dritten Welt nicht geschadet. Während des gesamten Wahlkampfes lag CAP in Umfragen vor dem COPEI-Kandidaten. Mit neuen Themen wollte daher Fernández Punkte gewinnen. Die Grenzprobleme mit Kolumbien wurden künstlich hochgespielt, um dem internationalistisch orientierten CAP eine nachgiebige Haltung gegenüber dem Nachbarland vorzuhalten. Wenige Wochen vor der Wahl versuchte Fernández durch

Besuche und Übernachtungen in Armutsvierteln das Bild eines Politikers zu vermitteln, der sich wirklich für die Armen einsetzt.

Die Wahlwerbung für CAP zielte auf seine staatsmännischen Fähigkeiten ab: „Carlos Andrés Pérez – der Präsident". Mit Anzeigen wie „Vorsicht, der Tiger ist das Chaos" antwortete die AD auf den Slogan der COPEI. Einen stärker an Sachthemen orientierten Wahlkampf führte die MAS, die über weitaus geringere finanzielle Mittel verfügt. Sie setzte Kandidaten auf die vordersten Plätze, die sich durch ihren Kampf für soziale und politische Menschenrechte einen Namen gemacht haben. Im Oktober 1988 wurden 14 Fischer in El Amparo, im Grenzgebiet zu Kolumbien, von einem militärischen Sonderkommando ermordet. Die Streitkräfte sprachen zunächst von kolumbianischen Guerilleros, dann von Drogenhändlern und versuchten schließlich, das Massaker zu vertuschen. Gegen zwei Überlebende erging Haftbefehl. Mit Hilfe des MAS-Abgeordneten konnten sie Asyl in der mexikanischen Botschaft erhalten. Vor einer parlamentarischen Kommission mußten die Militärs später zugeben, daß die Ermordeten weder vorbestraft waren, noch jemals Kontakt zur kolumbianischen Guerilla hatten.

Auch in anderen Bereichen hatte es unter der letzten Regierung Verstöße gegen die Rechtsstaatlichkeit gegeben. Einige Todesfälle in Gefängnissen blieben ungeklärt, und bei Demonstrationen wurden mehrere Studenten von der Polizei erschossen. In der Endphase des Wahlkampfes sorgte das sonst ruhige Militär für Schlagzeilen. Ende Oktober 1988 fuhren 30 Panzer in die Hauptstadt, um – so der diensthabende Major – das Innenministerium zu schützen. Die Hintergründe für den Ausflug des Militärs in die Innenstadt sind bis heute ungeklärt. Konsequenzen für die daran beteiligten Soldaten sind – ebenso wie bei dem Massaker von El Amparo – nicht bekannt geworden.

Dennoch wurde der AD-Kandidat mit 53% der Stimmen zum Präsidenten gewählt. Mit dem Sieg von CAP erfolgte erstmals die Wiederwahl eines Ex-Präsidenten. Fernández erreichte 41%. Bei den Erststimmen entfielen 94% auf die Kandidaten von AD und COPEI, bei den Zweitstimmen (74%) hat sich die Polarisierung nicht in diesem Ausmaß wiederholt. Die MAS konnte mit knapp über 10% erstmals ein zweistelliges Ergebnis erzielen. Das Wahlergebnis zeigte kein größeres Protestpotential: So blieb die linke Causa R im Landesdurchschnitt unter 2%. Vielmehr kam die latente Unzufriedenheit mit den Parteien in dem starken Anstieg der Enthaltungen (auf 22%) trotz bestehender Wahlpflicht zum Ausdruck.

5. Der Aufstand der Armen

In seinem Regierungsprogramm hatte CAP eine liberale und pragmatische Wirtschaftspolitik im eigenen Lande angekündigt, seine außenpolitischen Äußerungen enthielten hingegen Dritte-Welt-Forderungen wie die nach einer multilateralen Lösung des Schuldenproblems. Am Vorabend der Wahlen hatte er erklärt, in seiner zweiten Amtsperiode wolle er seinen Platz in der Geschichte sichern und dabei wohl vor allem an die internationale Politik gedacht. Die Mehrheit seiner Wähler erhoffte sich indessen eine Wiederkehr der Jahre des Öl-Booms.

Die Amtseinführung Anfang Februar erinnerte an die hochfliegenden Pläne eines „Groß-Venezuela". 700 Sondergäste wohnten ihr bei, darunter der ehemalige Erzfeind Fidel Castro, fast alle lateinamerikanischen Präsidenten, Felipe Gonzalez, Jimmy Carter und Willy Brandt. Venezuela schien nach Jahren außenpolitischer Enthaltsamkeit in eine lateinamerikanische Sprecherrolle hineinzuwachsen.

Eine andere Sprache enthielt das am 16. Februar angekündigte wirtschaftliche Anpassungsprogramm: Vereinheitlichung der Wechselkurse, Reduzierung des staatlichen Haushaltes, Einstellungsstop in der öffentlichen Verwaltung sowie eine Erhöhung der Preise für Benzin, Elektrizität, Telephon und Transportwesen. Dieses Programm – gleichzeitig auch eine Absichtserklärung an den IWF – zeigte, daß der von Präsident Lusinchi erhobene Anspruch, die „Lateinamerikanisierung"

Venezuelas aufzuhalten, gescheitert war. Subventionswirtschaft und Aufzehrung staatlicher Devisenreserven hatten es ihm erlaubt, den Anstieg der Lebenshaltungskosten zunächst abzubremsen und überpünktlich den Schuldenzahlungen nachzukommen. 1988 erreichte die Inflation 35%. Und obwohl Venezuela in den letzten fünf Jahren 26 Mrd. Dollar Schuldendienst leistete (bei einer Schuldendienstquote von bis zu 45%), konnte die Auslandsschuld nur geringfügig von 35 Mrd. auf 30,5 Mrd. US-Dollar reduziert werden. Angesichts schwindender Devisenreserven stellte Lusinchi Ende 1988 kurzfristig die Zahlungen ein und erklärte: „Die Gläubiger haben mich betrogen."

Um die internationale Kreditwürdigkeit wiederherzustellen und dringend benötigte Auslandskredite in Höhe von 5 Mrd. Dollar zu erhalten, verordnete CAP dem Land eine wirtschaftliche Radikalkur. Sein Sparprogramm ist nicht nur sozial ungerecht, denn es läuft darauf hinaus, daß nun die armen Venezolaner die Auslandsschuld bezahlen, es wurde auch äußerst dilettantisch durchgeführt. Die Regierung versäumte es, die vereinbarten Preiserhöhungen zu kontrollieren. So verdreifachten die privaten Busunternehmer die Fahrpreise, während die Ladenbesitzer die Waren erst einmal verknappten, um später in den Genuß gestiegener Preise zu kommen.

Ende Februar wurde die bei den besitzenden Schichten der Hauptstadt seit Jahren vorhandene Schreckensvision, daß „die Armen eines Tages von den Berghängen hinabsteigen", zur Gewißheit. Als die Fahrgäste am Montagmorgen mit den überhöhten Preisen konfrontiert wurden, gingen die ersten Busse in Flammen auf; ganze Familien zogen aus den Armutsvierteln in die Innenstadt und räumten die Geschäfte aus. Der Zusammenhang mit der Schuldenpolitik der Industrienationen erschien offensichtlich: „Der Internationale Währungsfonds hat die Busse angezündet", schrieb die liberale Zeitung „El Nacional" am zweiten Tag der Unruhen.

Der Verlauf der Unruhen läßt sich in vier Etappen beschreiben:

1. Am Anfang stand die spontane soziale Explosion. Be-

wohner der Armutsviertel und Mitglieder der unteren Mittelschicht errichteten Straßenblockaden, verbrannten Autoreifen und Busse und plünderten Lebensmittelgeschäfte. In allen größeren Städten kam es zum Ausbruch sozialer Unruhen. Die Polizei, die seit einem Monat kein Gehalt erhalten hatte, griff kaum ein und solidarisierte sich an einigen Orten mit der Bevölkerung.

2. In der zweiten Phase fehlt die massive Beteiligung der Bevölkerung. Auf den spontanen Protest folgten Aktionen organisierter Banden, Drogenhändler und militanter Linksgruppen. Sie führten zu gezielten Plünderungen u. a. von Elektrogeschäften und zur Zerstörung von Läden. An die Stelle der Polizei traten das Militär und die Nationalgarde.

3. Während der dritten Phase kommt es zu Schießereien zwischen dem Militär und einzelnen Bewaffneten. Am 28. 2. – während in New York Vertreter der venezolanischen Delegation die Absichtserklärung beim IWF unterzeichnen – wird in Caracas der Ausnahmezustand verhängt, zum ersten Mal seit 1960. Bei den Auseinandersetzungen werden in einigen Vierteln vom Militär gezielt Personen verfolgt und erschossen, die in den Listen und dem Vorstrafenregister der Geheimpolizei auftauchen. Die meisten Opfer gibt es bei dem massiven Schußwaffengebrauch des Militärs in den Armutsvierteln. Die Toten werden z. T. in Massengräbern verscharrt.

4. Die vierte Phase beginnt mit der Aufhebung des Ausnahmezustands. Da sowohl die Regierung als auch alle politischen Kräfte von dem Ausbruch der Gewalt überrascht wurden, herrschen Betroffenheit und Orientierungslosigkeit. Die politischen Organisationen und eine von der Regierung eingesetzte Kommission beginnen mit der Analyse der Vorfälle, die einen Einschnitt in die neuere Geschichte des Landes markieren.

Die AD-Regierung hatte es nicht nur versäumt, die Preiserhöhungen zu kontrollieren, sie reagierte auch im Verlauf der Krise konfus. So konstatierte der sichtlich nervöse Präsident Pérez zwar am 28. Februar in einer Fernsehansprache, es handle sich hier um einen Kampf zwischen Armen und Reichen und warf den Industrienationen eine hartherzige Haltung vor; er hielt jedoch am verkündeten Sparprogramm fest. Während der Unruhen verschwanden die Kabinettsmitglieder praktisch von der Bildfläche. Der Unternehmerverband (FEDECAMARAS) und die CTV einigten sich unter dem Druck der Umstände auf Lohnerhöhungen. Die Regierung führte die Subventionen von 19 Grundnahrungsmitteln wieder ein und billigte die erste allgemeine Lohnerhöhung seit zwei Jahren.

Die Unruhen haben in Lateinamerika und den Industrienationen ein starkes Echo hervorgerufen. Der Aufruhr in einem bislang politisch und wirtschaftlich als stabil geltenden Land, das aufgrund seiner Rohstoffe und geopolitischen Lage darüber hinaus eine gewisse außenpolitische Bedeutung besitzt, rief in Bankkreisen Beunruhigung hervor. Nach der Explosion in Venezuela kam Bewegung in die internationale Schuldendebatte.

Bei anderen lateinamerikanischen Regierungen schürte der „Caracazo" Befürchtungen über mögliche Aufstände im eigenen Lande. Ein Blick auf die jüngere Geschichte süd- und mittelamerikanischer Länder zeigt, daß es mehrfach zu Unruhen als Reaktion auf Anpassungsprogramme kam, auch wenn keine das Ausmaß an Gewalt erreichte wie die in Venezuela. Als Beispiele seien hier die Auseinandersetzungen in Buenos Aires und Lima im September 1988 nach der Verabschiedung von wirtschaftlichen Sparprogrammen genannt.

6. Ausblick

Der wirtschaftliche Niedergang einzelner lateinamerikanischer Staaten wie Argentinien und Peru galt in der venezolanischen Öffentlichkeit als Schreckensvision. Dank seiner umfangreichen Ölreserven, den noch ungenutzten Reichtümern (Gold, Kohle) und einer geringen Bevölkerungsdichte herrschte die Meinung vor, die „Autobahn nach Süden" könne vermieden werden. Im Wahlkampf 1988 empfahl der COPEI-Spitzenkandidat Fernández den Venezolanern, sich mit Japan und Europa zu vergleichen und zu messen. Wichtiger

Bestandteil des von Regierung und Parteien bekundeten Bewußtseins, ein aufsteigendes Schwellenland zu sein, war bislang der Verweis auf die politische Stabilität und die geglückte Integration der Streitkräfte in das System ziviler Herrschaftsausübung.

Die jüngsten Ereignisse haben die fehlende politische und soziale Partizipation der armen Bevölkerungsschichten schlagartig deutlich gemacht; die Mängel der präsidentiellen Demokratie waren jedoch nicht unbekannt. Seit Jahren wird in der Öffentlichkeit über die geringe Beteiligung der Bürger an der Politik, die Verkrustung der Parteistrukturen und die Überalterung ihrer Programme geredet und geschrieben. Das Entstehen von Nachbarschaftsorganisationen und ökologisch orientierten Gruppen war eine Reaktion auf die Versäumnisse bisheriger Politik, allerdings beschränken sich diese Initiativen auf die städtische Mittelschicht.

Die Gründung der bereits erwähnten „Kommission zur Staatsreform" zeigt, daß auch in Regierungskreisen und bei den etablierten Parteien ein Umdenken begonnen hat. Mit der direkten Volkswahl der Gouverneure noch 1989, der Einführung von Bürgermeistern und dem Entwurf eines neuen Parteiengesetzes soll eine Reform des politischen Systems erfolgen. Schon 1988 haben sich alle Parteien verbal zu diesem Reformvorhaben bekannt. In der Vergangenheit hat es jedoch stets am politischen Willen gefehlt, solche Projekte in die Tat umzusetzen. Die Aussicht auf den Anstieg der Öleinnahmen und die dann gegebenen Möglichkeiten zu populistischen Maßnahmen hatten immer wieder zur Verschiebung der dringend notwendigen strukturellen Reformen geführt. Die außenwirtschaftliche Situation und das Entstehen einer innergesellschaftlichen Opposition lassen die Rückkehr zu den populistisch-integrativen Herrschaftstechniken der Vergangenheit wenig wahrscheinlich erscheinen. Ein erstmals seit 30 Jahren durchgeführter Generalstreik Mitte Mai 1989 deutet auf eine Verschärfung der innenpolitischen Auseinandersetzung hin.

Mit Hungerunruhen wie denen in Venezuela oder Argentinien ist erstmals wieder Bewegung in die internationale Schuldendebatte gelangt. Ein Schuldennachlaß wäre jedoch nur ein Schritt zu einer möglichen Lösung; in einem zweiten Schritt müßten die staatstragenden venezolanischen Parteien den Reformankündigungen Taten folgen lassen. Nur durch stärkere Kontrolle der in Politik und Wirtschaft Verantwortlichen und größere Partizipationschancen der Bevölkerung kann eine Vertiefung der Demokratie in Venezuela gelingen.

Nikolaus Werz (Arnold-Bergstraesser-Institut, Freiburg)

Literaturhinweise

Boeckh, A., Die Schuldenkrise und die Krise des bürokratischen Entwicklungsstaates in Venezuela. In: PVS 29 (1988) 4, S. 636–655.
Wehrli, H. u. a., Forschungsbericht. Außenwirtschaftliche Schlüsselfaktoren. Konzept und Beispiel Venezuela. St. Gallen 1986.

Kuba: Dreißig Jahre Revolution

1. Kubas Entwicklungsweg

Am 1. Januar 1959, nach einem zweijährigen Guerillakrieg, übernahmen Fidel Castro sowie die in der Aufstandsbewegung organisierten revolutionären Kräfte die Macht und setzten damit einer fast sieben Jahre währenden Diktatur des Generals Batista ein Ende. Vier Faktoren sind bestimmend für den Erfolg der Aufständischen:
– Castro hatte kein sozialistisches Programm auf seine Fahnen geschrieben;
– der Aufstand stieß bei der Landbevölkerung wie auch bei Angehörigen des städtischen Bürgertums auf Sympathie; der ersteren (landlosen Bauern und arbeitslosen Landarbeitern) versprach Castro Eigentum an Grund und Boden; letztere waren der Diktatur überdrüssig und setzten auf Castros Versprechen einer Wiederinkraftsetzung der liberal-demokratischen Verfassung von 1940;
– die USA enthielten sich einer militärischen Intervention zugunsten des von ihnen bis März 1958 auch durch Waffenlieferungen unterstützten Batista;
– die Streitkräfte Batistas waren weitgehend demoralisiert und deshalb militärisch kein schwerwiegender Gegner.

Der Entwicklungsweg weist zwei Phasen auf: Die bis 1970 dauernde Experimentierphase ist gekennzeichnet:
– im wirtschaftlichen und gesellschaftlichen Bereich durch Vermögensumverteilung, Einebnung der Einkommen und Diversifizierung der Wirtschaft;
– im ideologischen Bereich durch die Konzeption eines unmittelbaren „Sprunges in den Kommunismus" und durch Maßnahmen zu einer dieser Konzeption entsprechenden Änderung des Wertesystems, der Bewußtseinsstruktur und der Verhaltensweise der Bürger;
– im innenpolitischen Bereich durch fehlende Institutionen,

charismatische Führung, Massenmobilisierung und Militarisierung der Gesellschaft;
– im außenpolitischen Bereich durch Abschüttelung der Abhängigkeit von den USA und wirtschaftliche und militärische Anlehnung an die Sowjetunion; ferner durch Unterstützung von Guerillabewegungen in Lateinamerika.

Die 1970 einsetzende Konsolidierungsphase ist gekennzeichnet:
– wirtschafts- und gesellschaftspolitisch durch die Rückkehr zu „objektiven Wirtschaftsgesetzen", den Ausbau importsubstituierender Industrien, rationale Planung und Lenkung der Wirtschaft;
– innenpolitisch durch die Institutionalisierung der Macht;
– außenpolitisch durch eine auch politische und ideologische enge Anbindung an die Sowjetunion sowie ein militärisches Engagement in Übersee.

In den Jahren 1959 und 1960 wurden die Eigentumsverhältnisse sowie die Einkommensverteilung und damit die soziale Schichtung der Bevölkerung von Grund auf verändert. Ausgangspunkt der Umgestaltungen war die Agrarreform vom 17. Mai 1959, durch die der zulässige private Grundbesitz auf rd. 400 ha begrenzt wurde und die Pachtverhältnisse aufgehoben wurden. (Im Oktober 1963 wurde die Obergrenze auf 68 ha gesenkt.) Mit dem Gesetz über die Stadtreform vom 14. Oktober 1960 wurden die Eigentümer städtischer Miethäuser enteignet und alle Miet- und Untermietverhältnisse für erloschen erklärt. Zahlreiche staatliche Eingriffe vernichteten die Existenzgrundlage der Kaufleute und Handwerker oder beschnitten sie stark. Andererseits bewirkten die Neubildung von Eigentum, Lohnerhöhungen, die Senkung oder Beseitigung der Mieten und der Gebühren für Dienstleistungen eine höhere Kaufkraft und damit eine Hebung des Lebensstandards der unteren Bevölkerungsschichten.

Die Sozialpolitik konzentrierte sich auf Maßnahmen zur Arbeitsbeschaffung und Arbeitsplatzsicherung, zur Verbesserung der Wohnverhältnisse und der Volksgesundheit, sowie zum Ausbau des Bildungswesens. Im Zuge der Alphabetisierungs-Kampagne von 1961 sollen über 700 000 Kubaner im Lesen und Schreiben unterwiesen worden sein. Die öffentlichen Ausgaben für Bildung, Wissenschaft und Kultur wurden stark angehoben, mit diesen Mitteln zahlreiche Schulen errichtet und die Lehrerbildung intensiviert.

Am 15. April 1961 proklamierte Castro den sozialistischen Charakter der Revolution. Zwar lag die Herrschaft noch nicht bei einer zum Marxismus-Leninismus sich bekennenden Partei, aber Kuba hatte de facto schon Ende 1960 ein weitgehend sozialistisches Wirtschaftssystem: Die Industrie-, Bau-, Handels- und Transportunternehmen sowie die Banken waren im wesentlichen verstaatlicht; die Wirtschaft wurde zentral geplant und gesteuert. Die großen Zuckerrohrfarmen wurden zunächst genossenschaftlich organisiert, seit August 1962 sind auch sie Staatsbetriebe. Die Bauern wurden in der Nationalen Vereinigung der Kleinlandwirte organisiert und hierdurch indirekt staatlicher Kontrolle unterstellt.

Parallel zur Umgestaltung der Wirtschaftsordnung und auch hierdurch bedingten Verschlechterung der Beziehungen zu den USA vollzog Kuba eine Neuorientierung seiner Außenwirtschaftsbeziehungen. Gingen 1958 84,4% der Exporte nach den USA, Kanada und Westeuropa und nur 2,5% in sozialistische Länder, so sank der Anteil des „Westens" 1961 auf 13,6% und stieg derjenige des „Ostens" auf 73,4%, wovon 48% auf die Sowjetunion entfielen. Ebenso verhielt es sich bei den Importen.

In den Jahren 1961–1963 konzentrierte sich die Entwicklungsstrategie gleichzeitig auf zwei Schwerpunkte: Die Überwindung der Monokultur Zucker und die forcierte Industrialisierung. Von der Diversifizierung der landwirtschaftlichen Produktion erwarteten die Kubaner die Beseitigung der saisonalen Arbeitslosigkeit auf dem Lande, eine Erweiterung der Exportpalette sowie eine Reduzierung des Nahrungsmittelimports. Vom Ausbau der Schwerindustrie versprach man sich ein schnelles Wirtschaftswachstum sowie die Reduzierung der Importabhängigkeit. Diese Strategie scheiterte jedoch.

1964 ersetzten die Kubaner diese Doppelstrategie durch eine exportorientierte Entwicklungsstrategie, um durch Erlöse aus dem Zuckerexport Investitionskapital zu erwirtschaften; die Vergrößerung der Anbaufläche für Zuckerrohr und die Produktivitätssteigerung in diesem Wirtschaftszweig erhielten absolute Priorität. Für 1970 wurde eine Zuckerrohr-Rekordernte von 10 Mio. t ins Auge gefaßt.

Ende 1966 beschloß die kubanische Führung, moralischen Leistungsanreizen den Vorzug vor materiellen zu geben. Unter Überwindung einer auf individuellen Vorteil gerichteten materiellen Motivation sollte der kubanische „neue Mensch" seine Kenntnisse, Fertigkeiten und Fähigkeiten zum Wohle des Kollektivs entfalten und hierdurch zu seiner Selbstverwirklichung gelangen. Im Oktober 1965 verkündete Castro, Kuba habe den „Weg zu einer kommunistischen Gesellschaft" beschritten.

Das Mißlingen der geplanten Zuckerrohrernte veranlaßte Castro im Juli 1970 zur Selbstkritik. In der Folgezeit wurde die Wirtschaftsverwaltung unter Übernahme des sowjetischen Modells der Leitung und Planung reorganisiert, die Wirtschaftspolitik an den Kriterien der Effizienz und Rentabilität ausgerichtet, Arbeitsnormen eingeführt und die Löhne an die Normerfüllung gekoppelt; materielle Leistungsanreize erhielten den Vorrang. Begleitet wurden diese Maßnahmen von der Bildung politischer Institutionen auf der Grundlage einer neuen Verfassung, die am 15. Februar 1976 in einer Volksabstimmung angenommen wurde und einige Tage darauf in Kraft trat.

Entwicklungspolitisch wurden folgende Schwerpunkte gesetzt: weitere Förderung der Erzeugung und Ausfuhr von Zucker bei gleichzeitigem Wachstum anderer landwirtschaftlicher Produktionszweige; Industrialisierung auf der Grundlage der vorhandenen Ressourcen unter Konzentration auf den Ausbau importsubstituierender Industrien; weitere Diversifizierung der Absatzmärkte und der Exportprodukte. Der Wirtschaftsplan für die erste Hälfte der 1980er Jahre sah eine beschränkte Wiederbelebung des 1968 völlig ausgeschalteten privaten Sektors vor, um die Versorgung der Bevölkerung mit

Gütern des täglichen Bedarfs und mit Dienstleistungen zu verbessern. Den Staatsgütern wurde es gestattet, Überschüsse aus der für den Eigenverbrauch der Landarbeiter bestimmten Produktion auf dem freien Markt zu verkaufen; die landwirtschaftlichen Produktionsgenossenschaften und die selbständigen Bauern erhielten dieses Recht hinsichtlich der Erzeugnisse, die die vertraglich an den Staat abzuliefernden Mengen überschritten. Die in Genossenschaften zusammengefaßten Handwerker durften ihre Dienste dem Verbraucher direkt anbieten.

Rund zwei Jahre später attackierte Castro die aus dem Privathandel resultierende Bereicherung, vor allem die der Zwischenhändler. Im Mai 1986 wurden die Bauernmärkte und private Dienstleistungen wieder verboten. Diese Maßnahme ging einher mit der kurz zuvor eingeleiteten Kampagne zur „Berichtigung von Fehlern", der erneuten Betonung immaterieller Leistungsanreize, einer Politik der Austerität zur Einsparung von Devisen und von Energie sowie einer Straffung der staatlichen Wirtschaftsleitung.

2. Der kubanische Sozialismus

Entwicklung und Inhalt des kubanischen Sozialismus sind durch drei Faktoren geprägt: vom Willen einer Reihe von dem städtischen und ländlichen Bürgertum entstammenden Angehörigen der Intelligenz zur sozio-ökonomischen Umwälzung und zur Abschüttelung der politischen und wirtschaftlichen Abhängigkeit von den USA; von der Erfolglosigkeit US-amerikanischer Versuche, die revolutionären Maßnahmen zu verhindern oder rückgängig zu machen; von der Bereitschaft und Fähigkeit der Sowjetunion zu wirtschaftlicher Hilfe und militärischem Schutz.

Ein wesentliches Merkmal der kubanischen Revolution besteht darin, daß ihre Führer erst im Verlauf der Umgestaltungen den Marxismus-Leninismus rezipierten und damit zur „Rechtfertigungsideologie" ihres Handelns erhoben. Castro bekannte sich am 1. Dezember 1961 (öffentlich) zum Marxismus-Leninismus. Die Verstaatlichungsmaßnahmen waren weniger in einem zielstrebigen Kurs in Richtung Sozialismus begründet, sondern eher ein politisches Instrument in der Auseinandersetzung mit den USA und revolutionsfeindlichen Kräften im Inneren. Die sozialistische Revolution war keine Revolution durch die Arbeiterklasse, sie war aber ebensowenig das Werk einer kommunistischen Partei. Vielmehr wurden die den politischen Kurs Castros vorbehaltlos unterstützenden Kräfte erst im Frühjahr 1962 in einer sich als marxistisch-leninistisch verstehenden Partei zusammengeschlossen, die sich im Oktober 1965 die Bezeichnung Kommunistische Partei Kubas gab.

Die Revolution vermochte zwar die Abhängigkeit von den USA sowie ein wesentliches Merkmal von Unterentwicklung, die soziale Ungleichheit, zu beseitigen. Die Vermögen wurden umverteilt, die Einkommen weitgehend nivelliert und die Arbeitslosigkeit beseitigt. Beeindruckend sind die Leistungen auf dem Gebiet des Bildungs- und Gesundheitswesens. Das Analphabetentum wurde fast eliminiert und das durchschnittliche Bildungsniveau der Erwachsenen beachtlich angehoben. Schulbesuch und Studium werden durch Stipendien begünstigt. Die Lebenserwartung konnte erhöht, die Kindersterblichkeit stark gesenkt werden. Die medizinische Versorgung ist kostenlos; die Zahl der Ärzte und Krankenhausbetten ist beträchtlich gestiegen. Soziale Mißstände, wie Glücksspiel, Drogensucht und Prostitution wurden ausgemerzt.

Nicht überwunden werden konnten dagegen die historisch gewachsenen internen und externen Bedingungen von Unterentwicklung in Gestalt einer deformierten Wirtschaft. Die Entwicklungsstrategien haben an der Abhängigkeit vom Zuckerexport nichts ändern können und – insgesamt gesehen – ein nur bescheidenes reales Wirtschaftswachstum hervorgebracht. Grundnahrungsmittel und Kleidung sind rationiert. Die Zuteilung – unter Gewährleistung des Lebensminimums – erfolgt über Lebensmittelkarten und Bezugscheine zu niedrigen (subventionierten) Preisen. Daneben gibt es einen staatlichen Parallelmarkt, auf dem knappe Güter zu höheren Preisen erworben werden können. Seit dem Verbot der freien Bauernmärkte wird die Wirtschaft wieder total vom Staat geplant und kontrolliert. Der Industrie- und Dienstleistungssektor sind völlig verstaatlicht. Die Landwirtschaft weist allerdings drei Eigentums- und Produktionsformen auf: Staatsbetriebe, die über 80% der landwirtschaftlichen Nutzfläche bearbeiten; Produktionsgenossenschaften, in denen – seit 1977 – Bauern zusammengeschlossen werden und deren Mitglieder in der Regel über keine Privatparzellen verfügen, und, zu einem kleinen Rest, bäuerliche Privatbetriebe.

Das Herrschaftsmonopol der 1986 rd. 524 000 Mitglieder und Kandidaten zählenden Kommunistischen Partei läßt der autonomen Organisierung und Aktivität Andersdenkender keinen Raum. Die Bürger haben zwar formal weitgehende Beteiligungsmöglichkeiten am politischen Willensbildungsprozeß; diese sind jedoch durch das Weisungsrecht der zentralen Partei- und Staatsorgane und insbesondere den bürokratischen Apparat des zentralisierten Wirtschaftsverwaltungssystems stark eingeschränkt und nur lokal von einiger Bedeutung. Die staatliche Gewalt wird von den Organen der Volksmacht ausgeübt. Hierzu zählen: auf lokaler Ebene die von den Bürgern direkt gewählten Munizipalversammlungen (wobei je Mandat bis zu acht Kandidaten aufgestellt werden können); die von den lokalen Versammlungen, also indirekt, gewählten Provinzversammlungen und die von ihnen ebenfalls gewählte Nationalversammlung sowie die jeweiligen Vollzugsorgane: Exekutivkomitees auf Munizipal- und Provinzebene, Staatsrat und Ministerrat auf nationaler Ebene.

Fidel Castro ist nicht nur Erster Sekretär der Kommunistischen Partei, sondern auch Vorsitzender des Staatsrats. In dieser Eigenschaft ist er zugleich Staatsoberhaupt und kraft dieses Amtes auch Regierungschef und Oberbefehlshaber der Streitkräfte. Die Verfassung trägt so der überragenden charismatischen Führerpersönlichkeit Castros Rechnung. Er ist nach wie vor die Inkarnation der in ihrem Ursprung und über weite Strecken ihrer Entwicklung selbständigen kubanischen Revolution. Die Institutionen haben das direkte, paternalistischpersonalistische Beziehungsmuster zwischen Führer und Volk nicht völlig aufgehoben –. Castro sucht nach wie vor auf Massenveranstaltungen die direkte Legitimierung durch das Volk. Sein Charisma schwindet jedoch zusehends.

Eine wichtige Institution sind die 80–85% der über 14 Jahre alten Bürger erfassenden, häuserblockweise organisierten Komitees zur Verteidigung der Revolution. Ihre Bedeutung liegt in der Mobilisierung der Massen zu freiwilligen Arbeitseinsätzen, der Organisierung von Wählerversammlungen (zur Nominierung von Kandidaten und zur Rechenschaftslegung durch die Delegierten), der ideologischen Schulung, der Prävention krimineller Handlungen sowie der Bewachung öffentlicher Einrichtungen.

Oppositionelle Regungen und Aktivitäten zugunsten der Beachtung der Menschenrechte werden unnachsichtig unterdrückt. Dem kulturellen Schaffen werden in letzter Zeit allerdings keine allzu engen Fesseln angelegt. Das Verhältnis von Partei und Regierung zur Katholischen Kirche hat sich, nachdem sich das Episkopat im Februar 1985 zur Anerkennung des gesellschaftlichen Wandels bereitgefunden hatte, etwas entspannt. Obwohl nur etwa 1% der rd. 10 Mio. Kubaner praktizierende Katholiken sind, ist Castro insofern an einer Verständigung interessiert, als er bestrebt ist, unter Nutzung der Lehren der Befreiungstheologie, eine Verbindung zum progressiven Klerus in Lateinamerika zu knüpfen.

3. Die Beziehungen zur Sowjetunion

Aus wirtschaftlicher und militärischer Notwendigkeit und – zunächst – nicht aus ideologischer Neigung suchten die kubanischen Revolutionäre die Anlehnung an die Sowjetunion. Den Auftakt zur Herstellung enger Beziehungen bildete ein im Februar 1960 geschlossenes Warenabkommen. Drei Monate später wurden die diplomatischen Beziehungen aufgenommen. Das Besondere an den Wirtschaftsbeziehungen besteht zum einen darin, daß Kuba in der Sowjetunion einen Abnehmer für eine feste Menge an Zucker, zunächst zum Weltmarktpreis und später zu einem beträchtlich über dem Weltmarktniveau liegenden Preis gefunden hat, zum anderen darin, daß die Zuckerlieferungen im Austausch gegen sowjetische Güter, insbesondere gegen das dringend benötigte Erdöl, getätigt werden, das die Sowjetunion Kuba unter Weltmarktpreis liefert.

Die jährliche Wirtschaftshilfe wird nach amerikanischen Angaben auf gegenwärtig rd. 4,5 Mrd. $ geschätzt, wovon 4 Mrd. der Subventionierung des bilateralen Warenaustausches und der Rest der Finanzierung von Entwicklungsprojekten dienen. Über 70% des Außenhandels werden mit der Sowjetunion abgewickelt.

Die überragende Bedeutung des Zuckers als Exportartikel einerseits, die von der Sowjetunion eingeräumten Absatzchancen und die sehr begrenzten Handelsmöglichkeiten mit dem Westen andererseits, haben Kuba in eine starke wirtschaftliche Abhängigkeit von der Sowjetunion gebracht. Es fehlen aber wesentliche Merkmale der Abhängigkeit, wie sie für das Verhältnis zwischen Kuba und den USA charakteristisch waren. Die kubanische Wirtschaft ist nicht durch die Entwicklung der sowjetischen Wirtschaft bedingt; sie reagiert nicht auf deren Erfordernisse, ist nicht Reflex der wirtschaftlichen Expansion der Sowjetunion, reproduziert nicht Unterentwicklung. Im Unterschied zur vorrevolutionären Situation steht der Zuckerexport nicht im Dienste einer außenorientierten und außengeleiteten, die Entfaltung anderer Produktionszweige verhindernden Wirtschaftspolitik, sondern ist Akkumulationsquelle zur Finanzierung von sich an den Grundbedürfnissen der Bevölkerung orientierenden infrastrukturellen Projekten sowie einer selektiven Industrialisierung. Sie dient damit letztlich der Diversifizierung der Wirtschaft.

Die Bedeutung der Sowjetunion für Kuba liegt des weiteren in der massiven Militärhilfe, die zur Zeit ca. 1,5 Mrd. $ jährlich betragen soll. Ihren Höhepunkt erreichte die militärische Kooperation im Herbst 1962 durch die Verbringung sowjetischer Mittelstreckenraketen nach Kuba.

Die kubanisch-sowjetischen Beziehungen waren allerdings

nicht immer frei von politischen und ideologischen Spannungen. Der Abzug der Raketen erfolgte ohne Konsultation Castros. Die darauf eingeleitete sowjetische Koexistenzpolitik war nicht in dessen Sinne. Das castristische Revolutionskonzept und Meinungsverschiedenheiten über seine Anwendung in Lateinamerika, ferner das kubanische Vorhaben, bereits in der sozialistischen Entwicklungsphase den „neuen" (kommunistischen) Menschen zu schaffen, waren eine ideologische Herausforderung der sowjetischen Führung. Die ineffiziente Nutzung der sowjetischen Wirtschaftshilfe bot eine weitere Reibungsfläche.

Eine Bereinigung des Verhältnisses wurde erst ermöglicht, als Castro seinen Anspruch auf die Führung der subkontinentalen Revolution zurückstellte, auf die sowjetische Außenpolitik der „friedlichen Koexistenz" einschwenkte, seiner idealistischen, wirtschaftliche Rationalität vernachlässigenden Entwicklungskonzeption abschwor, Kuba schrittweise das sowjetische Modell der Leitung und Planung der Wirtschaft übernahm und 1972 dem Rat für gegenseitige Wirtschaftshilfe beitrat. Mitglied der Warschauer Pakt-Organisation ist es allerdings nicht geworden. Kuba engagierte sich, den Interessen der Sowjetunion nach einer Ausweitung ihrer Macht- und Einflußsphäre entgegenkommend, militärisch in Afrika, hieß die Intervention in Afghanistan gut und versuchte, die Bewegung der Blockfreien auf einen einseitig sowjetfreundlichen Kurs festzulegen.

Differenzen traten wieder zutage bei der Beurteilung der amerikanischen Intervention in Grenada und über das Ausmaß an Unterstützung für Nikaragua sowie, generell, wegen des nachlassenden sowjetischen Engagements in der Dritten Welt. Belastend für das gegenseitige Verhältnis dürfte ferner Castros Weigerung sein, Elemente der sowjetischen „Perestrojka" zu übernehmen, um die Wirksamkeit der sowjetischen Wirtschaftshilfe zu erhöhen, auch wenn von sowjetischer Seite erklärt worden ist, daß Methoden und Inhalte des sozialistischen Aufbaus ausschließlich eine innere Angelegenheit Kubas seien.

In diesem Jahr haben beide Länder ein Handelsabkommen geschlossen, das für 1989 ein Volumen von 9 Mrd. $ vorsieht. Der Besuch Gorbatschows im April 1989 gipfelte in der Unterzeichnung eines über eine Laufzeit von 25 Jahren sich erstreckenden Vertrags über Freundschaft und Zusammenarbeit; dieser enthält allerdings keine Beistandsklausel. Kuba ist für die Sowjetunion gegenwärtig wohl kaum noch als vorgeschobener militärischer Stützpunkt von Bedeutung, sondern hat eher Symbolwert als einziger sozialistischer Staat in der westlichen Hemisphäre.

4. Das Verhältnis zu den USA

Die schon kurz nach der Machtergreifung einsetzende Abrechnung mit Batista-Anhängern, die Konzentration legislativer und exekutiver Funktionen im Kabinett, an dessen Spitze Castro am 16. Februar 1959 als Ministerpräsident trat, die Nichtzulassung politischer Parteien mit Ausnahme der (kommunistischen) Sozialistischen Volkspartei, die Hinausschiebung der versprochenen freien Wahlen, die Unterdrückung der Presse, die Kaltstellung einer Reihe gemäßigter, vom Vertrauen der USA getragenen Politiker sowie die mittelstandsfeindlichen Maßnahmen riefen in den USA schon bald Unbehagen über den politischen Kurs Castros hervor. Andererseits waren die traumatischen Erfahrungen der Kubaner mit den USA, die sich durch das Platt-Amendment vom Juni 1901 ein Interventionsrecht in Kuba ausbedungen hatten und dies bis zu dessen Annullierung im Mai 1934 auch ausübten, wie auch die US-Intervention in Guatemala (1954) geeignet, gegenüber den USA Bedrohungsvorstellungen zu nähren. Der Drang nach Unabhängigkeit und Selbstbestimmung und erste Versuche eines „Exports der Revolution" (in die Dominikanische Republik) kollidierten mit dem Anspruch der USA auf regionale Hegemonie.

Der sozialistische Züge annehmende Kurs der Revolution konnte nordamerikanische Wirtschaftsinteressen nicht unberührt lassen. Im Juli 1960 kürzte Präsident Eisenhower drastisch die Zuckerexportquote als Vergeltung für die Enteignung amerikanischen Eigentums, was Castro wiederum die äußere Handhabe bot, weitere nordamerikanische Unternehmen zu verstaatlichen. Im Oktober 1960 verfügten die USA ein Embargo für alle Exporte nach Kuba (mit Ausnahme von Arzneien und einer Reihe von Lebensmitteln), Anfang Januar 1961 brachen sie die diplomatischen Beziehungen ab. Die USA gewährten kubanischen Oppositionellen Zuflucht auf ihrem Territorium, das diese als Basis für destabilisierende Operationen gegen Kuba benutzten. Am 17. April 1961 landeten Exilkubaner mit logistischer Unterstützung der USA an der „Schweinebucht", um das Castro-Regime zu stürzen.

Die von der amerikanischen Luftaufklärung entdeckte Stationierung sowjetischer Raketen auf der Zuckerinsel löste am 22. Oktober 1962 die „Kuba-Krise" aus, die durch das sowjetische Einlenken am 28. Oktober entschärft wurde. Die Sowjets akzeptierten die amerikanische Forderung nach Abzug der Raketen gegen das formelle Versprechen Präsident Kennedys, sich einer Invasion Kubas zu enthalten.

Auch die Unterstützung lateinamerikanischer Befreiungsbewegungen in den 1960er Jahren trug zur Verschärfung der Spannungen bei. Erst das Einschwenken Castros auf den sowjetischen Koexistenzkurs Anfang der 1970er Jahre zeitigte eine begrenzte Entspannung. Ungeachtet solcher ungelösten bilateralen Fragen, wie der amerikanischen Entschädigungsansprüche für enteignetes Eigentum von US-Bürgern, der US-Präsenz in der kubanischen Hafenstadt Guantánamo und des Handelsembargos, schlossen beide Staaten im Februar 1970 ein Abkommen zur Bekämpfung von Flugzeugentführungen, in dem die Kubaner sich verpflichteten, Luftpiraten auszuliefern und die USA die Verpflichtung übernahmen, von ihrem Territorium ausgehende Aktionen von Exilkubanern gegen Kuba zu unterbinden. Im September 1977 eröffneten beide Staaten „Interessensektionen" in ihren Hauptstädten.

Unter Präsident Reagan nahmen die Spannungen wieder zu. Wiederholte Gesprächsangebote Castros wurden von den USA in den Wind geschlagen. Zu Verhandlungen und einem

Abkommen kam es lediglich über die Repatriierung von Kriminellen und Geisteskranken, die im Zuge des Unternehmens „Mariel" im Frühjahr 1980 zusammen mit rd. 125 000 Emigranten nach Florida gelangt waren. Anfang 1988 einigten sich beide Seiten auf eine jährliche Ausreisequote für emigrationswillige Kubaner. Der von Castro mehrfach geäußerten Bereitschaft zu einer Generalbereinigung des beiderseitigen Verhältnisses setzten die USA drei Bedingungen entgegen: Abbau des militärischen Engagements in Angola, Einstellung des „Revolutionsexports" nach Lateinamerika – konkret: Verzicht auf eine Unterstützung der Sandinisten und der salvadorianischen Aufständischen – und Änderung des kubanischen Sonderverhältnisses zur Sowjetunion. Während sich Kuba im Dezember 1988 vertraglich verpflichtete, bis Mitte 1991 seine auf 50 000 Mann geschätzten Streitkräfte aus Angola abzuziehen und sich, zumindest verbal, für eine politische Lösung der mittelamerikanischen Krise einsetzt, ist die dritte Bedingung für die Kubaner nicht verhandlungsfähig.

Unter Aufrechterhaltung der fragwürdigen These, daß Kuba eine Marionette der UdSSR sei, sind die USA vorerst nicht bereit, Kuba als gleichberechtigten Verhandlungspartner zu akzeptieren. Sie sind vielmehr bestrebt, die Beilegung regionaler Konflikte, darunter auch in Mittelamerika, mit den Sowjets direkt auszuhandeln, obwohl sie Kuba die Verantwortung für alle gegen die USA-Dominanz in Lateinamerika und in der Karibik gerichteten Aktivitäten anlasten. Die Invasion Grenadas (Oktober 1983) und Reagans Drohungen haben letztlich bewirkt, daß sich in Kuba ein Festungsdenken breitmachte und die Verteidigungskapazität mit massiver sowjetischer Hilfe verstärkt wurde. Anzeichen einer Entspannung des Verhältnisses unter Präsident Bush sind bislang nicht erkennbar.

5. Kubas Dritte-Welt-Politik

Seit Anfang der 1960er Jahre hat sich Kuba kontinuierlich für eine Solidarität mit Ländern der Dritten Welt eingesetzt und Beispiele für eine enge Süd-Süd-Kooperation gegeben:
- durch den Versuch einer organisatorischen Zusammenfassung revolutionärer Kräfte;
- durch sein militärisches und entwicklungspolitisches Engagement in Afrika, Nahost und Asien;
- durch die Mitgliedschaft in der Bewegung der Blockfreien.

Für diese Kooperation brachte Kuba besondere Voraussetzungen mit: Prestige durch die Abschüttelung der Abhängigkeit von den USA und durch die Vorbildwirkung des erfolgreichen Guerillakriegs sowie einiger revolutionärer Maßnahmen; Bereitschaft zu militanter Hilfe; und Ambitionen nach einer Führungsrolle in der Dritten Welt.

Schon bald nach der Machtübernahme unterstützten die Kubaner ideell und materiell lateinamerikanische Aufstandsbewegungen – so insbesondere in Guatemala, Kolumbien, Peru, Uruguay und Venezuela. Darüber hinaus waren sie darum bemüht, daß der revolutionäre Funke auch auf andere Kontinente übergreift. Im Januar 1966 veranstalteten sie in Havanna die „Erste Solidaritätskonferenz der Völker Afrikas, Asiens und Lateinamerikas" zwecks Gründung einer Organisation, in der solche revolutionären Parteien und Gruppierungen unter kubanischer Führung lose zusammengefaßt werden sollten, die entschlossen waren, ihre Ziele auch unter Anwendung gewaltsamer Mittel zu verfolgen und durchzusetzen. Ferner beschloß die Konferenz die Gründung der Lateinamerikanischen Solidaritätsorganisation, die im Juli/August 1967 ihre erste Tagung in Havanna abhielt und in ihrer Deklaration den „bewaffneten Kampf" zur grundlegenden Aktionsform erhob. Diese Tagung erwies sich als der Kulminationspunkt der Bestrebungen um einen Zusammenschluß der lateinamerikanischen revolutionären Linken auf der Grundlage des Bekenntnisses zum „Castrismus". Die Aufständischen waren den Anti-Guerilla-Taktiken des Militärs nicht gewachsen gewesen;

nach dem Scheitern Ché Guevaras in Bolivien im Oktober 1967 versagte Kuba den Guerilleros weitere Unterstützung.

Aber nicht nur in Lateinamerika setzte Kuba Beispiele einer revolutionären Solidarität, sondern auch in Afrika und im Nahen Osten. Es unterstützte Befreiungsbewegungen im Kampf um die Erlangung der Unabhängigkeit und „fortschrittliche" Regime bei der Abwehr interner und externer Feinde. Zivile Hilfe leisteten die Kubaner im Bildungs- und Gesundheitssektor durch den Bau von Schulen und Kliniken und Entsendung von Ärzten und Lehrern, beim Staats- und Wohnungsbau, in der Landwirtschaft, beim Aufbau oder der Reorganisation der Verwaltung und Polizei, bei der Ausbildung politischer und technischer Kader; ferner durch die Bereitstellung von Stipendien und Ausbildungsplätzen in Kuba für Schüler und Studenten, denen nicht nur Kenntnisse und Fertigkeiten, sondern auch ein „sozialistisches Bewußtsein" vermittelt wurden. Die Militärhilfe reichte von der Lieferung von Waffen über die Entsendung militärischer Berater und Ausbilder bis zum Einsatz regulärer Truppen.

Sein größtes Ausmaß erreichte das überseeische Engagement Kubas in der zweiten Hälfte der 1970er Jahre. Es entsandte starke Truppenkontingente nach Angola (im November 1975), um dem marxistisch-leninistischen Regime gegen die südafrikanische Intervention beizustehen, und nach Äthiopien (Anfang 1978), um der dortigen Regierung bei der Rückgewinnung des von Somalia okkupierten Ogaden-Gebiets zu helfen.

Eine herausragende Rolle spielte Kuba eine zeitlang in der Bewegung der Blockfreien. Im September 1961 nahm es an der Gründungskonferenz in Belgrad teil. In den 1970er Jahren verfolgte es innerhalb dieser Organisation eine explizit prosowjetische Politik. Im September 1979 war Havanna Austragungsort der VI. Gipfelkonferenz, jedoch gelang es Castro nicht, die Blockfreien auf ein „natürliches Bündnis" mit der Sowjetunion festzulegen. Durch die Billigung der sowjetischen Invasion Afghanistans und der vietnamesischen Kampuchea-Politik verlor Kuba an Sympathien und konnte nicht verhindern, daß die Außenminister-Konferenz der Blockfreien von New Delhi im Februar 1981 den Abzug „aller ausländischen" Streitkräfte aus Afghanistan und Kampuchea forderte. Auf der Gipfelkonferenz in Harare vom August 1986 fanden Castros Änderungsvorschläge zu politischen Entschließungen in der Debatte nur geringe Unterstützung.

Seit 1979/80 hat sich Kubas Engagement verstärkt dem karibischen Becken zugewandt. Die Machtübernahme durch marxistisch-leninistisch orientierte politische Gruppierungen in Grenada (März 1979) und in Nikaragua (Juli 1979) bot neue Einflußmöglichkeiten. Der Sieg der Sandinisten, die Kuba, vor allem in der Endphase des Aufstands gegen den Diktator Somoza, durch Waffenlieferungen unterstützt hatte, aber auch die zunehmende Guerillatätigkeit in El Salvador und Guatemala gaben Castro Anlaß, die Erfolgschancen des bewaffneten Kampfes in Lateinamerika neu einzuschätzen. Die Unterstützung der Sandinisten und der salvadorianischen Aufständischen resultierte allerdings in einer Verschlechterung der Beziehungen zu einigen lateinamerikanischen und karibischen Staaten, was den Mitte der 1970er Jahre eingeleiteten Prozeß einer Wiedereingliederung Kubas in die lateinamerikanische Völkerfamilie – im Juli 1975 hatte es die Organisation amerikanischer Staaten ihren Mitgliedern freigestellt, die 1964 gegen Kuba verhängten Wirtschaftssanktionen aufzuheben – beeinträchtigte.

In den letzten Jahren suchte Castro eine Annäherung an Lateinamerika durch die Herstellung einer „strategischen Allianz" zwischen Revolution und Religion. Sein Aufruf zum Schuldenboykott vom Sommer 1986 fand – außer bei Peru – kein nachhaltiges Echo bei den lateinamerikanischen Regierungen. Es ist ihm nicht gelungen, sich durch Mobilisierung anti-amerikanischer Ressentiments zu profilieren und Solidarität herbeizuführen.

6. Die aktuelle Situation

Kennzeichnend für die gegenwärtige Situation des „karibischen Sozialismus" ist die seit Anfang 1987 praktizierte Austeritätspolitik. In Anbetracht einer Verschuldung gegenüber Hartwährungsländern in Höhe von rund 5,5 Mrd. $ (1988) und der wegen drastischen Exportrückgangs eingetretenen begrenzten Zahlungsfähigkeit wurden die Importe 1987 rigoros beschnitten. 1988 mußte Kuba einen Teil seiner Devisen für den Kauf von 1 Mio. t Zucker auf dem Weltmarkt verwenden, um seinen Lieferverpflichtungen gegenüber der Sowjetunion nachkommen zu können; andererseits reexportierte es einen Teil sowjetischen Erdöls, den es durch strenge Verbrauchsdrosselung einsparte, gegen harte Währung. Die Liberalisierung der Vermarktung landwirtschftlicher Güter und des Angebots von Dienstleistungen und die damit verbundenen finanziellen Anreize zur Leistungssteigerung sowie das Prämiensystem in der Industrie haben eine neue soziale Ungleichheit hervorgebracht. Im Wege einer „Berichtigung von Fehlern" werden Gewinnstreben, Korruption, Funktionärsprivilegien, Ressourcenverschwendung und Schlendrian bekämpft. Wie in der zweiten Hälfte der 1960er Jahre haben moralische Leistungsanreize und revolutionäres Bewußtsein Vorrang vor ökonomischen Hebeln.

Die kubanische Wirtschaftspolitik steht damit im Gegensatz zur sowjetischen „Perestrojka", die u. a. durch Förderung der Privatinitiative und Verstärkung materieller Stimuli die wirtschaftliche Stagnation zu überwinden trachtet. Castro erblickt in Gorbatschows Reformpolitik wegen der ihr innewohnenden marktwirtschaftlichen Elemente einen Verrat an der „reinen", marxistisch-leninistischen Lehre und hält es wegen des anders gearteten kubanischen Entwicklungswegs für nicht angebracht, Rezepte anderer zu kopieren. Indessen stoßen Castros Sparmaßnahmen, seine Bemühungen um eine Wiederbelebung der revolutionären Ideale der 1960er Jahre und das orthodoxe Festhalten an der marxistisch-leninistischen Doktrin bei den Kubanern, insbesondere bei der jungen Generation, die zum Zeitpunkt der castristischen Machtübernahme noch nicht geboren war, auf immer weniger Verständnis.

Die fortschreitende Entspannung im Ost-West-Verhältnis verlangt von Castro eine Zügelung seines revolutionären Impetus; die Bestrebungen der Sowjetunion und der USA nach einem Nicht-Engagement in regionalen Konflikten beschneiden den außenpolitischen Spielraum Kubas. Die veränderten internationalen Rahmenbedingungen und die angespannte Wirtschaftslage lassen erwarten, daß sich Kubas Außenpolitik unter Hintanstellung seines „Internationalismus" auf die Gewährleistung von Sicherheit und territorialer Integrität konzentriert.

Robert K. Furtak (Landau)

Literaturhinweise

Azicri, Max, Cuba: Politics, Economics and Society. London/New York 1988.
Bourne, Peter G., Fidel Castro. Düsseldorf/Wien/New York 1988.
Fabian, Horst, Der kubanische Entwicklungsweg. Ein Beitrag zum Konzept autozentrierter Entwicklung. Opladen 1981.
Furtak, Robert, Kuba und der Weltkommunismus. Köln/Opladen 1967.
Halebsky, Sandor/Kirk, John M. (Hrsg.), Cuba: Twenty-Five Years of Revolution, 1959–1984. New York 1985.
Stahl, Karin, Kuba – eine neue Klassengesellschaft? Heidelberg 1987.

Chronik

1. Jan. 1959	Machtübernahme durch Fidel Castro und seine Gefolgsleute
17. Mai 1959	Agrarreform
14. Okt. 1959	Stadtreform
14. Febr. 1960	Kubanisch-sowjetisches Handelsabkommen
8. Mai 1960	Aufnahme diplomatischer Beziehungen zur Sowjetunion
29. Juni/ 6. Aug. 1960	Erste Verstaatlichungen US-amerikanischer Unternehmen
6. Juli 1960	Kürzung der kubanischen Zuckerexportquote durch die US-Regierung
28. Sept. 1960	Gründung der Komitees zur Verteidigung der Revolution

19. Okt. 1960	US-Embargo für Exporte nach Kuba
24. Okt. 1960	Nationalisierung der restlichen US-Unternehmen
3. Jan. 1961	Abbruch der diplomatischen Beziehungen durch die USA
15. Apr. 1961	Proklamierung des sozialistischen Charakters der Revolution
17. Apr. 1961	Invasion von Exilkubanern
1. Dez. 1961	Bekenntnis Fidel Castros zum Marxismus-Leninismus
Frühjahr 1962	Gründung einer marxistisch-leninistischen Einheitspartei
22. Okt.–28. Okt. 1962	„Kuba-Krise"
27. Apr.–24. Mai 1963	Erster Staatsbesuch Castros in der Sowjetunion
Juli 1972	Beitritt zum Rat für gegenseitige Wirtschaftshilfe
Nov. 1975	Militärische Intervention in Angola
17. Dez.–22. Dez. 1975	I. Parteitag der KP Kubas und Beschluß zur Einführung des „Systems der Leitung und Planung der Wirtschaft"
Mai 1977	Beginn der Kollektivierung der Bauern
Jan. 1978	Militärisches Eingreifen im äthiopisch-somalischen Konflikt
3. Sept.–9. Sept. 1979	Gipfelkonferenz der Blockfreien in Havanna
3. Apr. 1980	Zulassung freier Bauernmärkte
4. Febr. 1986	Beginn des III. Parteitags der KP Kubas (1. Teil) und der Kampagne zur „Berichtigung von Fehlern"
Mai 1986	Verbot der Bauernmärkte und privater Dienstleistungen
2. Dez. 1986	Ende des III. Parteitags der KP Kubas (2. Teil)
5. Jan. 1987	Inkrafttreten von Sparmaßnahmen
22. Dez. 1988	Abkommen über den Abzug der kubanischen Truppen aus Angola
2. Apr.–5. Apr. 1989	Besuch Gorbatschows in Kuba

Volksrepublik China: Niederschlagung der Protestbewegung

1. Ursachen und Hintergründe der Protestbewegung

Die hauptstädtische Protestbewegung, die im April–Juni 1989 im Mittelpunkt der internationalen Öffentlichkeit stand, läßt sich in ihren Anfängen weit zurückverfolgen. Seit 1979 („Große Mauer der Demokratie") bildet sie eine der Begleiterscheinungen des Reformkurses. Dennoch muß deutlich herausgestellt werden, daß während der (bisher) letzten Phase die Zahl der Beteiligten zu einer neuen, von der Führung als direkte Bedrohung des eigenen Herrschaftsmonopols empfundenen Quantität anwuchs. Erstmals blieb der Anspruch auf Mitgestaltung des nationalen Entscheidungsprozesses nicht auf die akademisch-studentische „Gegenelite" beschränkt, vielmehr sprang der Funke auf nahezu alle Teile der hauptstädtischen Gesellschaft über. Der Protest wurde zu einer Massenbewegung. Die kommunistische Führungsschicht erlebte ein Trauma, das allen chinesischen Führern vom Ersten Kaiser von Qin bis zu Deng Xiaoping gemein war und ist. Es handelt sich um das bekannte Bild vom Ritt auf dem Tiger, die Angst des „Reiters", der Tiger könnte eines Tages merken, daß er ihn nicht braucht.

Unter chronologischen Gesichtspunkten läßt sich die Protestbewegung zumindest bis Ende 1986 zurückverfolgen. Es ist kein Zufall, daß sie anläßlich des Todes des früheren Parteichefs Hu Yaobang erneut aktiv wurde. Die für die Niederschlagung der Bewegung Verantwortlichen, insbesondere Staatschef Yang Shangkun, haben ausdrücklich darauf verwiesen, daß es nicht zu den dramatischen Ereignissen gekommen wäre, wenn man bereits Ende 1986 konsequent „durchgegriffen" hätte. Man hätte den „Kampf gegen geistige Verschmutzung", d. h. gegen alle „der politischen Führung unliebsamen Ideen und Erscheinungen", bis zu seinem logischen Ende fortsetzen müssen. Die Uneinigkeit innerhalb der höchsten Führung habe „zum Eindringen der ideologischen Strömung der bürgerlichen Liberalisierung in die intellektuelle Kultur des ganzen Landes" geführt. Den Höhepunkt habe diese Fehlentwicklung in der irrigen Ansicht Hu Yaobangs gefunden, „die wichtigen Angelegenheiten des Landes hängen nicht von der Politik, sondern von einer humanen Regierung ab". Damit sei gegen die grundlegenden Bestimmungen der Verfassung und des Parteistatuts verstoßen worden, die beide das „Festhalten an den vier Grundprinzipien" als unverrückbare Basis allen politischen Handelns postulieren. Unter diesen vier Grundprinzipien ist laut Deng Xiaoping das „Festhalten an der alleinigen Führung durch die Kommunistische Partei" das wichtigste Prinzip, einfacher und konkreter: die Anerkennung des Herrschaftsmonopols des kleinen Spitzenapparates – alles andere ist mehr oder weniger ideologische Wortdrechselei. Besonders fatal muß aus Sicht der Verteidiger des geschlossenen Herrschaftsmonopols die Tatsache erscheinen, daß Zhao Ziyang als Nachfolger Hu Yaobangs nach und nach in eine ähnliche „Außenseiterposition" rückte. Während der entscheidenden Tage in Beijing – so der allgemeine Vorwurf der Zentralen Beraterkommission des ZK – habe er sich gegen die große Mehrheit der „Ältesten" gestellt und sich dazu verstiegen, „daß die Studentenbewegung patriotisch und vernünftig ist". Offensichtlich hat sich unter den „älteren Kameraden mit großem Prestige" niemand die Frage gestellt, warum ausgerechnet die für die politische Leitung konkret verantwortlichen Führungspersonen nacheinander einen derartigen Bewußtseinswandel erlebten, schließlich wurden sie nicht als Reformer geboren.

Die Forderung nach „Offenheit" im politischen Entscheidungsprozeß – besonders ging es um eine von Zensurdiktaten unabhängige Presse als Voraussetzung für kritische Transparenz – wurde durch einen nahezu explosionsartigen Anstieg der Mißwirtschaft ausgelöst. Die „Teufelsspirale" von Korruption, Inflation und Angst in den Teilen der städtischen Bevölkerung, die man als „städtische Entwicklungsschichten" bezeichnen könnte, hatte zu allgemein zunehmender Verbitterung geführt. Selbst die häufig gehörte These, die ländliche Bevölkerung – die große Mehrheit aller Chinesen – sei von den Ereignissen unberührt geblieben, ist nur teilweise richtig. Seit Anfang 1988 ist es zu Tausenden von Gewaltzwischenfällen im ländlichen Bereich gekommen. Die Skala reicht von körperlicher Mißhandlung örtlicher Parteifunktionäre bis zum Sturm mehrerer hundert Bauern auf einzelne Kunstdüngerfabriken. Nach Aussagen führender Vertreter der Sicherheitsbehörden erreichte die latente Gewalt der bäuerlichen Bevölkerung allerdings niemals ein unter nationalen Kontrollgesichtspunkten gefährliches Ausmaß.

Zum viel beschriebenen Phänomen der allgemeinen Korruption ist zu bemerken, daß sie in direktem Zusammenhang mit der seit 1987 nahezu stagnierenden Reformpolitik gesehen werden muß. Nach Berechnung chinesischer Wirtschaftswissenschaftler ist das sogenannte „Doppelpreissystem" staatlich festgesetzter Planpreise und freier Preisgestaltung der systematische Nährboden, auf dem die Korruption wachsen konnte. Insgesamt ergibt sich zwischen beiden Preisebenen ein geschätztes Gefälle von rund 400 Mrd. Yuan. Dies ist der gewaltige Rahmen, innerhalb dessen insbesondere Partei- und Staatskader aufgrund ihrer Planverteilungsmonopole der Aneignungswillkür freien Lauf lassen konnten. Anders gesagt: Die Produzentensubventionen und ein Teil der Verbrauchersubventionen sind letzten Endes nichts anderes als bürokratische Selbstsubventionen per Umweg. Die von vielen Reformbefürwortern nachhaltig geforderte Abschaffung des Doppelpreisverfahrens stellt also kein technisches, sondern ein elementares Besitzstandsproblem der Pfründenwirtschaft dar. Eine konsequente Fortsetzung der Wirtschaftsreformen dürfte der Korruption und zum großen Teil auch der Inflation den Boden entziehen. Sie würde zugleich für die Mehrheit der chinesischen Kaderschaft eine doppelte Entmachtung politischer und wirtschaftlicher Art bedeuten, d. h. einen Eliteaustausch nach sich ziehen.

Zusammenfassend gesagt liegt der steigenden Unzufriedenheit in großen Teilen der städtischen chinesischen Bevölkerung (und auch der ländlichen) die bisher nicht aufgehobene Diskrepanz zwischen politischer Entscheidungsmacht und Sachverstand zugrunde. Aufgrund der beschleunigten Fehlentwicklungen ist diese immer offensichtlicher geworden. Diejenigen, die über die politische Entscheidungsmacht verfügen, haben nur unzureichenden Sachverstand, und diejenigen, die über den Sachverstand verfügen, sind am politischen Entscheidungsprozeß kaum beteiligt. Der bedauerliche Ablauf der Ereignisse im April/Juni 1989 macht klar, daß dieser Zustand andauern wird. Chinas „fünfte Modernisierung", die Modernisierung des Entwicklungsbewußtseins, läßt weiter auf sich warten. Unzufriedenheit, Verbitterung und Apathie werden mit Sicherheit nicht abnehmen. Die Skepsis unter den entwicklungsrelevanten Teilen der chinesischen Gesellschaft hatte bereits während der letzten zwei Jahre deutlich zugenommen: „Es donnert nur, aber es regnet nicht." Jetzt scheint die Hoffnung, daß sich die Führung als „modernisierungsfähig" erweisen könnte, endgültig zerschlagen. Nirgendwo ist eine Alternative sichtbar, die das notwendige Vertrauen erzeugen könnte, das für ein zukunftsorientiertes Verhalten unerläßlich ist. Als einziger Lichtblick bleibt (auf lange Sicht) das große Leistungsvermögen der chinesischen Gesellschaft. Auf Dauer wird dieses Potential auch durch die inkompetenteste Elite nicht gefesselt werden können.

2. Ablauf der politischen Entscheidungen

Das für die Beurteilung der kurz- und mittelfristigen Zukunft entscheidende Merkmal des politischen Entscheidungsverlaufs der Krisenmonate ist das nahezu totale Führungsvakuum. Unübersehbar war der Rückfall in die personalistische Entscheidungswillkür weniger Personen. Weder wurden die Großorganisationen des Landes – sei es die Partei, die Jugendliga, der Frauenverband, die Gewerkschaften, Ministerien oder andere „Transmissionsorganisationen" – zur propagandistischen Auseinandersetzung mit dem Protest mobilisiert, noch scheint irgendjemand ernsthaft in Erwägung gezogen zu haben, den Entscheidungsablauf auf der Basis der so zahlreich ausgearbeiteten Gesetze und Statuten zu gestalten. Um es zu wiederholen: Totalausfall aller Institutionen! Einzige Ausnahme: die Zentrale Militärkommission! Die meisten Beobachter im Westen hatten sich während der letzten Jahre der trügerischen Sicherheit hingegeben, in China sei ein fortlaufender Prozeß der Institutionalisierung der Politik zu beobachten. Vor allem wurde darauf verwiesen, die Zahl der Reformanhänger in den Partei-, Staats- und Wirtschaftsapparaten des Landes habe ständig zugenommen. Das mag stimmen, aber es blieb ohne Bedeutung, wie wir heute wissen. Die Apparate funktionierten, so lange alles „normal" verlief. In der Krise erfolgte das „Hinüberspringen" zu informellen Verfahren. Aus dieser Tatsache läßt sich die entscheidende Schlußfolgerung ziehen, daß Krisenverhalten in China bis heute nicht wirklich prognostizierbar ist. Auch in Zukunft muß vor der weit verbreiteten Überzeugung gewarnt werden, man könne die weitere Entwicklung anhand sogenannter objektiver Kriterien und Zwänge mehr oder weniger berechnen. Nichts scheint in China irreversibel, wenn es um die Macht der „älteren Kameraden" geht.

Soweit wir heute wissen, haben diese „älteren Kameraden mit großem Prestige" - so ihre Selbstbezeichnung - praktisch allein die Entscheidungen getroffen. Offensichtlich war Deng Xiaoping gezwungen, sie aus dem Abseits, in das er sie während der letzten Jahre zu drängen versucht hatte, zurückzuholen. Sechs Männer und eine Frau, die als Entscheidungsrunde unter dem Scheinetikett „Zentrale Beraterkommission" firmierten, trafen ihre einsamen Beschlüsse. Aus den bekanntgewordenen internen Diskussionen, insbesondere aus der Rede Yang Shangkuns wird deutlich, daß die meisten unter ihnen die Weiterentwicklung ihres Wirklichkeitssinns spätestens 1956 eingestellt haben.

Nachdem die internen Entscheidungen über das Vorgehen gegen die Protestbewegung gefallen waren, „schlossen sich" die sogenannten Ältesten wahrscheinlich mit den annähernd ebenso alten Kommandeuren der großen Militärregionen

„kurz". Während der entscheidenden Tage von Beijing ist sehr viel über die Möglichkeit eines Auseinanderbrechens der Streitkräfte spekuliert worden. Einzelne Szenarien zielten bereits auf einen allgemeinen Bürgerkrieg ab. Die Wahrscheinlichkeit der Spaltung der Armee war aber extrem gering. Trotz der Erinnerungen oder genauer gerade wegen der Erinnerungen an die ferne Zeit der „Warlords", der großen Kriegsherren mit ihren „Privatarmeen", die ganz China unter sich als Privatdomänen aufzuteilen wünschten, waren Bürgerkriegsszenarien zu keiner Zeit realistisch. Bereits während der Kulturrevolution hatte die militärische Führung bewiesen, daß die Einheit des Landes in ihrem Bewußtsein Vorrang vor allen anderen Beweggründen hatte. Nur ein starker chinesischer Einheitsstaat ermöglicht auf lange Sicht das Maß an Weltgeltung, das China aus der Sicht seiner Führung zusteht. Abgesehen von solchen Erwägungen dürfen technische Entwicklungsaspekte der modernen Kriegsführung nicht übersehen werden. Sie tragen dazu bei, daß mit einem Auseinanderbrechen der Armee nicht ernsthaft zu rechnen war, besagt jedoch nicht, daß innerhalb des engsten Führungszirkels keinerlei Bedenken über die Zuverlässigkeit vieler Kommandeure bestanden. Diese Bedenken formulierte Yang Shangkun in indirekter Weise:

„Das wichtigste ist jetzt die Konsolidierung der Streitkräfte. Ziehen die Truppen mit? Das wird von eurer Arbeit abhängen. Ich glaube nicht, daß es Probleme auf der Ebene der Militärdistrikte gibt. Aber gibt es Probleme auf der Ebene der Armeekommandanten? ... Es muß bis auf Regimentsebene durchdringen, weil die Offiziere auf dieser Ebene wichtig sind. Die Truppen müssen auf einheitlichen Kurs gebracht werden, Befehlsverweigerung fällt unter Kriegsrecht. Besondere Aufmerksamkeit muß den Militärakademien und den Kadetten gewidmet werden."

Fragen wir nach den Motiven während des Entscheidungsablaufs, so bleibt neben dem alles überragenden Wunsch nach Machterhalt das Motiv Rache. Es sei nur an die erniedrigenden Umstände des Gorbatschow-Besuches erinnert. Wichtiger als Rache war jedoch offensichtlich das Motiv Angst.

„Wir älteren Kameraden mit großem Prestige fühlen alle, daß ein Rückzug unmöglich ist. Zurückweichen würde unser Ende bedeuten, das Ende der Volksrepublik China, eine Restauration des Kapitalismus, wie dies der Amerikaner Dulles hoffte."

Der einzige, der sich diesem selbsternannten „Krisenrat" entgegenstellte, war ausgerechnet Parteichef Zhao Ziyang. Das führte zum Verlust der Einstimmigkeit, die von allen so verzweifelt gesucht wurde. Unklar bleiben die Beweggründe Zhaos. Selbst wenn man ihm ein gutes Maß an „Reformgesinnung" zugesteht, bleibt der leise Verdacht, er könne sich u. a. auch deswegen so nachhaltig von den „politischen Steinzeitbeschlüssen" distanziert haben, weil er seine Chancen für eine spätere Wiederkehr unter veränderten Umständen wahren wollte. Die Zukunft muß erweisen, ob er – falls dieser Beweggrund tatsächlich eine Rolle spielte – einer Fehlrechnung unterlag. Wichtiger erscheint, daß Ministerpräsident Li Peng quasi im nachherein zum „Vollstreckungsgehilfen" bestellt wurde. Die Charakterisierung Lis als „neuer starker Mann" grenzt unter diesen Umständen geradezu ans Groteske. Ähnliches gilt für Qiao Shi, den man bereits als „neuen starken Mann" der Parteiführung bezeichnet hatte. Der für Staatssicherheit, Geheimdienste und Öffentliche Sicherheit zuständige Mann als Parteichef? Für ihn spricht allenfalls sein ausgeprägtes „sicherheitspolitisches" Ethos. Es ist nicht unbemerkt geblieben, daß die beiden vorherigen Parteichefs Hu Yaobang und Zhao Ziyang unter dem Druck der Praxis zu Reformern wurden. Eine derartige „Einsichtsfähigkeit" wird Qiao anscheinend nicht unterstellt.

Die simplistischen Lösungsvorstellungen, die dem sicherheitspolitischen Ethos zugrundeliegen, sind von der chinesischen Schriftstellerin Zhang Jie in ihrem Roman *Schwere Flügel* erschreckend einleuchtend beschrieben worden. Repräsentant ist der fiktive stellvertretende Minister für Schwerindustrie Kong Xiang: „Kong Xiang kocht vor Wut. Was sich da vor seinen Augen abspielte, erregte seine tiefste Abscheu. Diese Literaten mischten sich in die Politik ein, aber davon verstanden sie doch nur einen Piss! Eine neue Anti-Rechtskampagne mußte her, einem wie dem anderen hatte die Mütze eines ‚Rechtsabweichlers' aufs Haupt gedrückt zu werden und ab ins Arbeitslager! Und wenn sie dann noch nicht kuschten, zwei von ihnen exekutieren! Er glaubte an Gewehrläufe, mit vierzehn war er in die Rote Armee eingetreten, hatte am Langen Marsch teilgenommen, sich überall geschlagen, zwei Narben von Gewehrkugeln waren ihm geblieben, und jetzt kam dieser Haufen von Federfuchsern daher und wollte herumkommandieren! Einfach lächerlich! Wie die sich aufplusterten! Wenn ihnen die Kugeln um die Ohren pfiffen, würden sie vor Angst in die Hosen scheißen!"

Das „Gewehrlaufdenken" ist offensichtlich selbst für die „älteren Kameraden" nicht die angemessene Eigenschaft eines Parteichefs. Es ist anzunehmen, daß deswegen der bis dahin nicht zum engsten Führungskreis gehörende Schanghaier Parteisekretär Jiang Zemin als neuer Parteichef für ganz China „ausgesucht" wurde. Jiang, der erst seit Herbst 1988 dem Politbüro angehört, gilt als „Parteitechnokrat" – eine Bezeichnung, die zumeist dann gewählt wird, wenn der politische Standort nicht genau auszumachen ist. Wichtiger als seine parteipolitischen Meriten dürfte gewesen sein, daß Jiang der Schwiegersohn Li Xiannians – einer der „älteren Kameraden mit großem Prestige" – ist.

Was Li Pengs und Qiao Shis zukünftige Karrieren angeht, so sind sie möglicherweise nicht unbedingt beneidenswert. Es ist weitgehend übersehen worden, daß die demonstrierenden Studenten von den Elite-Universitäten der Hauptstadt und des Landes insgesamt kamen. Sie sind keine Bauernkinder, sondern stellen den Nachwuchs aus privilegierten Familien dar. Bei Wohlverhalten wäre den meisten ein Platz auf der Sonnenseite des Systems gesichert gewesen. Man braucht sich nur in die Gefühle dieser privilegierten Familien zu versetzen, um mit einiger Verläßlichkeit nachempfinden zu können, wie sie zu dem neuen Führungstandem stehen. Vielleicht werden Li und Qiao eines Tages – nach dem Tode der „älteren Kameraden" – die „Viererbande" als Symbole des Bösen ablösen.

3. Schlußbemerkung

Wie wird es weitergehen? Was geschehen wird, läßt sich nicht prognostizieren. Hingegen läßt sich vorhersagen, was nicht geschehen wird. Es wird keine Einheit innerhalb der Führung geben, ebensowenig wie es zuvor einen wirklichen Konsens gegeben hat. Zwar sind die prononcierten Reformer auf absehbare Zeit an den Rand des Entscheidungsgeschehens gedrängt, aber die Notkoalition aus „neuen Autoritaristen" und „guten Traditionalisten" hat ihr eigenes Konfliktpotential bereits eingebaut. Der sogenannte „neue Autoritarismus" spiegelt letzten Endes nur die neueste Version einer seit über 120 Jahren anhaltenden Diskussion wider. Unter dem Stichwort „Substanz chinesisch – Verfahren westlich" hat jede chinesische Führungsgeneration ihre eigene Kontroverse durchstehen müssen, ob es möglich sei, bei einer Öffnung des Landes nach außen erwünschte Modernisierungseinflüsse von unerwünschten wirkungsvoll zu trennen. Keine der Führungsgenerationen konnte sich zu der Erkenntnis durchringen, daß sie nicht in der Lage war, das Gesetz des Handelns in dieser Hinsicht zu bestimmen. Allenfalls bleibt dem Land die Zwangsalternative zwischen vollständiger Isolation und einer Öffnung mit allen entsprechenden politisch-sozialen Konsequenzen. Das eigentlich Neue am „neuen Autoritarismus" ist das Vorbild, auf das sich seine Anhänger berufen. Sie denken dabei vor allem an Südkorea, das erfolgreich die Mischung einer freien Wirtschaft mit einem autoritären politischen Stil demonstriert habe. Geflissentlich werden dabei die jüngsten Demokratisierungstendenzen der südkoreanischen Gesellschaft übersehen. Immerhin bleibt festzuhalten, daß die neuen „Autoritaristen" dem Motto „große Wirtschaftsreform, kleine politische Reform" verpflichtet sind. Im Gegensatz dazu sind die „guten Traditionalisten" Befürworter einer Rückkehr zu den politisch-wirtschaftlichen Ordnungsformen der frühen 50er Jahre. Damals schienen die Dinge so einfach, daß sie das eigene Erkenntnisvermögen nicht überstiegen, was – wie überall auf der Welt – die Angst vor dem Wandel in Grenzen hielt.

Angesichts einer solchen Führungskombination scheint die „Sackgasse" der nationalen Entwicklung vorprogrammiert. Die langfristigen Erfolgsaussichten der zu erwartenden „Zwitterpolitik" bleiben der Beurteilung eines jeden einzelnen überlassen.

Abschließend ist es notwendig, sich kritisch mit einem nicht seltenen Pseudoargument auseinanderzusetzen, das China gleichsam zum Geschichtsmuseum „herabidolisiert": Demokratie und Menschenrechte sind demnach westliche Kulturwerte, die nicht zu China (oder anderen nichtwestlichen Staaten) passen. Die Demokratie würde zu schwerwiegenden Störungen in der Ordnung des Landes führen, und schließlich: Die Studenten hätten gar nicht (genau) gewußt, was Demokratie ist. Ihre Forderungen seien voller Widersprüche gewesen. Zur Antwort: Auf einen groben Klotz gehört ein grober Keil. Erstens, in der Folge der Französischen Revolution und der amerikanischen Unabhängigkeitsbewegung sind Ideen in die Welt gesetzt worden, die zwar ursprünglich westlicher Herkunft waren, die aber heute in der ganzen Welt eine unvergleichliche Macht entfalten. An dieser eindrucksvollen Tatsache kommt auch der sophistischste „Werterelativierer" nicht vorbei. Es gibt so etwas wie eine Tendenz zur „demokratischen Weltrevolution" (Martin Kriele), und sie hat China erfaßt. Eine Schlacht ist verloren, nicht der Krieg! Zweitens, den chinesischen Studenten mangelnde Kenntnisse dessen vorzuwerfen, was die Demokratie eigentlich ausmacht, ist schlichtweg abgeschmackt. Als ob es nur um einige 10 000 Studenten ginge! Die Protestbewegung wurde vom aufgeklärten Teil der gesamten chinesischen Gesellschaft getragen, und dieser Teil ist für die Zukunftsentwicklung Chinas der wichtigste. Der entwicklungstragenden Schicht eines Landes vorzuwerfen, sie wüßte nicht, was für ihr eigenes Land gut sei, grenzt an unerträgliche Überheblichkeit. Drittens, es wurde bereits erwähnt, daß sich die beiden letzten Parteichefs nacheinander zu den stärksten Befürwortern konsequenter politischer Reformen entwickelten. Wenn die höchsten, für den konkreten nationalen Entscheidungsprozeß zuständigen Personen des Landes die Forderungen nach Demokratisierung zumindest teilweise als patriotisch, vernünftig und gerechtfertigt einstufen, in wessen Namen kann man dann noch behaupten, Demokratisierungsvorgänge seien der chinesischen Gesellschaft abträglich? Im Namen der „älteren Kameraden mit großem Prestige", deren Persönlichkeiten vor mehr als einem halben Jahrhundert geprägt wurden? Oder im Namen eines sinologischen Traditionskultes?

Rüdiger Machetzki (Institut für Asienkunde, Hamburg)

VI. AKTUELLE SÜD-SÜD-EREIGNISSE

Asien: Frieden in Südasien – nur zu Indiens Bedingungen

1. Tauwetter in den indo-pakistanischen Beziehungen?

Am Rande des 4. Gipfeltreffens der Südasiatischen Vereinigung für Regionale Zusammenarbeit (SAARC) in Islamabad unterzeichneten Benazir Bhutto und Rajiv Gandhi am 31. 12. 1988 drei bilaterale Abkommen über verstärkten kulturellen Austausch, zur Vermeidung der Doppelbesteuerung und über den Nichtangriff von Nukleareinrichtungen des anderen Landes. In letzterem, dem sicher die größte Bedeutung zukommt, heißt es, beide Länder würden sich künftig gegenseitig über die Standorte ihrer atomaren Forschungseinrichtungen und Reaktoren unterrichten und auf „jegliche Aktionen verzichten, die auf die Zerstörung oder Beschädigung der nuklearen Installationen oder Einrichtungen in dem jeweils anderen Land abzielen". Beide Regierungschefs knüpften an das zwischen ihren ermordeten Eltern Zulfikar Ali Bhutto und Indira Ghandhi 1972 ausgehandelte Simla-Abkommen an, in dem sich beide Länder auf eine friedliche Beilegung ihrer Konflikte geeinigt hatten. So waren sie bemüht, ihre Gespräche in den geschichtlichen Zusammenhang früheren – zeitweiligen – Einvernehmens zu stellen und zugleich die historische Bedeutung dieser Annäherung nach Jahren des chronischen Mißtrauens und der Kriege und zahlreichen Fast-Kriege herauszustreichen. Die internationale Presse stand mit Schlagzeilen über „Durchbruch", „Tauwetter" in den Beziehungen zwischen Indien und Pakistan an Überschwang nicht nach.

Übersehen wurde dabei fast, daß dem Abkommen über den

Nichtangriff auf Nuklearanlagen, das in beiden Ländern erst noch ratifiziert werden muß, mündliche Absprachen gleichen Inhalts zwischen Präsident Zia-ul Haq und Rajiv Gandhi im Dezember 1985 in Neu-Delhi vorausgegangen waren. Wiederholt waren zuvor in Indien wie in Pakistan Spekulationen über einen möglichen Angriff Indiens auf die Atomanlagen in Kahuta in Pakistan – denen allgemein auch militärische Bedeutung zugemessen wird – aufgetaucht; auf diesem Wege würde Indien den auch auf militärische Zwecke angelegten Nuklearplänen Pakistans im frühen Stadium den Garaus gemacht haben. Zu einer Unterzeichnung des mündlichen Übereinkommens von 1985 kam es nicht mehr, da sich die indisch-pakistanischen Beziehungen unmittelbar nach dem Treffen zwischen Zia und Gandhi rapide verschlechterten. Indien wirft Pakistan insbesondere Unterstützung der Sikh-Separatisten vor, umgekehrt vermutet Pakistan indische Einmischung bei ethnischen Unruhen in Sind. Umfangreiche Manöver der indischen Streitkräfte in Rajasthan, von denen Pakistan nicht rechtzeitig unterrichtet wurde, führten im Frühjahr 1987 zu gefährlichen Truppenzusammenziehungen auf beiden Seiten der Grenze; nur knapp konnte ein vierter Krieg vermieden werden. Auch die Kaschmir-Frage, die Gegenstand von zwei der drei indo-pakistanischen Kriege war, bleibt ungelöst; die regelmäßig stattfindenden Grenzscharmützel sind seit 1984 zunehmend in den nördlichsten Grenzbereich am Siachen Gletscher verlegt worden.

Angesichts der vielen ungelösten bilateralen Probleme nehmen sich die drei Abkommen von 1988 doch als ein recht winziger Schritt der beiden Länder aufeinander zu aus. Frau Bhutto erklärte offen, z. Zt. könnten erst einfache Schritte unternommen werden, der schwierigeren Fragen werde man sich später annehmen. Eine hochpolitisierte militärische Führung, eine starke Opposition, die wichtige Provinzen beherrscht, und eine unter Zia erstarkte islamische Führung, die nur ungern eine liberale Frau als Regierungschefin sieht, lassen Frau Bhutto nur begrenzten politischen Spielraum. Dennoch hatte die pakistanische Seite auch bei dem Gipfeltreffen 1988 wiederum einen Vorstoß unternommen, den atomaren Rüstungswettlauf in Südasien zu beenden: So sollten – nach Pakistans Vorschlag – alle sieben SAARC-Mitgliedsstaaten sich zum Verzicht auf den Bau von Atomwaffen verpflichten. Obwohl der Vorschlag bei Indiens Nachbarn auf Wohlwollen stieß, scheiterte er am indischen Widerstand. Indien hält dagegen, atomare Abrüstung sei ein globales Thema und müsse daher global und nicht regional behandelt werden. Nach Aussagen von Diplomaten sollen sich die SAARC-Außenminister aber auf einen Kompromiß geeinigt haben, wonach ihre Länder unverbindlich ihr Interesse an einem Verzicht auf den Bau von Atomwaffen bekunden wollen. Die Atomwaffenfrage, die sich jahrelang nur auf die Diskussion beschränkte, ob Pakistan denn nun die „islamische Bombe" habe und das Know-how mit befreundeten islamischen Staaten teile, hat 1988–1989 größere Dringlichkeit erhalten, da sowohl Indien als auch Pakistan die ersten eigenen Trägerraketen, die mit atomaren Sprengköpfen bestückt werden können, erprobten.

Indien wie Pakistan glauben das jeweils andere Land in der Lage, Nuklearwaffen zu bauen und einzusetzen; beide Länder bestehen darauf, ihre eigenen Nuklearprogramme hätten ausschließlich friedliche und zivile Zielsetzungen. Der „Report of the Carnegie Endowment on Nuclear Proliferation" schätzte Ende 1988, Pakistan habe wahrscheinlich Know-how und Material für zwei bis vier Bomben, Indien, das 1974 seine erste und bisher einzige Nuklearexplosion durchführte, dagegen für 20–50 Bomben. Der Autor schloß, daß das verdeckte Atomwettrüsten schwer zu bremsen sein werde. Indien dürfte kaum freiwillig auf einen einmal erreichten Rüstungsvorteil verzichten. Mehrere Verstöße Pakistans zur Begrenzung der atomaren Rüstung sind entsprechend ins Leere gelaufen.

Vor dem SAARC-Gipfel wurde auch spekuliert, ob nach vier vorangegangenen Gesprächsrunden nicht auch ein Abkommen über eine Reduzierung der Truppen am Siachen-Gletscher zur Unterzeichnung vorliegen würde. In den ersten Jahren der indisch-pakistanischen Auseinandersetzungen um das geteilte, von beiden Ländern beanspruchte Kaschmir war dieser Hochgebirgsregion keine besondere Aufmerksamkeit geschenkt worden; so wurde auch die Waffenstillstandslinie von 1971 im damals unzugänglichen Gletscherbereich unbestimmt gelassen. Seit beide Länder Spezialtruppen ausgebildet und Spezialausrüstungen beschafft haben, kommt es seit Juni 1984 dort zu regelmäßigen Schußwechseln, aus denen Indien dank seiner Kontrolle über den hochgelegenen Saltoro-Grat bisher stets erfolgreich hervorging. Für Indien ist der Siachen von strategischer Bedeutung, weil er das Durchgangstor nach Leh, einer wichtigen Luftwaffenbasis, und der an die VR China angrenzenden Region Ladakh ist; für Pakistan hat die Region nach dem Bau der 70 km entfernten Karakorum Hochgebirgsstraße nach China erheblich an Bedeutung gewonnen. Auf dem SAARC-Gipfel wurde die pakistanische Forderung nach Rückzug indischer Truppen zwar auf Staatssekretärebene besprochen, Verhandlungen auf höherer Ebene sollen aber von Indien abgelehnt worden sein.

Vor dem Hintergrund der gewichtigen bilateralen Probleme – Unterstützung der Separatisten des jeweils anderen Landes, Atomwaffenwettlauf und Kaschmir, besonders Siachen – nehmen sich die tatsächlichen Abkommen recht dürftig aus. Da Frau Bhutto Gesprächsbereitschaft signalisierte, dürfte Indiens Widerstand kaum auf Rücksichtnahme auf Frau Bhuttos noch ungefestigte Machtbasis und Sorge um den Bestand der jungen Demokratie in Pakistan zurückzuführen sein. Vielmehr dürfte die von Indira Ghandi betriebene und von Rajiv Gandhi ebenso intensiv aber mit weniger politischem Gespür verfolgte Politik einer Festigung und eines Ausbaus der indischen Vorherrschaft auf dem indischen Subkontinent ausschlaggebend Rajiv Gandhis begrenzte Gesprächsbereitschaft erklären. Daß es überhaupt zur Unterzeichnung von drei, wenn auch unbedeutenden Abkommen kam, ist wohl der Tatsache der näherrückenden Parlamentswahlen in Indien zuzuschreiben: Nach der in Indien begeistert begrüßten Rückkehr zur Demokratie in Pakistan wäre es nicht opportun gewesen, eine harte, unversöhnliche Linie wie zu Zias Zeiten zu verfolgen.

2. Das indische Eingreifen auf den Malediven

Das die sechs Nachbarländer Indiens am stärksten bewegende Thema, die politische, wirtschaftliche und militärische Bevormundung durch Indien, kam bei der Gipfelkonferenz in Islamabad nicht zur Sprache, schließt die Charta der SAARC ausdrücklich die Diskussion „bilateraler und strittiger" Probleme aus und verlangt zudem Einstimmigkeit bei allen Beschlüssen. Artig wurde vielmehr Indiens Eingreifen in den Malediven nur einen Monat zuvor als Beistand für die Regierung eines SAARC-Mitgliedslandes gewürdigt.

Nicht zu übersehen ist allerdings, daß Indien, das 1971 mit der Zerschlagung Pakistans seine Vorherrschaft in Südasien besiegelte, diese nun mit zunehmender Rücksichtslosigkeit durchsetzt, oft zu beträchtlichen Kosten für seine Nachbarn. Nachdem die kleinen südasiatischen Staaten bereits mit Sorge das massive indische Eingreifen in Sri Lanka beobachtet hatten, verstärkte der Militäreinsatz in den Malediven das Mißtrauen.

Nachdem in den Morgenstunden des 3. November 1988 Invasionstruppen auf den Malediven gelandet waren und in der Hauptstadt Male einige wichtige Regierungsgebäude besetzt hatten, suchte die maledivische Regierung unter Präsident Maumoon Abdul Gayoom bei den USA, Großbritannien, Pakistan und Sri Lanka um Hilfe, bei Indien auch um militärische Unterstützung nach. Als indische Elitetruppen schon in der folgenden Nacht in Male eintrafen, flohen die ca. 400 Invasoren in zwei gekaperten Schiffen unter Mitnahme von Geiseln wie dem maledivischen Transportminister. Bereits am 5. November wurden die Schiffe von der indischen Marine aufgebracht, die Geiseln befreit und die Geiselnehmer nach Male zurückgebracht.

Während zunächst unklar geblieben war, wer Präsident Gayoom, der erst am 23. September 1988 bei hoher Wahlbeteiligung mit 96,37% der abgegebenen Stimmen für eine dritte Amtsperiode wiedergewählt worden war, hatte stürzen wollen, schälte sich allmählich heraus, daß es sich bei den Invasoren um sri-lankanische Söldner, angeworben und befehligt von zwei in Colombo lebenden, maledivischen Geschäftsleuten, handelte. Einer der beiden Anführer, Abdullah Lathufi, gab weiter an, der militante Tamilenführer Uma Maheshwaran von der People's Liberation Organisation of Tamil Eelam (PLOTE) habe die Invasion geplant, um auf den Malediven später sein Hauptquartier – Ausbildungslager und Nachschubbasis – einzurichten.

Die internationale Reaktion auf das indische Vorgehen war weitgehend positiv: Großmächte wie SAARC-Regierungen waren frühzeitig unterrichtet worden und begrüßten Indiens Eingreifen. Aufgrund der anhaltenden indischen Militärpräsenz in Sri Lanka wurde allerdings bei Indiens Nachbarn die Frage laut, ob die indischen Truppen rasch wieder abgezogen würden. Bei seinem Besuch in Neu-Delhi im Dezember 1988 gab dann – wie befürchtet – Präsident Gayoom bekannt, Verstärkung und Ausbau der Sicherheitskräfte sei oberste Priorität der Malediven, hierfür habe Indien seine Hilfe zugesagt; eine 280 Mann starke indische Einheit werde sich zu diesem Zweck weiterhin (und unbefristet) auf den Malediven aufhalten. Ein gesondertes Sicherheitsabkommen mit Indien sei aber nicht notwendig, da die vorgesehene Zusammenarbeit in den Rahmen der bestehenden Abkommen falle.

3. Beziehungen zwischen Indien und Bangladesch durch Flußwasser-Frage belastet

Anders als gegenüber Sri Lanka und den Malediven hat Indien in seinen Beziehungen zu Bangladesch nicht seine militärische sondern seine wirtschaftliche Übermacht ausgespielt und eine Lösung der auf Bangladesch lebenswichtigen Frage der Zähmung der großen südasiatischen Flußsysteme verhindert.

Während der umstrittene Grenzverlauf, die zunehmende Abwanderung von Hindu Bangladeshis nach Indien infolge der Erklärung des Islam zur Staatsreligion (Juni 1988) und die Gegenwart von rd. 50 000 Flüchtlingen aus den Chittagong

Hill Tracts in Lagern in den indischen Bundesländern Tripura und Mizoram (s. Jahrbuch Dritte Welt 1989) für eine stetige, aber wenig intensive Irritation in den Beziehungen zwischen beiden Ländern sorgen, ist die Frage der Flußwasserregulierung für Bangladesch lebenswichtig: Überschwemmungskatastrophen kosten jedes Jahr mehr Menschenleben und richten stetig höheren Sachschaden an. In der Trockenperiode wiederum reicht die verfügbare Wassermenge – besonders nach Fertigstellung 1975 des auf indischen Territoriums liegenden Farakka-Staudammes – nicht für eine ausreichende Bewässerung; Versalzung der Böden und verminderte Agrarproduktion sind die Folgen. Neben globalen Klimaveränderungen ist vor allem die Entwaldung am Oberlauf der 54 Flüsse, die im indischen, nepalesischen und chinesischen Teil des Himalaya entspringen, in ihrem Unterlauf das bengalische Tiefland durchlaufen und zu jeder Regenzeit überschwemmen, hierfür verantwortlich. Bangladesch bemüht sich daher seit Jahren, mit allen beteiligten Ländern gemeinsam eine Lösung zu erarbeiten; nach der jüngsten Katastrophe sprach Bangladesch auch internationale Organisationen wie die UNO, den Commonwealth und SAARC an. Indien lehnt eine „Internationalisierung" der Wasserfrage ab und besteht auf strikt bilateralen Verhandlungen, die sich zudem auf die Flüsse Ganges, Meghna und Brahmaputra beschränken sollen. Auch bei Gesprächen im September 1988 in Neu-Delhi wiederholten die Vertreter der indischen Seite nur einen bereits 1978 entwickelten Plan, der u. a. den Bau mehrerer Staudämme in Assam, Mizoram und Arunachal Pradesh und eines 325 km langen Kanals, der den Brahmaputra von Assam aus quer durch Nord-Bangladesch mit dem Ganges oberhalb von Farakka verbindet, vorsieht. Auf diese Weise könnten nach indischen Berechnungen der Hochwasserstand in Bangladesch um 2 m gesenkt, die Gangeswassermenge in der Trockenperiode erhöht und damit eine Versalzung der Böden in Bangladesch und eine Versandung des wichtigen Flußhafens Kalkutta vermieden werden. Da die Verfügungs- und Aufsichtsgewalt bei dieser Lösung allein bei Indien läge, hat Bangladesch stets –

auch 1988 wieder – diesen Vorschlag abgelehnt. Der Beschluß im September 1988, eine weitere Kommission einzurichten und mit der Ausarbeitung von Lösungen zu betrauen, zeigt angesichts der Dringlichkeit und der Ineffizienz der langjährig bestehenden Gemeinsamen Flußkommission und des 1985 eingerichteten Expertenausschusses recht deutlich den mangelnden Willen, wirklich und schnell Abhilfe zu schaffen.

4. Kräftemessen zwischen Indien und Nepal

Von der Weltöffentlichkeit weitgehend unbemerkt versucht Indien in diesem Frühsommer 1989, das kleine Nachbarland Nepal wirtschaftlich in die Knie zu zwingen und zurück auf eine pro-indische Linie zu bringen

Im Brennpunkt steht das Handels- und Transitabkommen zwischen Indien und Nepal: Die indische Janata-Regierung hatte 1978 in ihrer kurzen Amtszeit den Wünschen der nepalesischen Regierung entsprochen und sich zur Unterzeichnung von zwei getrennten Abkommen, einem Handels- und einem Transitabkommen, bereiterklärt. Nepal argumentiert, daß das Transitrecht für ein Binnenland unveränderlich sei und nicht an periodisch zu erneuernde Handelsabkommen geknüpft werden dürfe. Rajiv Gandhi dagegen will wie die Regierung seiner Mutter eine Verknüpfung beider Abkommen vornehmen.

Nachdem am 23. 3. 1989 das Transitabkommen mit Indien auslief und das bereits am 23. 3. 1988 ausgelaufene und zweimal um jeweils sechs Monate verlängerte Abkommen über den bilateralen Handel von Indien aufgekündigt wurde, wenige Tage später, am 31. 3. 1989 auch der die Einfuhr von Kohle, Erdölprodukten u. ä. nach Nepal regelnde Vertrag auslief, zeigten sich in Nepal in kürzester Zeit Versorgungsengpässe, besonders bei Treibstoffen, Kindernahrung, Salz und Medikamenten. Einfuhren aus Indien, die bisher etwa 45% des nepalesischen Bedarfs deckten, kamen teilweise ganz zum Erliegen, – wo sie noch getätigt wurden, mußte in harter Währung statt wie bisher in Rupien gezahlt werden. Importe aus Drittländern, die über den Hafen von Kalkutta auf dem Landwege Nepal erreichen, wurden durch Schließung von 13 der insgesamt 15 Grenzübergänge stark behindert, nach nepalesischen Angaben unmöglich gemacht. Der gesamte Transportsektor in Nepal war bereits Mitte April wegen des Treibstoffmangels stillgelegt, Unternehmen, die von Mineralöl oder sonstigen Zulieferungen abhängig sind, droht die Schließung. Der Tourismus, eine wichtige Devisenquelle, ist stark gefährdet. Die Wirtschaft Nepals steht nach beachtlichem Wachstum in den letzten Jahren vor dem Zusammenbruch.

Nepal ist in vielerlei Hinsicht von Indien abhängig – für seinen Handel, für umfangreiche Entwicklungshilfe, mit der die chronisch negative Handelsbilanz mit Indien stets ausgeglichen wurde, und für den Zugang zum Meer über den Hafen von Kalkutta. Der Landweg durch China ist nach Fertigstellung der Straße Kathmandu-Lhasa zwar möglich, aber viel zu kostspielig. Bereits 1950 hatten Indien und Nepal einen Friedens- und Freundschaftsvertrag unterzeichnet, der Nepal einen Sonderstatus und Sonderrechte einräumt, von dem für Indien strategisch wichtigen Pufferstaat an der Grenze zu China aber außenpolitisches Wohlverhalten, d. h. Einordnung in den indischen Machtbereich, verlangt. Der Vertrag sieht vor: eine offene Grenze, die Angehörige beider Staaten ohne Pässe oder Visa überschreiten dürfen; beiderseits keine Devisen- und Investitionsbeschränkungen; Arbeitserlaubnis im jeweils anderen Land, Rekrutierung von nepalesischen Gurkhas durch indische Streitkräfte, Ausbildung von nepalesischen Offizieren durch indische Streitkräfte, Rüstungsgüterlieferungen nur mit indischer Zustimmung, beiderseitige Konsultation in Sicherheitsfragen, gegenseitiger Beistand im Konfliktfall.

Indien beklagt nun, Nepal habe zwar die in diesem Abkommen festgeschriebenen Sonderrechte genießen, nicht aber den entsprechenden Verpflichtungen nachkommen wollen. Der nepalesische Außenminister wirft dagegen der indischen Regierung eine Einschüchterungstaktik vor. Beide Regierungen bestehen auf der Notwendigkeit, ihre „besonderen Beziehungen" einer Überprüfung zu unterziehen.

Nepal betont seit langem eine Politik der Äquidistanz zu beiden großen Nachbarn. Um Nepal kostspielige Verteidigungsvorkehrungen zu ersparen, verkündete König Birendra bei seiner Krönung 1975 den Plan, Nepal in eine Friedenszone umzuwandeln. Den bereits von rd. 100 Nationen unterstützten Plan lehnt Indien ab, da er die Äquidistanz Nepals zu China und Indien beinhalte, die jedoch den 1950 festgeschriebenen „besonderen Beziehungen" zwischen Indien und Nepal zuwiderlaufe. Drei auf Äquidistanz ausgerichtete Maßnahmen Nepals in der jüngsten Vergangenheit haben Indien besonders erzürnt:

1. So wurde Indern der Zutritt zu einer 10 km breiten Zone an der Grenze zu China verwehrt, chinesische Arbeiter dagegen überall in Nepal, auch nahe der indischen Grenze, eingesetzt. Als Mitglied der Asian Development Bank und anderer internationaler Organisationen kann China sich bei Projektausschreibungen dieser Institutionen beteiligen. Da das Finanzhilfe erhaltende Land das niedrigste Gebot nicht ausschlagen darf, China oft am kostengünstigsten liefert, wickelt China mehrere dieser Projekte in Nepal ab, besonders im Infrastrukturbereich. Nepal argumentiert, es könne auf diese Entwicklungsprojekte nicht verzichten, zudem betrachtet es Indiens Besorgnis über in Indien tätige Chinesen als unangemessen.

2. Um den Zuzug ausländischer Arbeitskräfte zu drosseln, verlangt Nepal seit 1987, daß alle in Nepal arbeitenden Ausländer, auch die rd. 150 000 Inder, Ausweise und Arbeitserlaubnis vorweisen müssen. Etwa 4,5 Mio. Nepalis können dagegen in ganz Indien ohne entsprechende Zwänge leben und arbeiten.

3. Im Juni 1988 bestellte Nepal bei der VR China Sturmgewehre, Raketen und Luftabwehrkanonen. Obwohl diese Rüstungseinkäufe kaum mehr als symbolischen Charakter haben dürften, reagierte Indien scharf; es wirft Nepal vor, nach dem Abkommen von 1950 dürfe es Waffenkäufe nur bei Indien tätigen. Nepal hält dagegen, Indien habe seinerseits dem Abkommen von 1950 nicht entsprochen, da es bei keinem seiner Konflikte mit China und Pakistan Nepal konsultiert habe.

In dieser gespannten Atmosphäre wurde von den Staatssekretären beider Länder im Oktober 1988 ein Entwurf für ein neues Handelsabkommen erarbeitet; dies schien zu bedeuten, daß der Transitverkehr Gegenstand eines getrennten Abkommens sein würde. Zur Unterzeichnung des Handelsvertrages kam es jedoch nicht. Nach Umbesetzungen im indischen Außenministerium scheint Indien die Ratifizierung des Handelsabkommens von der Rücknahme unliebsamer Maßnahmen (z. B. Minderung der Präferenzen für indische Waren vom Juli 1987) durch Nepal abhängig zu machen – zudem besteht Indien wiederum ausdrücklich auf einer Koppelung der Verträge. Nepal verweigerte nicht nur die geforderten Zugeständnisse, sondern belegte darüber hinaus im Haushaltsplan 1988–89 indische Einfuhren mit 55% höherem Zoll, während anderen Ländern, darunter China, eine Senkung der Zölle um 60% zugesagt wurde. Viele Grundbedarfsartikel aus dritten Ländern wurden somit auf nepalesischen Märkten billiger als indische Waren. Auch erhöhte sich nun die Wahrscheinlichkeit, daß ostasiatische Importwaren über Nepal nach Indien geschmuggelt werden.

Eine Lösung des Konflikts beginnt sich jetzt noch nicht abzuzeichnen, da beide Seiten zwar ständig ihre Gesprächsbereitschaft bekunden, im Grunde aber auf ihren Positionen beharren. In ersten Gesprächen zwischen den Außenministern beider Länder nach dem Auslaufen der Abkommen erklärte der nepalesische Außenminister, Nepal habe eine Zwischenlösung im Handelsbereich vorgeschlagen, um die vielfältigen Versorgungsengpässe abzumildern. Dies sei von Indien kategorisch abgelehnt worden: Eine Verlängerung des vorherigen Handelsabkommens sei unmöglich, da es abgelaufen sei. Nun müsse neu verhandelt werden, erklärte die indische Seite.

Angelika Pathak (Deutsches Übersee-Institut, Hamburg)

Orient: Alte und neue zwischenstaatliche Organisationen und Gruppierungen

In dem Bestreben, die Rolle der Region in der internationalen Politik zu stärken und sich gegenüber dem Einfluß raumfremder Mächte in politischer und wirtschaftlicher Hinsicht zu behaupten, unternahmen die Staaten der Region einen neuen Anlauf zur Intensivierung der regionalen Zusammenarbeit. Als herausragendes Ereignis im Berichtszeitraum ist die Gründung von zwei neuen Zusammenschlüssen in der Region zu nennen, nämlich dem Arabischen Kooperationsrat und der Arabischen Maghreb-Union. Damit existieren im arabischen Raum mit dem Golf-Kooperationsrat drei regionale Zusammenschlüsse. Zwar sind alle arabischen Staaten in der Arabischen Liga zusammengeschlossen, aber wie die Gründung der beiden neuen Bündnisse zeigt, genügt sie nicht mehr den Erfordernissen. Trotzdem kommt der Arabischen Liga für die innerarabische Zusammenarbeit eine große Bedeutung zu. Als überregionale Organisation fungiert mit insgesamt 46 islamischen Staaten die Organisation Islamische Konferenz, in der alle Staaten der Nahostregion vertreten sind.

1. Die Organisation Islamische Konferenz

Die wichtigste Aktivität der Organisation Islamische Konferenz (OIK) war die 18. Gipfelkonferenz vom 13.–16. März 1989 in Riad (Saudi-Arabien). Hauptthema der Konferenz war der Aufstand der Palästinenser (Intifada) in den von Israel besetzten Gebieten. Die Konferenz forderte die Anerkennung des Staates Palästina und sprach dem Aufstand ihre Unterstützung aus. Bezüglich des irakisch-iranischen Krieges begrüßte die Konferenz den Waffenstillstand und gab dem Wunsch nach Fortsetzung der Friedensverhandlungen und Austausch der Kriegsgefangenen Ausdruck.

Gegen die Bedenken einiger Staaten beschloß die Konferenz, den vakanten Sitz Afghanistans in der OIK den Mujahidin zu übertragen. Der Abzug der sowjetischen Truppen wurde in der Resolution als wichtiger Schritt auf dem Wege zu Frieden und Stabilität bezeichnet. Die Konferenz unterstützte die Bemühungen des von der Arabischen Liga gebildeten Sechs-Mann-Komitees zur Beilegung des Konfliktes um den Libanon.

Ein wichtiges Thema war auch das Buch „Satanische Verse" von Salman Rushdi. Die Konferenz beschloß ein Verbot der Veröffentlichung und Verbreitung des Buches in den islamischen Ländern sowie den Boykott der Verlagshäuser, die die „Satanischen Verse" veröffentlichen. Dieser Beschluß stellte einen Kompromiß gegenüber den schärferen Forderungen der iranischen Regierung dar.

Insgesamt bedeutete die Konferenz einen Prestigegewinn für die saudische Führung und König Fahd vor dem Hintergrund verstärkter Rivalität mit der iranischen Revolutionsregierung um die Führungsrolle in der islamischen Welt.

Als Instrument für die wirtschaftlichen Aktivitäten der OIK dient die Islamische Entwicklungsbank (Islamic Development Bank, IDB). Auf ihrer 105. Sitzung bewilligte der Vorstand zum Abschluß seines Treffens am 5. April 1989 Kredite und Finanzhilfen für Projekte in Bangladesh, dem Sudan, Oman, Algerien, Sierra Leone, Zambia und Liberia. Zum neuen Generalsekretär der OIK wurde am 1. 1. 1989 nach Ablauf der Amtszeit Pirzadas Hamid Algabid aus Niger gewählt.

2. *Die Arabische Liga*

Vom 7.–9. Juni 1988 fand eine außerordentliche arabische Gipfelkonferenz in Algier statt. Hauptthema war der Aufstand der Palästinenser in den von Israel besetzten arabischen Gebieten, daher auch „Gipfel der arabischen Solidarität mit der Intifada" genannt. Nachdem das Nahostproblem und die PLO auf der außerordentlichen Gipfelkonferenz Anfang November 1987 infolge der intensiven Beschäftigung der arabischen Regierungen mit dem Golfkonflikt – wegen der Gefahr eines iranischen Sieges über den Irak und der Ausbreitung der islamischen Revolution auf die benachbarten arabischen Staaten – nur eine untergeordnete Rolle gespielt hatten, widmeten sich die arabischen Staatschefs in Algier vor allem dem Aufstand in den besetzten Gebieten. Sie erklärten erneut, daß die PLO die alleinige und legitime Vertreterin des palästinensischen Volkes sei und forderten den Abzug der israelischen Truppen aus allen 1967 von Israel besetzten Gebieten sowie das Selbstbestimmungsrecht für die Palästinenser einschließlich der Errichtung eines unabhängigen palästinensischen Staates. Der PLO und den Palästinensern versprachen sie weitere finanzielle Hilfe. Zur Lösung des Palästinakonfliktes forderten sie die Einberufung einer internationalen Friedenskonferenz unter Einbeziehung der PLO als Vertreter der Palästinenser. Israel wurde wegen des „Staatsterrorismus" kritisiert und die Gleichsetzung des palästinensischen Befreiungskampfes mit Terrorismus zurückgewiesen. Die USA wurden wegen ihrer Unterstützung des jüdischen Staates getadelt. Jedoch wurde der vom amerikanischen Außenminister Shultz vorgelegte Friedensplan nicht ausdrücklich verurteilt, was von den USA positiv vermerkt wurde. Damit hielten die arabischen Staaten die Tür für eine amerikanische Vermittlung im Nahostkonflikt offen.

Iran wurde erneut, wie bereits in Amman im November 1987, wegen seiner unnachgiebigen Haltung im Golfkrieg kritisiert und dem Irak volle Unterstützung zugesagt.

Gegenstand der Tagesordnung war auch die Pilgerfahrt. Im Kommuniqué wurde die Respektierung der heiligen Stätten, der Riten der Pilger und der Souveränität Saudi-Arabiens gefordert und die von Saudi-Arabien eingeführte Quotenregelung für Pilger (1000 Pilger pro eine Million Einwohner eines Landes) gebilligt.

Ein aus den Außenministern von sieben Mitgliedstaaten der Arabischen Liga gebildetes Komitee zur Beobachtung der Entwicklung im Golfkrieg tagte am 2. August in Bagdad. Am 10. 8. reiste eine Delegation dieses Komitees nach Moskau und am 22. 8. nach Peking, um den arabischen Standpunkt im Golfkrieg darzulegen.

Der Generalsekretär der Arabischen Liga, Shadhli Klibi, der dieses Amt 1979 nach Verlegung des Sitzes der Liga von Kairo nach Tunis übernommen hatte, wurde am 28. März 1989 zum dritten Mal für eine fünfjährige Amtsperiode gewählt.

Im Frühjahr 1989 bemühte sich ein Ausschuß der Arabischen Liga unter Vorsitz des kuwaitischen Außenministers Sabah verstärkt um eine Vermittlung im libanesischen Bürgerkrieg, jedoch ohne sichtbaren Erfolg.

Vom 23. bis 26. Mai 1989 trafen sich in Casablanca die Staatsoberhäupter der arabischen Staaten erneut zu einer außerordentlichen Gipfelkonferenz. Die eigentliche Bedeutung dieser Konferenz lag darin, daß erstmals seit dem Boykottbeschluß von 1979 Ägypten wieder an einer arabischen Gipfelkonferenz teilnahm und Ägypten somit wieder in die Arabische Liga zurückgekehrt ist.

Wichtigste Themen der Konferenz waren der Bürgerkrieg im Libanon und der Aufstand der Palästinenser in den von Israel besetzten Gebieten. Bezüglich des Libanon einigte man sich auf die Bildung eines Dreierkomitees bestehend aus Marokko, Saudi-Arabien und Algerien. Dieses Komitee soll durch Kontakte mit den libanesischen Vertretern die Voraussetzungen für innere Reformen im Libanon mit dem Ziel der Lösung der Probleme innerhalb von sechs Monaten schaffen. Der irakische Staatschef Saddam Husain konnte sich mit seiner Forderung nach Abzug der syrischen Truppen aus dem Libanon nicht durchsetzen. Deshalb wurde das Ergebnis allgemein als ein Erfolg der Politik des syrischen Präsidenten Asad gewertet.

Die Gipfelkonferenz erklärte erneut ihre Unterstützung für die von dem PLO-Vorsitzenden Arafat eingeleitete Friedensstrategie, wie sie von dem Palästinensischen Nationalrat auf seiner Sitzung in Algier im November 1988 verabschiedet wurde. Auch die Ablehnung des Shamir-Friedensplanes durch die PLO wurde gutgeheißen und weitere Finanzhilfe für die

Intifada zugesagt. Während der Gipfelkonferenz wurde der tiefe Gegensatz zwischen dem Irak und Syrien bzw. zwischen den beiden Staatschefs Saddam Husain und Asad deutlich. Das Ende des Golfkrieges hat den außenpolitischen Spielraum des Irak deutlich erhöht, den Syriens hingegen spürbar eingeschränkt. Obwohl es zu einem Treffen zwischen Asad und dem ägyptischen Präsidenten Mubarak kam, haben sich die politischen Standpunkte beider Länder, insbesondere hinsichtlich der friedlichen Lösung des arabischen-israelischen Konfliktes, nicht angenähert, und die Beziehungen zwischen beiden Staaten blieben weiterhin kühl.

Hingegen hat das persönliche Treffen zwischen Mubarak und Gaddafi zu einer Beendigung der Spannungen zwischen Ägypten und Libyen geführt. Inzwischen wurden die Grenzen geöffnet und der Luftverkehr zwischen beiden Ländern wieder aufgenommen.

3. Der Golf-Kooperationsrat

Der Golf-Kooperationsrat (Gulf Cooperation Council, GCC), zu dem sich 1981 Saudi-Arabien, Kuwait, Bahrain, Katar, die VAE und Oman wegen der iranischen Bedrohung zusammengeschlossen hatten, sah sich nach Abschluß des Waffenstillstands im Golfkrieg am 20. August 1988 zu einer Neuformulierung seiner Politik veranlaßt. Das ursprünglich vornehmlich zu Verteidigungszwecken konzipierte Bündnis hatte im Laufe der Jahre auch zu einer engen Kooperation auf wirtschaftlichem Gebiet geführt. Die militärische Zusammenarbeit und in diesem Rahmen der Austausch von militärischen Fachkenntnissen sowie die Veranstaltung gemeinsamer Manöver blieben jedoch weiterhin ein wesentliches Element des Bündnisses, wie die Verteidigungsminister auf ihrer 7. Konferenz vom 22.–23. November 1988 in Riad erklärten.

Zur Vorbereitung der 9. Gipfelkonferenz trafen sich vom 11.–12. Dezember die Außenminister der GCC-Staaten in Bahrain. Die 9. Sitzung des Obersten Rates, also der Staatsoberhäupter, fand vom 19.–22. Dezember in Bahrain statt. Es war die erste Gipfelkonferenz nach Beendigung des Golfkrieges. Im Mittelpunkt der Gespräche stand die Haltung gegenüber Iran. Die Golfstaaten, die bis dahin den Irak unterstützt hatten, bemühten sich nun, sowohl zu Bagdad als auch zu Teheran ein ausgewogenes Verhältnis herzustellen und deshalb die Beziehungen zu Iran zu verbessern. Allerdings konnten sich die Mitgliedstaaten auf keine gemeinsame Strategie einigen. Jedem Staat wurde freigestellt, die Beziehungen zu Teheran im Sinne der eigenen Interessen zu gestalten.

Weiteres wichtiges Thema des Gipfeltreffens war der Aufstand der Palästinenser, der Konflikt im Libanon, die Rückkehr Ägyptens in die Arabische Liga sowie der Konflikt in Afghanistan. Nach Ende des Golfkriegs wandten sich die Staatschefs verstärkt der wirtschaftlichen Kooperation zu. Als Ziel wurde die Integration der sechs Mitgliedstaaten nach dem Muster der EG festgesetzt. Deshalb wurden Maßnahmen zur Stärkung der wirtschaftlichen Zusammenarbeit durch Zollabbau, Freizügigkeit, Sicherung von Investitionen u. a. angeregt. Der Ministerrat wurde ermächtigt, mit der EG ein Handelsabkommen zu unterzeichnen.

4. Der Arabische Kooperationsrat

Am 16. Februar 1989 unterzeichneten der ägyptische Präsident Mubarak, der jordanische König Husain, der (nord)jemenitische Präsident Ali Abdallah Salih und der irakische Präsident Saddam Husain einen Vertrag über die Gründung eines Arabischen Kooperationsrates (AKR). Damit sollte die intensive Zusammenarbeit, die sich während der zurückliegenden Jahre zwischen dem Irak und den drei anderen Vertragsstaaten entwickelt hatte, auf ein neues Fundament gestellt werden. Ägypten, Jordanien und in geringerem Maße auch der Nordjemen (Entsendung einer Brigade) hatten sich bei der Unterstützung des Irak in militärischer und wirtschaftlicher Hinsicht während des Golfkrieges besonders engagiert. Zwar war auch die Finanzhilfe der arabischen Golfstaaten, vor allem Saudi-Arabiens und Kuwaits für den irakischen Sieg im Golfkrieg von entscheidender Bedeutung, aber da diese beiden Staaten bereits einem Bündnis, dem Golf-Kooperationsrat, angehören, kam ihr Beitritt ohnehin nicht in Frage. Der AKR soll anderen Staaten grundsätzlich offenstehen, und der Südjemen hat bereits seine Absicht zum Beitritt bekundet.

Ziel des AKR ist es, zwischen den Mitgliedstaaten die wirtschaftliche Kooperation und Integration zu fördern. Die Zusammenarbeit soll sich aber auch auf andere Bereiche erstrekken, wie Erziehung, Kultur, Informationswesen, wissenschaftliche Forschung und Technologie, Soziales, Gesundheitswesen und Fremdenverkehr.

Führungsorgan des AKR ist der Oberste Rat, der sich aus den Staatschefs der vier Mitgliedstaaten zusammensetzt. Andere Organe sind der Ministerrat und das Generalsekretariat für die laufenden Aufgaben mit einem Generalsekretär an der Spitze und Sitz in Amman. Der Ministerrat, der aus den Ministerpräsidenten der vier Länder besteht, behandelt alle anfallenden Fragen und arbeitet die Pläne und Vorschläge für die Verwirklichung der Ziele des AKR aus, die ihrerseits vom Obersten Rat entschieden werden.

Das Ziel der wirtschaftlichen Kooperation scheint nur durch die Modernisierung der Wirtschaft und die Anwendung moderner Technologien im größeren Rahmen der Zusammenarbeit mehrerer Länder erreichbar. Als Vorbild dient in mancherlei Hinsicht die EG. Aber auch die Herausforderungen durch die volle Integration der EG ab 1992 gaben den Astoß für die Gründung des AKR. Wenngleich politische Zielsetzungen bewußt ausgeklammert wurden, um keine zu hohen Erwartungen angesichts des Scheiterns früherer Versuche (wie der Vereinigten Arabischen Republik Ägyptens und Syriens 1958–1961) aufkommen zu lassen, kann kein Zweifel daran bestehen, daß der AKR auch politische Ziele verfolgt. Der Zusammenschluß der beiden größten arabischen Staaten im arabischen Osten, Ägypten und Irak, stellt an sich schon ein Politikum erster Ordnung dar und dürfte, falls der AKR nicht vorzeitigt scheitert, die politische Entwicklung in der Region beeinflussen. Für den irakischen Staatschef Saddam Husain dürfte der AKR zugleich ein Instrument sein, um seinen Einfluß in der arabischen Welt zu stärken und Iran von einer erneuten Aufnahme der Kampfhandlungen abzuschrecken.

5. Die Arabische Maghreb-Union

Im Anschluß an die außerordentliche arabische Gipfelkonferenz vom 7.–9. Juni 1988 in Algier trafen sich die Staatsoberhäupter der fünf Maghrebstaaten Marokko, Algerien, Tunesien, Libyen und Mauretanien am 10. Juni in Zeralda, dem Sommersitz des algerischen Präsidenten, zu ihrem ersten Gipfeltreffen. Voraussetzung für dieses Treffen war die Annäherung zwischen Algerien und Marokko, die wegen des Konflikts um die Westsahara zerstritten waren. Beide Staaten hatten im Mai ihre seit zwölf Jahren unterbrochenen diplomatischen Beziehungen wiederaufgenommen. Zu Beginn der Gespräche war der saudische König Fahd anwesend, der bei der Annäherung der verfeindeten Staaten eine entscheidende Rolle gespielt hatte. Als Ergebnis der Gipfelkonferenz wurde die Bildung einer Hohen Maghreb-Kommission (HMK) bekanntgegeben, die den Auftrag hatte, die Grundlagen für die Einheit des Maghreb vorzubereiten.

Die HMK trat am 13./14. Juli zu ihrer ersten Sitzung zusammen und beschloß die Bildung von fünf Unterausschüssen, die jeweils von einem der fünf Länder geleitet wurden und konkrete Vorschläge für die Vereinigung des Maghreb ausarbeiten sollten. Der Unterausschuß für Wirtschaft wurde von Algerien geleitet, der für Verfassungsfragen von Libyen, für Finanzen und Zölle von Marokko, für Soziales und Sicherheit von Tunesien und für Kultur, Information und Bildung von Mauretanien. Am 27./28. Oktober trat die HMK zu ihrer zweiten Sitzung in Rabat zusammen, auf der die Arbeitsergebnisse der Ausschüsse, die im September zusammengetreten waren, diskutiert wurden. Allerdings konnte keine Einigung erzielt werden, und am 24. Januar 1989 trat die HMK nochmals zu einer 3. Sitzung zusammen, um die Empfehlungen für das zweite Gipfeltreffen auszuarbeiten. Am 16. Februar trafen sich die fünf Staatsoberhäupter zu ihrem zweiten Gipfeltreffen in Marrakesch (Marokko), wo am 17.2. die Arabische Maghreb-Union (AMU) proklamiert wurde. Nach dem Vorbild der EG sollen die Mitgliedstaaten eine Einheit anstreben. Die Union soll auch anderen Staaten in der Region offenstehen, wobei vor allem an Mali, Niger, Tschad und den Sudan gedacht ist. Der Vertrag über die Union enthält 20 Artikel, in denen die einzelnen Institutionen der AMU festgelegt werden. Höchstes Gremium ist der Präsidialrat, der aus den fünf Staatschefs besteht und alle sechs Monate zusammentreten soll. Ferner sind ein Rat der Außenminister, ein fünfzigköpfiger Konsultativrat, ein zehnköpfiger Gerichtshof, ein Sekretariat für die Tagesarbeit sowie eine Kommission zur Überwachung der Integration vorgesehen.

Thomas Koszinowski (Deutsches Orient-Institut, Hamburg)

VII. ANHANG

Chronik der wichtigsten Dritte-Welt-Ereignisse 1988/89

6. Juli 1988	Wahlen in Mexiko. Sieg der Regierungspartei und ihres Präsidentschaftskandidaten Carlos Salinas
18. Juli 1988	Der Iran akzeptiert die Resolution des UN-Sicherheitsrates zur Beendigung des Golfkriegs
20. Juli 1988	Grundsatzvereinbarung über eine Friedensregelung in Angola und Namibia von Angola, Kuba und der Republik Südafrika gebilligt
24. Juli 1988	Vorgezogene Parlamentswahlen in Thailand. Sieg der regierenden Koalition von Premier Prem Tinsulananda
26. Juli 1988	Rücktritt von Ne Win als Vorsitzender der Regierungspartei in Birma und Wahl Sein Lewins als Nachfolger
29. Juli 1988	Einigung Brasiliens mit den Gläubigerstaaten im Pariser Klub auf Umschuldung
31. Juli 1988	König Husain von Jordanien gibt die Trennung Jordaniens von der Westbank bekannt
1. Aug. 1988	Neues wirtschaftliches Stabilisierungsprogramm in Argentinien verkündet
8. Aug. 1988	Beginn des Volksaufstandes gegen das Regime in Birma
8. Aug. 1988	Vereinbarungen über Truppenrückzug und Waffenstillstand in Angola
9. Aug. 1988	Feuereinstellung zwischen Iran und Irak nach Vermittlung des UN-Generalsekretärs
17. Aug. 1988	Der pakistanische Präsident Zia ul Haq kommt bei einem Flugzeugabsturz ums Leben
Mitte Aug. 1988	Massaker in Burundi gegen die Hutus
30. Aug. 1988	Annahme des UN-Planes zur Lösung des Westsahara-Konflikts durch Marokko und die Befreiungsfront Polisario
31. Aug. 1988	General Pinochet als einziger Kandidat für das Präsidentschaftsreferendum in Chile aufgestellt
18. Sept. 1988	Machtübernahme der Militärs unter General Saw Maung in Birma

18. Sept. 1988	Militärcoup in Haiti. Entmachtung General Namphys und Ausrufung von General Prosper Avril zum neuen Staatschef
22. Sept. 1988	Neues Kreditabkommen zwischen Brasilien und den Banken. Ende des Zinsmoratoriums
27.–29. Sept. 1988	Jahrestagung von IWF und Weltbank in Berlin
5. Okt. 1988	Volksbefragung in Chile. Die Mehrheit entscheidet sich für ein Ende des Militärregimes
5. Okt. 1988	Neue brasilianische Verfassung tritt in Kraft
26. Okt. 1988	Kommunalwahlen in Südafrika, bei denen zum ersten Mal weiße und schwarze Wähler am gleichen Tag abstimmen
1. Nov. 1988	Parlamentswahlen in Israel ohne klare Mehrheit
3. Nov. 1988	Umsturzversuch einer Gruppe von Söldnern auf den Malediven, der mit Hilfe indischer Truppen niedergeschlagen wird
3. Nov. 1988	Volksabstimmung in Algerien über das Reformprogramm der Regierung
6. Nov. 1988	Drastisches wirtschafts- und finanzpolitisches Sanierungsprogramm in Peru
15. Nov. 1988	Proklamation eines Palästinenserstaates in Algier. Implizite Anerkennung Israels durch die PLO
15. Nov. 1988	Einigung Angolas und Südafrikas in Genf über einen Zeitplan für den Abzug der kubanischen Truppen aus Angola und die Unabhängigkeit Namibias
16. Nov. 1988	Erste freie Parlamentswahlen in Pakistan seit elf Jahren. Wahlsieg der PPP Benazir Bhuttos
4. Dez. 1988	Präsidentschaftswahlen in Venezuela. Sieg des Kandidaten der (sozialdemokratischen) Demokratischen Aktion, Carlos Andrés Pérez
9. Dez. 1988	Ministerkonferenz in Montreal: Zwischenbilanz der Uruguay-Runde des GATT
13. Dez. 1988	Der Führer der PLO, Arafat, unterbreitet bei den Vereinten Nationen in Genf einen palästinensischen Friedensplan
19. Dez. 1988	Präsidentschaftswahlen in Sri Lanka. Sieg des Kandidaten der UNP, des bisherigen Premiers Ranasinghe Premadasa
20. Dez. 1988	Gescheiterter Putschversuch im Sudan
22. Dez. 1988	Unterzeichnung des Namibia-Abkommens in New York
23. Dez. 1988	Wiederwahl von Präsident Chadli Benjedid (ohne Gegenkandidat) in Algerien
31. Dez. 1988	Indien und Pakistan schließen einen Vertrag, in dem beide Staaten auf Angriffe auf die jeweiligen Atomanlagen verzichten

1. Jan. 1989	30. Jahrestag der Machtübernahme Fidel Castros in Kuba
4.–5. Jan. 1989	König Hassan II. von Marokko empfängt erstmals eine Delegation der POLISARIO
7.–11. Jan. 1989	Internationale Konferenz über ein Verbot der chemischen Waffen in Paris
10. Jan. 1989	Beginn des Abzugs kubanischer Truppen gemäß dem Angola-Namibia Abkommen
13.–15. Jan. 1989	Außenministerkonferenz der Blockfreien in Nikosia
15. Jan. 1989	Neues brasilianisches Wirtschaftsprogramm (Sommerplan) bekannt gegeben
23. Jan. 1989	Einigung zwischen Vietnam und der VR China über den Abzug der vietnamesischen Truppen aus Kambodscha bis September 1989
30. Jan. 1989	Ankündigung eines scharfen Stabilitätsprogramms in Nicaragua durch Präsident Ortega
3. Febr. 1989	Militärputsch in Paraguay durch General Rodriguez und Sturz des seit 35 Jahren herrschenden Diktators Alfredo Stroessner
9. Febr. 1989	Parlamentswahlen in Jamaika und erdrutschartiger Sieg der oppositionellen Nationalen Volkspartei des früheren Premiers Michael Manley
15. Febr. 1989	Abschluß des Abzugs sowjetischer Truppen aus Afghanistan
15. Febr. 1989	Parlamentswahlen in Sri Lanka und Sieg der Regierungspartei UNP
16. Febr. 1989	Unterzeichnung des Gründungsabkommens des Arabischen Kooperationsabkommens durch die Staatschefs Ägyptens, Jordaniens, Iraks und des Nord-Jemen
16. Febr. 1989	Der neue Präsident Venezuelas, Pérez, erläßt Richtlinien zur wirtschaftlichen Sanierung des Landes. Nachfolgende blutige Unruhen und Verhängung des Ausnahmezustandes am 28. Februar
21. Febr. 1989	Ultimatum des sudanesischen Offizierskorps an Ministerpräsident el-Mahdi zur Umbildung seiner Regierung
23. Febr. 1989	Die Ratsversammlung der afghanischen Widerstandsparteien in Rawalpindi wählt eine Gegenregierung
1. März 1989	Auflösung der Übergangsregierung und der Nationalversammlung in Namibia und Einsetzung eines Generaladministrators
19. März 1989	Präsidentschaftswahlen in El Salvador. Sieg des Kandidaten der rechten Arena-Partei, Alfredo Cristiani
20. März 1989	Eröffnung des Volkskongresses der VR China in Peking. Zügelung und Begrenzung der wirtschaftspolitischen Reformen

22. März 1989	Neue Koalitionsregierung im Sudan, gebildet unter Einschluß aller politischer Gruppen mit Ausnahme der Fundamentalisten
2. Apr. 1989	Präsidentschafts- und Parlamentswahlen in Tunesien: Präsident Ben Ali ohne Gegenkandidat mit hoher Mehrheit gewählt
2. Apr. 1989	Der palästinensische Zentralrat wählt PLO-Chef Arafat zum Präsidenten des im November 1988 ausgerufenen Staates Palästina
3. Apr. 1989	Putschversuch in Haiti gescheitert
3.–4. Apr. 1989	Frühjahrstagung des Internationalen Währungsfonds und der Weltbank in Washington
3.–5. Apr. 1989	Besuch des sowjetischen Partei- und Staatschefs Michail Gorbatschow in Kuba. Am 4. April Unterzeichnung eines Vertrages über Freundschaft und Zusammenarbeit
5. Apr. 1989	Die vietnamesische Regierung kündigt den Abzug aller vietnamesischen Truppen aus Kambodscha bis Ende September an
9. Apr. 1989	Der Präsident der SWAPO, Nujoma, ordnet den Rückzug seiner Kämpfer nach Angola an
18. Apr. 1989	Unruhen in Jordanien aus Unmut über Preiserhöhungen im Zusammenhang eines IWF-Programms
27. Apr. 1989	Großdemonstration chinesischer Studenten für politische Reformen und mehr Demokratie
2. Mai 1989	Erste freie Wahlen in Paraguay seit 35 Jahren. Sieg des Putschführers gegen Gen. Stroessner, General Andres Rodriguez, mit großer Mehrheit
2.–5. Mai 1989	UN-Konferenz zum Schutz der Ozonschicht in Helsinki
7. Mai 1989	Präsidentschaftswahlen in Bolivien. Keiner der Kandidaten erhält die erforderliche Stimmenmehrheit von 50%
7. Mai 1989	Präsidentschaftwahlen in Panama. Nach dem sich abzeichnenden Sieg der Opposition Annullierung der Wahlen durch die Wahlbehörde
19. Mai 1989	Verbände der chines. Volksbefreiungsarmee beziehen im Zusammenhang der Studentendemonstrationen Stellung um die Stadt Peking herum; um 20. Mai Verhängung des Ausnahmezustandes über einige Bezirke
23.–26. Mai 1989	Gipfeltreffen der Staats- und Regierungschefs der Mitgliedsstaaten der Arabischen Liga
25.–26. Mai 1989	Treffen der Staatschefs des Andenpakts anläßlich des 20-jährigen Bestehens der Organisation

28. Mai 1989	Verkündigung eines wirtschaftlichen Notstandsprogramms in Argentinien; nach landesweiten nachfolgenden Plünderungen am 29. Mai Verhängung des Ausnahmezustandes
4. Juni 1989	Tod des iranischen Revolutionsführers Ayotollah Chomeini. Staatspräsident Ali Chamenei zum Nachfolger bestimmt
4. Juni 1989	Massaker der chinesischen Armee in Peking zur Unterdrückung der Studentenrevolte
22. Juni 1989	Vereinbarung eines Waffenstillstandes zwischen Präsident Dos Santos von Angola und UNITA-Guerillaführer Jonas Savimbi
25. Juni 1989	Das ZK der KP Chinas enthebt den Parteichef Zhao Ziyang aller Ämter und ernennt den Parteichef von Shanghai, Jiang Zemin, zum Nachfolger
30. Juni 1989	Sturz der sudanesischen Regierung durch das Militär unter Führung von Gen. Omar Hassan Ahmed al-Bashir

GESAMTREGISTER 1983-1990

(Die Jahreszahlen 1983 und 1984 beziehen sich auf die Jahrbücher 1 und 2)

ABC-Waffen
ABC-Waffen und Raketen in der Dritten Welt 1990, 130

Äthiopien
(Karte 1985, 196)
Zehn Jahre Revolution 1985, 184

Afghanistan
(Karte 1989, 119)
Afghanistan 1978-1988. Zehn Jahre Revolution, Konterrevolution und Krieg 1989, 117

Afrika
(Karten 1986, 150, 151)
Hunger in Afrika 1985, 164
Regionale Konfrontation und Kooperation im Südlichen Afrika 1985, 224
Politische Systeme und Politische Entwicklung in Afrika 1984/85. 1986, 143
UNO-Sondergeneralversammlung über Afrikas Wirtschaftskrise 1987, 208
22. Gipfelkonferenz der OAU 1987, 213

Algerien
Algerien: Auf dem Wege zur bürgerlichen Gesellschaft? 1990, 224

Argentinien
Argentinien und der Krieg im Südatlantik 1983, 134
Dauerkrise als Normalzustand? 1985, 119

Asien
(Karte 1987, 92)
Politische Systeme und politische Entwicklung in Asien 1985/1986. 1987, 84
South Asian Association for Regional Cooperation (SAARC) 1987, 227
Asien: Frieden in Südasien – nur zu Indiens Bedingungen 1990, 287

Bangladesch
  Ethnische Konflikte und Flüchtlingsprobleme im Grenzgebiet zwischen Indien und Bangladesch 1989, 327

Beschäftigung
  Beschäftigung und Migration in der Dritten Welt 1985, 101

Bevölkerung
  Bevölkerungswachstum und Entwicklung 1985, 41

Birma
  (Karte 1990, 189)
  Birma: Das Ende des Sozialismus 1990, 188

Bolivien
  Brüchige Demokratie im Strudel wirtschaftlicher Strukturkrisen 1986, 166

Brasilien
  Die Zerschlagung des Modells 1984, 170
  Brasiliens Neue Republik 1986, 188

Burkina Faso
  Burkina Faso in der Ära Sankara: Eine Bilanz 1989, 248

Chile
  Zehn Jahre Militärdiktatur und Neoliberalismus 1984, 159

China
  Wirtschaftsreformen in der VR China 1985, 212
  Industriewirtschaftliche Reformen in der VR China 1989, 296
  VR China: Niederschlagung der Protestbewegung 1990, 276

Demokratie
  Vormarsch der Demokratie in der Dritten Welt? 1986, 63

Dritte Welt
  Die Dritte Welt im Berichtszeitraum 1983, 11; 1984, 11; 1985, 11; 1986, 11; 1987, 11; 1989, 11; 1990, 10
  Frieden – Ökologie – Entwicklung 1983, 20
  Dritte Welt und Weltfrieden 1987, 25
  Ethnische Konflikte in der Dritten Welt 1987, 69
  Sozialismus in der Dritten Welt 1989, 53

Entwicklungspolitik
  Reaganism und Dritte Welt: Neue Rhetorik oder entwicklungspolitische Wende? 1983, 73
  Wende in der deutschen Entwicklungspolitik? 1984, 73
  Zur Kritik von Entwicklungshilfe und zur Denunzierung von Entwicklungshilfekritik 1986, 24

Welthandel, GATT, Protektionismus und die Entwicklungsländer 1987, 62
Sowjetische Dritte-Welt-Politik unter Gorbatschow 1989, 33
Entwicklung ohne Staat 1990, 51

Ernährung
Hunger in Afrika 1985, 164
Landwirtschaft und Ernährung 1984, 61

Flüchtlinge
(Karte 1985, 68)
Die Dritte Welt als Flüchtlingslager 1985, 58
Asylrecht gegen Flüchtlinge 1987, 96

Frauen
Frauen und Entwicklung 1986, 49

Ghana
(Karte 1987, 191)
Ghana: Aufschwung mit IWF- und Weltbankhilfe? 1987, 177

Haiti
Haiti: Politik und Armut 1987, 165

Indien
(Karte 1985, 153)
Die Krise im Punjab – Zerreißprobe für die Indische Union? 1985, 138
Asien: Frieden in Südasien – nur zu Indiens Bedingungen 1990, 287

Industrialisierung
Industrieproduktion in der Dritten Welt 1984, 65
Technologie und Dritte Welt 1989, 101
Industriewirtschaftliche Reformen in der VR China 1989, 296
Neue Multis 1985, 114
Wirtschaftsreformen in der VR China 1985, 212

Irak
Der iranisch-irakische Konflikt: Krieg am Persisch/Arabischen Golf 1983, 119
Ausweitung des Golfkrieges? 1985, 154
Flottenaufmarsch am Golf 1989, 138

Iran
Der iranisch-irakische Konflikt: Krieg am Persisch/Arabischen Golf 1983, 119
Ausweitung des Golfkrieges? 1985, 154
Flottenaufmarsch am Golf 1989, 138

Japan
Japan und die Dritte Welt 1990, 65

Jemen
  (Karte 1987, 137)
  Die Krise im Südjemen 1987, 124

Kambodscha
  (K)eine Lösung für Kambodscha? 1983, 185

Kolumbien
  (Karte 1985, 211)
  Frieden in Kolumbien? 1985, 199
  Kolumbien im Griff der Gewalt 1989, 228

Krieg
  Frieden – Ökologie – Entwicklung 1983, 20
  Der Krieg im Libanon und die Entstehung der Zweiten Libanesischen Republik 1983, 101
  Der iranisch-irakische Konflikt: Krieg am Persisch/Arabischen Golf 1983, 119
  Kein Friede in Nahost 1984, 99
  Ausweitung des Golfkrieges? 1985, 154
  Frieden in Kolumbien? 1985, 199
  Kriege in der Dritten Welt 1986, 88
  Südafrika im Bürgerkrieg 1986, 94
  Atomwaffenfreie Zone im Südpazifik 1986, 201
  Dritte Welt und Weltfrieden 1986, 25
  Afghanistan 1978–1988. Zehn Jahre Revolution, Konterrevolution und Krieg 1989, 117
  Flottenaufmarsch am Golf 1989, 138
  Asien: Frieden in Südasien – nur zu Indiens Bedingungen 1990, 287

Kuba
  Kuba: Dreißig Jahre Revolution 1990, 257

Landwirtschaft
  Landwirtschaft und Ernährung 1984, 61

Lateinamerika
  Krisenanpassung in Ostasien und Lateinamerika 1985, 87
  Das lateinamerikanische Schuldnerkartell kommt nicht zustande 1985, 236

Libanon
  Der Krieg im Libanon und die Entstehung der Zweiten Libanesischen Republik 1983, 101

Libyen
  Der Konflikt um Libyen 1987, 110

Meeresordnung
  Die neue Weltmeeresordnung 1983, 57

Menschenrechte
 Vereinte Nationen, Menschenrechte und Dritte Welt 1986, 83
 Der Kampf um die Menschenrechte in der Dritten Welt 1990, 106

Mexiko
 Wirtschaftlicher Kollaps in Mexiko 1983, 170
 Mexiko 1986: Das politische System unter dem Druck der Wirtschaftskrise 1987, 153

Migration
 Beschäftigung und Migration in der Dritten Welt 1985, 101

Nahost
 Kein Friede in Nahost 1984, 99
 Westbank und Gazastreifen: Hintergründe des Aufruhrs 1989, 157
 Politische Systeme und politische Entwicklung im Nahen Osten 1989, 171
 Nahostkonflikt: Die PLO in der Offensive 1990, 153

Namibia
 (Karte 1990, 205)
 Die Dekolonisation Namibias 1990, 203

Nicaragua
 (Karte 1984, 95)
 Nicaragua – ein zweites Grenada? 1984, 85

Nigeria
 (Karte 1984, 182)
 Ende der Demokratie? 1984, 178

Nord-Süd-Dialog
 Ruhe vor dem Sturm 1985, 28

Ölmarkt
 Von der Verknappungskrise zur Ölschwemme 1983, 30
 Neuorientierung auf den Weltölmärkten und die Rolle der OPEC 1986, 75

Organisationen
 Afrika-Karibik-Pazifik (AKP)-Staaten (Karte) 1985, 86
 Arabischer Kooperationsrat 1990, 298
 Arabische Liga 1986, 205; 1989, 324
 Arabische Maghreb-Union 1990, 298
 Association of South-East Asian Nations (ASEAN) 1985, 233; 1986, 201
 Bandung-Konferenz 1986, 191
 Blockfreie 1984, 37 (Karte 38)
 Blockfreien-Gipfel in Harare: von der Rhetorik zur Aktion? 1987, 51
 Contadora Gruppe 1984, 215

Golf-Kooperationsrat 1985, 243; 1986, 205; 1990, 298
Lomé-Abkommen 1985, 71
Islamische Konferenz 1984, 213; 1985, 243; 1986, 205; 1990, 298
IWF 1990, 119
Organisation der Afrikanischen Einheit (OAU) 1983, 221; 1984, 220; 1985, 224; 1986, 195; 1989, 318
PLO 1990, 153
Regional Co-operation for Development 1985, 243
South Asian Regional Cooperation (SARC) 1984, 218
UNCTAD 1984, 51
Krise und Reform der UNESCO 1989, 72
Vereinte Nationen 1986, 37, 83
Weltbank 1990, 119
Wirtschaftsgemeinschaft Zentralafrikanischer Staaten 1984, 218

Orient
Islamische Konferenz / Arabische Liga / Golf-Kooperationsrat 1987, 232
Orient: Alte und neue zwischenstaatliche Organisationen und Gruppierungen 1990, 298

Ostafrika
Neuansätze regionaler Kooperation in Ostafrika 1984, 219

Ostasien
Krisenanpassung in Ostasien und Lateinamerika 1985, 87

Pakistan
Pakistan zwischen Militärherrschaft und Zivilregierung 1990, 169

Panama
(Karte 1989, 209)
Panama und die USA: Krise um einen General? 1989, 207

Peru
(Karte 1986, 165)
Wende in Peru? 1986, 152

Philippinen
Abenddämmerung des Marcos-Regimes? Die Krise in den Philippinen 1984, 130
Der Zusammenbruch des Marcos-Regimes und die Regierung Aquino 1987, 193

Rüstung
Neue Richtlinien für den Waffenexport aus der Bundesrepublik Deutschland in die Dritte Welt 1983, 87
Rüstung in der Dritten Welt 1985, 107

Atomwaffenfreie Zone im Südpazifik 1986, 201
Abrüstung und Entwicklung 1989, 110
Deutsche Rüstungsexporte in alle Welt 1990, 83
ABC-Waffen und Raketen in der Dritten Welt 1990, 130

Sri Lanka
(Karte 1984, 147)
Verfolgung der Tamilen auf Sri Lanka 1984, 143
Sri Lanka: Frieden durch Intervention Indiens? 1989, 263

Staat
Entwicklung ohne Staat 1990, 51

Sudan
(Karte 1986, 128)
Ende der Numeiri-Ära 1986, 107

Südafrika
(Karte 1984, 122; 1986, 96)
Südafrikas unerklärter Krieg 1984, 116
Südafrika im Bürgerkrieg 1986, 94
Südafrika: Paria der internationalen Gemeinschaft 1987, 36

Südkorea
(Karte 1989, 279)
Südkorea 1987/88: Der schwierige Weg zur Demokratie 1989, 278

Tanzania
„Entwicklungsmodell" oder Entwicklungsbankrott? 1983, 204

Tropenwälder
Tropenwälder – „Ökologisches Reservat der Menschheit"? 1990, 30

Tschad
(Karte 1984, 199)
Rekolonisierung des Tschad 1984, 193

Uganda
(Karte 1986, 142)
Der Putsch in Uganda: Neue Köpfe, Alte Probleme 1986, 129

Umwelt
Frieden – Ökologie – Entwicklung 1983, 20
Umweltkrise in den Entwicklungsländern 1984, 24
Tropenwälder – „Ökologisches Reservat der Menschheit"? 1990, 30

Venezuela
Die Lateinamerikanisierung Venezuelas 1990, 240

Verschuldung
Verschuldungskrise der Dritten Welt? 1983, 30

Verschuldung der Dritten Welt 1984, 69
Das lateinamerikanische Schuldnerkartell kommt nicht zustande 1985, 236
Schuldenkrise ohne Ende 1989, 89
Soziale Folgen von IWF-/Weltbank-Programmen 1990, 119

Zentralamerika
 (Karte 1987, 225)
 Krisenherd Zentralamerika 1983, 150
 Frieden in Zentralamerika? Die Contadora – Initiative 1987, 139
 Millionen Menschen auf der Flucht 1987, 217
 Zentralamerika: Frieden in Sicht? 1989, 187

Probleme der Dritten Welt

Manfred Wöhlcke
Der Fall Lateinamerika

Die Kosten des Fortschritts
1989. Etwa 130 Seiten. Paperback
Beck'sche Reihe Band 394

Manfred Wöhlcke
Umweltzerstörung in der Dritten Welt

1987. 123 Seiten mit Karten, Übersichten und Tabellen. Paperback
Beck'sche Reihe Band 331

Volker Matthies
Kriegsschauplatz Dritte Welt

1988. 234 Seiten mit 4 Schaubildern und 13 Tabellen. Paperback
Beck'sche Reihe Band 358

Peter J. Opitz (Hrsg.)
Das Weltflüchtlingsproblem

Ursachen und Folgen
1988. 238 Seiten mit 3 Tabellen und 3 Karten. Paperback
Beck'sche Reihe Band 367

Peter von Blanckenburg
Welternährung

Gegenwartsprobleme und Strategien für die Zukunft
1986. 249 Seiten mit 15 Schaubildern und 27 Tabellen. Paperback
Beck'sche Reihe Band 308

Wolfgang S. Heinz
Menschenrechte in der Dritten Welt

1986. 158 Seiten. Paperback
Beck'sche Reihe Band 305

Verlag C. H. Beck München